朱人求 主编

理学九帖
以朱子学为圆心的研究

方旭东 著

商务印书馆
The Commercial Press
2016·北京

图书在版编目(CIP)数据

理学九帖:以朱子学为圆心的研究/方旭东著.—北京:商务印书馆,2016
(朱子学文库)
ISBN 978-7-100-12588-8

Ⅰ.①理… Ⅱ.①方… Ⅲ.朱熹(1130～1200)—理学—研究 Ⅳ.①B244.75

中国版本图书馆 CIP 数据核字(2016)第 229798 号

所有权利保留。
未经许可,不得以任何方式使用。

理学九帖:以朱子学为圆心的研究
方旭东 著

商 务 印 书 馆 出 版
(北京王府井大街36号 邮政编码100710)
商 务 印 书 馆 发 行
山西人民印刷有限责任公司印刷
ISBN 978-7-100-12588-8

2016年11月第1版   开本 787×1092 1/16
2016年11月山西第1次印刷   印张 22¼
定价:55.00元

《朱子学文库》编委会

顾　问 陈　来
编委会主任　朱崇实
编委会副主任　陈支平　陈武元
编　委
　　朱崇实　朱汉民　朱杰人　周桂钿　陈支平　陈武元　吴　震
　　李甦平　蔡方鹿　何　俊　田　浩（美）　　吾妻重二（日）
　　井上厚史（日）　何乃川　高令印　刘泽亮　乐爱国　杨立华
　　姜真硕（韩）　　苏费翔（德）　杨柱才　徐公喜　方旭东
　　傅小凡　杨祖汉　杜保瑞　曾春海　吴光辉　谢晓东　朱人求
主　编　朱人求
副主编　刘泽亮　乐爱国

国家社科重大课题"东亚朱子学的承传与创新研究"资助项目
江西省2011朱子文化协同创新中心资助项目

朱子学的精神与未来

陈 来

在儒家思想文化史上，有两个集大成的人物：如果说孔子是上古文化集大成的代表，那么，宋代的朱子就可以说是近古文化集大成的代表。朱子是南宋著名的思想家、哲学家、教育家和大学者，后人称其学术为"致广大，尽精微，综罗百代"，在南宋以后，朱子和他的思想对中国乃至东亚的社会文化影响甚大。朱子学是行动的哲学、实践的哲学。朱子思想不仅统治了南宋以后元明清七百多年的中国，而且影响到整个东亚世界，并演化为东亚世界的统治哲学。不仅如此，《朱子小学》《增损吕氏乡约》《朱子家礼》所倡导的日常生活礼仪也日益成为东亚民众普遍遵循的生活方式，朱子学因之成为近世东亚文化的共同信仰。

"问渠那得清如许，为有源头活水来。"在全球化的背景下，朱子学仍然焕发着生机和活力，《朱子家礼》在韩国、在中国闽台地区仍然发挥着它的部分功能，韩国和中国每年都会举行朱子祭礼来缅怀朱子的丰功伟绩，朱子学仍然存活在我们身边，仍然是我们重建精神世界的活水源头。在全球化的背景下，现代人从朱子的思想中可以学到什么东西？朱子学对现代社会和现代生活有什么意义？换言之，全球化需要什么样的朱子学？朱子学的精神怎样参与人类未来精神世界的建构？我想至少可以从以下几个方面来初步了解朱子学在全球化时代的现代意义。

1. 文化传承

朱子的文化实践可归结为一句话，就是文化传承与创新。朱子对古代文化做了全面的整理，对四书的集辑与诠释尤花费了毕生精力，是文化继往开来、传承创新的典范。朱子在孔子以后的文化传承方面做出的贡献，是近一千年以来无人可以与之相比的。今天的中华民族是由历史上的中华民族发展而来的，中华民族今天的成就是以发展了几千年的中国文化为基础的，而文化传承最核心的是价值观。以中华文化价值体系为核心的文化传承，不仅具有延续民族文化的意义，更具有满足当今重建社会价值的意义。应当学习朱子在文化传承方面的抱负和努力。

2. 主敬伦理

朱子学的学问宗旨，常常被概括为"主敬穷理"，所谓"主敬以立其本，穷理以进其知"。"主敬"是一种内心的状态，也是一种行为的状态，是"教人随事专一谨畏，不放逸耳"。从广义的内心生活态度来讲，敬畏感是一种带有超越性的内心态度和感受，其根本必归结到康德所说的对头上的星空和心中的道德律令的敬畏。头上的星空代表宇宙法则，宇宙法则加上心中的道德，这就是朱子讲的天理。主敬包含的敬畏感，是一种值得肯定的心灵境界和道德境界。从做事的角度来说，朱子学的现代意义之一，是可以为东亚社会提供一种"工作伦理"，朱子学的"主敬"精神为传统到现代的工作伦理提供了一种现成的资源、现成的伦理概念。

3. 学习精神

朱子学最为强调的是格物穷理，大学的"格物"朱子解释为即物穷理，格物穷理之方法是多种的，朱子特别强调的是读书讲学，其中特别突出学习的精神。就哲学的精神来看，朱子学可以说是孔子学习思想最大的继承、发展、推动者。朱子学的格物论可以说是对儒家自古以来的"学习"思想的一种哲学的论证和展开。今天的现代社会在教育程度上已与古代不同，以古代朱子学的标准来看，现代人的受教育程度都属于"大学"，所以朱子学几乎适用于今天现代社会的所有人。现代社会越来越是一个"学习型社会"，朱子学的"学习精神"应当说给我们提供了最好的指导。

4. 教育理念

除了学习精神，朱子学的教育理念也有其现代意义。从当代大学通识教育的角度来看朱子的格致论，朱子所强调的格物和问学，很大程度上都是为了肯定经典讲论在儒学中的正当地位。朱子对经典的学习非常重视，朱子所推动的读书主要也是读圣贤之书，读经典之书。朱子学的格物致知思想更近于晚近受到大家重视的大学"通识教育"理念。因为朱子的格物说的确不是朝向某些专业的科学研究，而是重在培养学习者的综合素质，培养学习者的人文精神、道德理解、多元眼界和宽阔胸怀。这些思想都是与当代大学通识教育相通的文化资源。

5. 实践哲学

朱子不仅强调知识的学习，而且更为强调实践，这种对实践的强调，特别体现在朱子一贯提倡的"知行相须""力行为重"上。照朱子的讲法，致知与力行之间相互联系，密不可分，二者如车之两轮、鸟之双翼，不可偏废。但论先后，知在先，行在后。论轻重，力行为重。知而不行，就不是真知，真知一定能付诸实践、表现于实践。这种精神合乎19世纪以来实践哲学的发展，当代哲学对社会实践的重视和关怀已经成为一种趋势。在这个意义上，朱子学的精神和近代哲学是相通的。

6. 化民成俗

朱子的儒学思想固然着眼于成年读书人的修身，但也关注社会风俗的改善。他强调大学之教不仅与"学者修己治人"有关，也与"国家化民成俗"有关。所以，其论教育的结果，"其学焉者，无不有以知其性分之所固有，职分之所当为，而各俛焉以尽其力"。学习者经过学习，不会脱离人伦日用，而能够更加理解自己的天性和职分，在其本职位置上尽伦尽职、尽力尽心。每个人都在其社会职位上尽其力，国家自然就可得化民成俗之效。朱子是对传统蒙学教育贡献最大的人，他的著作如《蒙童须知》《小学》《增损吕氏乡约》以及《家礼》等，在社会上流行甚广，对儒学价值的大众化、通俗化，对培养少年儿童养成德性，对形成文明的社会礼俗，起了积极的作用。今天应当重视朱子这方面的贡献，使朱子的这些著作与目前流行的《弟子规》一起，古为今用，在道德教育中起到应有的作用。

近百年来，我国朱子学研究在现代社会的转型中起落消长，虽然有过种种曲折，但总体上处于蓬勃向上的发展态势；尤其21世纪以来，朱子学研究开拓的范围已相当广泛，如对朱子的易学、朱子的"四书"学、朱子的工夫论、朱子的经学、朱子的经典诠释、朱子的文学、朱子的自然学，以及朱子后学的研究、东亚朱子学的研究、朱子礼学的当代社会实践研究等，都出现了不少专著和论文，取得了很好的成果。这种研究的多元化和广泛性在宋明理学其他大思想家的研究中（如陆象山、王阳明）是很少见的。

在肯定成绩的同时，我们也要看到，宋、元、明、清四个朝代对朱子学的研究构成了现如今我们所研究的朱子学的整体，我们今天仅仅是对于朱熹本人的研究，也不能说是很充分的。如何发展朱子哲学研究的理论思维，提高理论的把握和处理朱子学材料的水平，关注较大范围的哲学思考，仍是朱子学研究应当持守的层面。在朱子后学的研究方面，近年来也有一些发展，只是总体上比起阳明后学的研究来还很不够。就此而言，我们要对各个朝代（宋、元、明、清）的朱子后学的重要见解进行分析，把他们流传下来的书籍、文献进行整理、研究。如果完成这些工作的话，对于学科的发展会有很大的建树。我们应当在不长的时间内使朱子后学的研究有一个较大的改观。进一步说，朱子后学，若只限于一传二传乃至三传的意义上，还不能穷尽"朱子学"的范围；从更广的朱子学的角度看，元明清的朱子学家思想群体都应有规划地一步步地开展其研究，成为体系，使"朱子学"理论深化和发展的历史得以呈现，使"朱子学"的研究更加丰满。

美国文化人类学家克利福德·吉尔兹（C.Geertz）曾经呼吁，我们要研究那种具有全球意义的"地方性知识"，而朱子学正是这种具有"全球意义的地方性知识"。我们认为，朱子学有三个层次，犹如一个同心圆展开的过程。第一个层次，中国文化圈中的朱子学；第二个层次，东亚文明圈中的朱子学；第三个层次，全球朱子学。中国朱子学研究多停留在第一层次，今后我们要大力提倡和发展第二、第三层次的朱子学研究。以朱子学和阳明学为核心的"新儒学是东亚文明的共同体现"。不全面了解朱子学的各个方面，就无法了解东亚朱子学者对朱子学的承传与创新。只有全面了解中国宋元明清儒学内部对朱子哲学的各种批评，才能真正了解德川时代儒学对朱子的批评中，哪些是与中国宋明儒学的批评相同的，哪些是与宋明儒学的批评不同而反映了日本思想的特色。反过来，只研究朱子的思想，而不研究李退溪、李栗谷、伊藤仁斋的思想，就不能了解朱子哲学体系所包含的全部逻辑发展的可能性，不能了解朱子思想体系被挑战的所有可能性，以及朱子学多元发展的可能性。这样的朱子哲学的研究是不完整的。换言之，中日韩朱子学的相互交涉、相互促进，构成了东亚朱子学承传与创新的独特风景。未来的东亚朱子学研究应填补真空，走向综合，从整体上揭示和阐释东亚朱子学的话语体系，揭示出其内在的问题意识、思想脉络和朱子学的相互交涉，并予以其思想以正确的理论定位。

反观近世东亚的朱子学（主要是韩国和日本的朱子学），20世纪80年代以来全国各地也有不少研究，后来因学科目录中原有的"东方哲学"不再存在，使得相关研究的发展受到一些影响，现在应继续努力加强其研究。近十年来中国台湾学者尤其是新儒家学者对韩国朱子学加强了研究，取得了明显的成绩，给这一领域增添了新的动力和活力。另一方面值得注意的是，中国台湾朱子学界近年普遍出现了对牟宗三先生朱子研究范式的一些反省和讨论，也促进了朱子哲学研究在我国台湾地区的新的开展，并将推动整个朱子哲学研究的深化。

最近，厦门大学国学研究院、朱子学会积极吸纳全球朱子学专家和学者的最新成果，拟用五年时间出版30册左右的大型《朱子学文库》，这是继20世纪日本发行《朱子学大系》以来最为重要的一次朱子学著作的大集辑，文库的作者群来自全球各地，主要以中青年学者为主，内容也以东亚朱子学研究和全球百年朱子学研究为主，我认为，这将是21世纪朱子学研究中的一件大事。

厦门大学朱子学研究有着悠久的历史传承。老一辈的邹永贤教授、高令印教授、何乃川教授在朱子学研究领域筚路蓝缕，开拓创新，为厦门大学朱子学研究奠定了很好的基础。邹永贤教授主编的《朱子学研究》《朱子学论丛》，在学术界影响颇佳。高令印教授从20世纪80年代开始从事朱子学研究，其著作《福建朱子学》《朱子学通论》等在朱子学界有一定的影响，其作品《退溪学与东方文化》《朱熹事迹考》被翻译成韩文，为韩国朱子研究者所重视。2006年，厦门大学国学院复办，复办后的国学研究院，在国学研究方面取得了引人注目的成就。厦门大学国学院研究组织校内外相关科研队伍，在开展以朱子学为核心的、以中国传统文化为主要领域的科学研究方面，取得了引人注目的成绩，特别是在推动朱子学、海峡两岸国学研究与互动交流方面，成绩突出。近五年来，先后举办（包括联合举办）规模较大的国际和海峡两岸朱子学研讨会六次，出版朱子学研究专著、译著十余部。2011年9月，朱子学会在厦门大学成立，创办《朱子学年鉴》，组织举办多次大型国际朱子学会议，团结了一大批海内外朱子学研究专家，引领朱子学研究走向国际化，厦门大学朱子学研究步入了一个全新阶段。2012年和2013年，厦门大学分别获得"百年朱子学研究精华集成""东亚朱子学的承传与创新研究"两项国家重大招标项目，并以此为基础编辑出版《朱子学文库》，它也标志着厦门大学已经成为我国东南沿海朱子学研究的中心。

"旧学商量加邃密，新知培养转深沉。"未来的路很长很长，我们坚信，发展朱子学研究是大有可为的，我们要加强规划，抓紧开展，促进国际交流，利用目前重视文化发展的大好时机，使朱子学的研究开创出一个新的局面。

是为序。

理學九帖

且如万一山河大地都陷了,毕竟理却只在这里。

——《朱子语类》卷一

目 录

壹 《大学问》来历说考异 …………………… 1

贰 王阳明圣人观研究 …………………………… 21

叁 儒学史上的"治生论" ……………………… 59

肆 金人赵秉文思想考论 ………………………… 77

伍 邵雍"观物"说的定位——由朱子的批评而思 …………… 101

陆 朱子太极思想发微 …………………………… 131

柒 朱子《论语集注》"可与共学"章的章句问题 ………… 149

捌 太极与 The Absolute ………………………… 189

玖 《大学问》再考 ……………………………… 207

参考文献 …………………………………………… 305

综合索引 …………………………………………… 319

后 记 ……………………………………………… 339

壹

《大学问》来历说考异

在有关王阳明思想的文献中，历来学者都很看重《大学问》一文，并将它视作研究王阳明晚年思想的重要史料。[①]《大学问》的史料价值，在很大程度上，是基于阳明全集的编纂者钱德洪（1496～1574，名宽，字洪甫，号绪山）对它的来历的说明。迄今为止，未见有人对此来历之说提出质疑。本文则考证出，钱德洪关于《大学问》来历的说法并不可信。《大学问》不是王阳明的晚年定论，它的史料价值必须重新予以审定。

关于《大学问》的来历，《全集》有如下说法：

> 吾师接初见之士，必借《学》《庸》首章以指示圣学之全功，使知从入之路。师征思、田，将发，先授《大

---

* 原载《哲学门》第1卷第2期（湖北教育出版社，2000年12月）。日本友人三泽三知夫曾将其译成日文，刊登在早稻田大学东洋哲学研究室机关刊物《アジアの文化と思想》第10号（2001），第237～261页。文中所用阳明文集的版本为上海古籍出版社1992年版《王阳明全集》（其底本为浙江图书馆藏明隆庆六年谢廷杰刻《王文成公全书》三十八卷本），下引只注《全集》卷、页数，不再一一说明。

① 国内如冯友兰《中国哲学史（下册）》写到王阳明一节，首引《大学问》立论，以为"阳明讲学之主要意思，见于其所作之《大学问》一篇"（北京：中华书局，1992年，第949页）。海外如陈荣捷亦云："王阳明著的《大学问》无疑是他的哲学中心。"（参见所著：《中国哲学论集》，台北："中央研究院"中国文哲研究所，1994年，第95页）

问》。德洪受而录之。(《全集》卷26,第967页)

从文中的"吾师""德洪"这些称呼来看,这一说明当为王阳明弟子、文集编纂者钱德洪所加。"师"即王阳明,"征思、田"系指阳明于嘉靖六年丁亥(1527)接受朝廷命令前往两广平定思恩、田州之乱一事。王阳明从家乡越中启程日期为是年九月八日。[①]据此而言,王阳明口授、钱德洪笔录《大学问》一事当发生在王阳明出发之前。具体又是何时呢?《大学问》跋云:

> 德洪曰:《大学问》者,师门之教典也。学者初及门,必先以此意授。……师常曰:吾此意思,有能直下承当,只此修为,直造圣域。参之经典,无不吻合,不必求之多闻多识之中也。门人有请录成书者。曰:此须诸君口口相传,若笔之于书,使人作一文字看过,无益矣。嘉靖丁亥八月,师起征思、田,将发,门人复请,师许之。(《全集》卷26,第973页)

据此而言,《大学问》为"王门"教典,讲习已久,但似乎一直是口口相传。《大学问》首次笔录成文,则是在嘉靖六年丁亥(1527)八月。那么,《大学问》最早付梓刻印又是何时呢?

---

① 参见王阳明随后的《赴任谢恩遂陈肤见疏》(嘉靖六年十二月初一日)一文,《全集》卷14,第462页。

《大学问》尾跋亦有说明：

是篇，邹子谦之尝附刻于《大学古本》，兹收录《续编》之首。(《全集》卷26，第973页)

如此说来，《大学问》之最早见刻，是在邹守益（1491～1562，字谦之，号东廓）刻《大学古本》之时。然而，邹守益又是何时刻《大学古本》的呢？

查《东廓先生文集》[①]，卷九"杂著类"有《跋〈古本大学问〉》一文，云：

阳明先师恐《大学》之失其传也，既述古本以息群疑，复为问答以阐古本之蕴。

又，卷七之《复毛古庵式之》，中云：

近刻《古本大学问》，附以鄙见谨寄上求教。

上述材料证明：在钱德洪编《文录续编》收入《大学问》之前，邹守益确曾刻过一种叫《古本大学问》的东西。问题

---

① 明嘉靖刻九卷本，二册，北京图书馆藏。据卷首"序"，此集为嘉靖戊戌年（嘉靖十七年，1538）邹谦之的门生林春所刻，共收文字124篇。《东廓邹先生文集》另有其他几种版本，如明隆庆六年（序1572）刻本（十二卷，十册，北京大学图书馆藏），以及清重刻本（十二卷卷首一卷，十册，北京图书馆藏）。三本相较，以嘉靖本最先出，故本文参用此本。

是，邹守益所说的《古本大学问》是否就是钱德洪所说的《大学问》呢？在将两者核对之前，做出肯定的结论还为时过早。但遗憾的是，我们现在已不能找到邹守益所刻的这个《古本大学问》，所以核实工作无法进行。不过，细按之，邹守益文集中两次提到的都是《古本大学问》，它似乎是独立成篇的一个单行本；而据钱德洪言，《大学问》是附刻于《大学古本》，似乎是一种附录性质的东西，有理由怀疑它们不是一个东西。现在我们既找不到《古本大学问》来做核对，而在邹守益的文集中也没有发现有关证据说明《古本大学问》是王阳明出征思、田前所授，因此，不能期望从邹谦之这一线索中获得《大学问》来历问题的最终解决。我们需要另辟蹊径。

上述材料向我们提示了这样一点：《大学问》与《大学古本》关系密切。《大学问》既然是对古本《大学》的解释，那么将这两者合刻在一起就是很自然的事，甚至还可能与王阳明说明古本《大学》的其他文字[①]放在一起。因此，我们不妨把注意力投向这方面的刻本。

《百陵学山》本《大学古本傍释》王文禄跋云：

嘉靖丁亥秋，先康毅君率禄渡江，扣阳明洞天，闻王龙溪先生讲《大学》，得《古本傍释》，止前序。后增四问

---

① 王阳明信用古本《大学》，反对久为流行的朱熹《大学章句》本，在当时被视作一项标新立异之举，曾经遭到很多人的质疑与反对，为此他费了很多笔墨、口舌进行说明，正德十三年（1518），他在江西刻古本《大学》并"傍为之释而引以叙"（参见《年谱》"正德十三年"条，《全集》卷33，第1253～1254页）；嘉靖二年（1523），又改定《古本大学序》（参见《年谱》"嘉靖二年"条，《全集》卷35，第1288页）。

答。禄今重梓，增《答格物问》标眉。

由此材料可知，王文禄父子嘉靖丁亥（六年，1527）秋访阳明洞，听王龙溪讲《大学》①，当时只得到《古本大学榜释》（《古本榜释》）及前序，其后才相继增加有关五个问答。陈来先生曾认为《跋》中所说《答格物问》即《大学问》②。然今本《大学问》共有六条问答③，《答格物问》只是其中的第六条，若以此径认作《大学问》全篇，于理未安。王文禄陆续增加的总共也不过五条问答，并非《大学问》的全部。因此，可以肯定，王文禄到刻梓《大学古本旁释》之时，都一直未见到全本的《大学问》。这也从一个方面说明，假定《大学问》于嘉靖六年（1527）就笔录成文，但在其后很长一段时间里并没有公开，至少王门之外者一直未闻其详。

那么，《大学问》究竟是何时公开的呢？它是何时才开始出现在王阳明文集的刻本里的呢？为此，我们来简略地考察一

---

① 阳明门下，以王龙溪、钱德洪在师门既久而能领会师门宗旨，故阳明使此二人为初入门者讲学（参见《年谱》"嘉靖五年"条"先生喜，凡初及门者，必令（德洪与王畿）引导，俟志定有人，方请见"，《全集》卷35，第1300页），又阳明赴广，家事悉托魏廷豹，书院事尽付钱、王二人（参见《年谱》"嘉靖六年十一月"条所引阳明与德洪、王畿书，有"家事赖（魏）廷豹纠正""绍兴书院……德洪、汝中既任其责"等语，《全集》卷35，第1309页，另参见《与钱德洪、王汝中（丁亥）》书，《全集》卷六，第223页）。王文禄父子此行未言闻阳明之教，或以此之故也。

② 参见陈来：《有无之境——王阳明哲学的精神》第12章"附考""四、著述辨疑"2.《大学古本旁释》，北京：人民出版社，1991年，第353页。

③ 这六条问答依次讨论：明明德、亲民、止至善、定静安虑得、本末、格致诚正修。详细解释"格物"的是第六条，参见《全集》第972页。

下钱德洪收集、编刻王阳明文录的经过。

在王阳明殁后，钱德洪等人曾经想方设法搜集其遗文，以便编辑其文集。嘉靖八年（1529）正月，钱德洪尝作《讣告同门》①，有"明发，逾玉山，水陆兼程，以寻吾夫子游魂，收其遗书"之语，又有"将遣人遍采夫子遗言及朋友私录以续成书"的计划。②

《年谱附录》"嘉靖十四年刻先生文录于姑苏"条，对检收阳明遗书与采集遗言诸事又有追记：

> 先是，洪、畿奔师丧，过玉山，检收遗书。越六年，洪教授姑苏，过金陵，与黄绾、闻人诠等议刻文录。洪作《购遗文疏》，遣诸生走江、浙、闽、广、直隶，搜猎逸稿。至是年二月，鸠工成刻。（《全集》卷36，第1331页）

此事复记于写于嘉靖十四年乙未（1535）正月的钱德洪《刻文录叙说》：

> 戊子年（按即嘉靖七年，1528）冬，先生时在两广谢病归，将下庾岭。德洪与王汝中闻之，乃自钱塘趋迎。至龙游闻讣，遂趋广信，讣告同门，约每三年遣人裒写遗言。明日，又进贵溪，扶丧还玉山，至草萍驿，戒记书

---

① 此据《年谱》"嘉靖八年己丑正月"条："正月三日，成丧于广信，讣告同门。……初十日，过玉山。"

② 参见《全集》卷38，第1444～1446页。

箧，故诸稿幸免散逸。自后，同门各以所录见遗。既七年，壬辰，德洪居吴，始校定篇类。复为《购遗文疏》，遣安成王生自闽、粤由洪都入岭表，抵苍梧，取道荆、湘，还自金陵，又获所未备，然后谋诸提学闻人邦正，入梓以行。文录之有外集、别录，遵附录例也。（《全集》卷41，第1574页）

与此可相印证的材料，还有黄绾的《阳明先生存稿序》[①]：

……其仅存者唯《文录》《传习录》《居夷集》[②]而已，其余或散亡，及传写讹错，掩卷泫然，岂胜斯文之慨？及与欧阳崇一、钱洪甫、黄正之率一二子侄，检粹而编订之，曰《阳明先生存稿》。洪甫携之吴中，与黄勉之重为厘类，曰文录、曰别录，刻梓以行。（《石龙集》卷13，转引自《全集》卷41，第1583页）

据此而言，嘉靖十四年乙未（1535）刻于姑苏的《阳明

[①]《阳明先生存稿序》这个标题有误导读者之嫌，因为，它实际上是为钱德洪刻的《阳明先生文录》作的序，后者与黄绾自己编的《阳明先生存稿》内容大体相同而编排有异。《阳明先生文录》，除了文录，还有传习录、别录、外集，叫《文录》乃是出于方便。严格意义上的文录，则是不包括像《传习录》、别录、外集之类著作在内的文字。

[②]《居夷集》是徐珊嘉靖二年（1523）为王阳明刻的一个集子，主要收录王阳明谪居贵阳（夷）期间诗文，据钱德洪《答论年谱书十首》之八："徐珊尝为师刻《居夷集》，盖在癸未年（嘉靖二年，1523）。"后来在编文录时，钱德洪将其内容按诗、文分类归入相应部分，没有再保留其名称，如：诗入"居夷诗"（外集一）。

先生文录》，较之以前阳明文录的刻本都为完备，此即世称之"姑苏板"[①]。那么，"姑苏板"是否收了《大学问》呢？

"姑苏板"并未收入《大学问》，观徐阶《阳明先生文录续编序》可知。徐序云：

> 馀姚钱子洪甫既刻《阳明先生文录》以传，又求诸四方，得先生所著《大学或问》《五经臆说》、序、记、书、疏等若干卷，题曰《文录续编》，而属嘉兴守六安徐侯以正刻之。刻成，侯谋于洪甫及王子汝中，遣郡博张编、海宁诸生董启予问序于阶。（《全集》卷41，第1572页）

《阳明先生文录续编》刻于嘉靖四十五年（1566）。[②] 由此观之，《大学或问》（今本《文录续编》改题作《大学问》）入

[①] 需要说明的是，姑苏版实际刊行时间为嘉靖十五年（丙申），而不是钱德洪所说的嘉靖十四年（乙未）。《年谱·附录》"嘉靖十四年乙未"条谓《阳明先生文录》刻于是年（参见《全集》卷36，第1331页）。然邹谦之《阳明先生文录序》所署时间为"嘉靖丙申春三月"（参见《东廓先生文集》卷二，今本《全集》已收此文，见卷41，第1568～1569页），则《文录》最终印行应是嘉靖丙申（嘉靖十五年，1536）。另，日本九州大学文学部书库所藏明嘉靖十五年刊本《阳明先生文录五卷外集九卷别录十卷》，卷首有嘉靖十四年（1535）黄绾序、嘉靖十五年（1536）邹守益序（参见周彦文：《日本九州大学文学部书库明版图录》，台北：文史哲出版社，1996年，第232页）。由此可知，钱德洪于嘉靖十四年先将文录命梓入工，录成之后，又请邹守益为之作序，邹守益作序是第二年的事，《年谱附录》"嘉靖十四年"条所记当是刻文录的时间，并非文录最终刻成刊行的时间，故世之传本为嘉靖十五年刊本。

[②] 据《年谱附录》"嘉靖四十五年"条，参见《全集》卷36，第1352～1353页。是条略谓"师《文录》久刻于世。同志又以所遗见寄，汇录得卷者六。嘉兴府知府徐必进见之曰：此于师门学术皆有关切，不可不遍行。同志董生启予征少师存斋公序，命工入梓，名曰《文录续编》，并《家乘》三卷行于世云"。

刻阳明文录，是嘉靖四十五年（1566）的事。

行文至此，我们不禁要产生这样的疑问：按钱德洪所言，《大学问》笔录成文是在嘉靖六年（1527），邹谦之在嘉靖十七年（1538）以前[①]就曾刻过题为《古本大学问》的单行本。既然钱德洪等人自阳明殁后就不遗余力搜罗遗文遗言，那么，何以迟至嘉靖四十五年（1566）刻《文录续编》时才将此篇收入？

如果真有嘉靖六年（1527）八月笔录《大学问》之事，按常理，笔录者钱德洪在编辑王阳明文集时不会不收这篇号称"师门教典"的重要文字，除非他有意将此本秘不示人。而事实上，钱德洪在编文集时确实未收此篇。那么，他究竟是出于什么考虑而将《大学问》秘不示人呢？对此，钱德洪自有说法。在《大学问》尾跋中，钱氏云：

> 录既就，（师）以书贻洪曰："《大学或问》数条，非不愿共学之士尽闻斯义，顾恐藉寇兵而赍盗粮，是以未欲轻出。"（《全集》卷26，第973页）

如此说来，钱德洪之所以将《大学问》按下不出，原来是遵奉阳明遗命。但细按之，此处所说的王阳明的担心却显得似乎没有道理：(1)《大学或问》数条正可以说服人们信用古本《大学》，其作用只会释人之疑，又岂会予人口实？(2)与

[①] 据嘉靖刻本《东廓先生文集》卷首"序"，是集为嘉靖戊戌年由邹氏门人林春所刻。故收入集中文字不得早于戊戌（嘉靖十七年，1538）。

阳明以前之行事亦不合：王阳明生前积极倡导恢复古本《大学》，将《古本大学》刊行于世，并傍为之释，为之两度作序，何以不担心那些释与序会"藉寇兵而赍盗粮"，却只担心《大学或问》数条？

但钱德洪有王阳明亲笔写给他的书信为证，似乎由不得怀疑。这封《与德洪》书，就收在《文录续编》之中。以上钱氏所引只是此书开头部分，其下还有数句：

> 且愿诸公与海内同志口相授受，俟有风机之动，然后刻之未晚也。此意尝与谦之面论，当能相悉也。江、广两途，须至杭始决。若从西道，又得与谦之一话于金、焦之间。冗甚，不及写书，幸转致其略。（《全集》卷27，第1015页）

信中两次言及邹谦之，此信似乎兼有转致邹谦之的意思。陈来先生即从信的这种口气推测信应该是写给邹谦之的，"此书之语明是与邹谦之书，并非与德洪书"，对于标题写作"与德洪"，他解释为，"疑（阳明）行至江西后与德洪另有一书，与此书语同"。[①]

信中所谈，首先是关于《大学或问》是否刻印，其次是关于赴广西路线。由"至杭始决"一语知，写此书时尚未至杭。据《年谱》"嘉靖六年"条，王阳明九月壬午（初九日）从越中出发，甲申（十一日）渡钱塘至杭城。又，钱德洪言是书写

---

① 参见《有无之境》第362页。

于笔录《大学问》之后。则王阳明此书的时间,当在嘉靖六年(1527)八月之后,九月十一日之前。令人费解的是,钱德洪在录毕《大学问》之后,并不曾离开越中,王阳明对他凡事悉可面论,何以会有贻书之举?①

嘉靖六年(1527)八月笔录《大学问》以及录成之后王阳明又贻书嘱咐不可轻出,这种种事情都发生在钱德洪与王阳明两人之间,《全集》他处再无一点记载,《大学问》无形之中变成了钱德洪与王阳明两个人的秘密。钱德洪在王阳明死后,多次搜集、刊印王阳明的文录,但此篇却始终未出。如果说,此前钱德洪是谨守师命,那么,嘉靖四十五年(1566)他将《大学问》以及作为其旁证的《与德洪》书一齐收入《文录续编》,这又是出于什么考虑?

在《大学问》尾跋,钱德洪复有如下解释:

师既没,音容日远,吾党各以己见立说。学者稍见本体,即好为径超顿悟之说,无复有省身克己之功。谓"一见本体,超圣可以跂足",视师门诚意格物、为善去恶之旨,皆相鄙为第二义。简略事为,言行无顾。甚者,荡灭礼教,犹自以为得圣门最上乘。噫!亦已过矣。自便径约,而不知已沦入佛氏寂灭之教,莫之觉也。古人立言,不过为学者示下学之功,而上达之机,待人自悟而有得,言语知解,非所及也。是篇邹子谦之尝附刻于《大学古本》,兹收录《续编》之首。使学者开卷读之,思吾师之教

---

① 陈来先生对"贻书"之说亦有所疑:德洪与汝中送阳明直至严滩,凡事可面论,如何有"贻书"之说?(《有无之境》第363页)

平易切实，而圣智神化之机固已跃然，不必更为别说，匪徒惑人，祇以自误，无益也。(《全集》卷26，第973页）

由此可知，钱德洪推出《大学问》这篇文字确是有所针对，乃为纠正部分同门好为径超顿悟之说的偏向，而重申师门诚意格物为善去恶之旨。

王阳明殁后，王学开始分化，及门弟子根据各自对阳明思想的不同理解而纷纷立说①，其中，王龙溪从本体入手的进路受到其他派别的批评。钱德洪此处虽未明说，但所指却是龙溪之学。不过，钱德洪批评他的方式却是以师说的名义。对此，被批评的王龙溪以后也做出了回应。钱德洪死后，他为其撰《钱绪山行状》，忆及当日天泉证道时，做了有利于自己一方的叙述②，而在王龙溪逝世后，他的弟子根据其生前有关口述以及这篇行状写成《天泉证道记》一文（收在《王龙溪全集》第一卷），把王龙溪倡导的"四无说"说成阳明"传心之法"，奉为"师门之秘"。③

钱德洪将《大学问》说成"师门教典"，王龙溪等人将"四无说"说成"师门之秘"，孰是孰非，需要分析才能判断。

---

① 关于王学的分化情况，黄宗羲在《明儒学案》中按地区分列数派，今人著作则按思想倾向归纳分析，比较有代表性的有牟宗三的《从陆象山到刘蕺山》、杨国荣的《王学通论》、陈来的《有无之境》。
② 王龙溪此文，在某种程度上可以视为他对钱德洪的"盖棺论定"。在这样一篇定论性的文字里，他重提"天泉证道"往事，应是意味深长的，我们认为这实际上是对钱德洪借《大学问》所表达的宗旨的一种含蓄的否定。这一点，在一定意义上可以回答如果钱德洪作伪，何以王龙溪等人未予揭发这样的疑问。
③ 陈来《〈天泉证道记〉之史料价值》一文对此有详细考辨，参见《人文论丛》（1998年卷），第171～178页。

我们不妨将这些有待证实的观点同已经证实为王阳明观点的材料进行比较，然后再做出结论。以下，我们就来分析《大学问》的义理，并将之与《全集》中其他可靠的文字进行比较，以期最终弄清问题。

《大学问》采用对话体，一问一答共六条，我们诸条来看。

第一条讲"明明德"，第二条讲"亲民"，这两条中心意思都表达了"万物一体"的思想，因此我们将它们合起来讨论。

万物一体的思想，在王阳明嘉靖元年（1522）后归居越中所作文字间时有流露。如嘉靖四年（1525）的《答顾东桥书》[①]和《重修山阴县学记》[②]，嘉靖五年（1526）的《答聂文蔚一》[③]。《年谱》"嘉靖三年"条亦有证：

> 于是辟稽山书院，聚八邑彦士，身率讲习以督之。……先生临之，只发《大学》万物同体之旨……（《全集》卷35，第1290页）

第三条讲"止至善"，不仅大意，而且文字都基本同于嘉靖四年（1525）的《亲民堂记》中的一节（《全集》卷七，第251页）。

第四条讲"定静安虑得"，中心是"至善之在吾心，不加外求"。此义可追溯到正德七年（1512）王阳明与徐爱讲《大

[①]《全集》卷二，第50页。
[②]《全集》卷七，第257页。
[③]《全集》卷二，第79页。

学》宗旨之时，今本《传习录上》开头几条①所载即是。

第五条讲"本末"，强调本末当为一物。这与正德十三年（1518）所作的《大学古本傍释》②所言"明德亲民只是一事"的立场亦一致。

第六条讲"格致诚正修"，即功夫问题，略谓：从用上说，功夫条理次序不可或缺；从体上说，实为一事。从中可以概括出如下几点：（1）心之本体无不善；（2）意念发动而后有不善；（3）诚意在致知，致知所以明善恶；（4）致知在格物，格者为善去恶也，物者实事也。它在文字上与今本《传习录下》"先生曰先儒解格物"条③大体相近。

"先生曰先儒解格物"条，虽标在"以下黄以方录"名下，但并非黄录而是钱德洪嘉靖三十五年（1556）掺入的己录。④因此，《传习录下》此条作为比较材料是应该避嫌而不能参考的，必须另找证据。

按钱德洪所言，《大学问》录成于嘉靖六年（1527）八月阳明赴广临行之际，那么，它反映的应该是王阳明嘉靖六年（1527）的思想，如果再考虑到阳明随后即入军旅且于次年病逝，那么，有理由将之视为王阳明的晚年定论。

提到王阳明晚年定论，不能不让人想起著名的天泉证道。天泉证道是王学一大公案，围绕它，晚明乃至明清之际发生过

---

① 《全集》卷一，第1~6页。
② 《全集》卷32，第1194页。
③ 《全集》卷三，第119页。
④ 陈来先生业已考出此点，但对此现象感到困惑，以为是钱氏编纂《传习录下》时失之精察。参见《有无之境》第376~379页。本文则认为，问题并不如此简单，详正文下论。

多次争论①。虽然有人（如刘宗周）怀疑过天泉证道的真实性，但因它见载于不同作者尤其是两个当事人钱德洪与王龙溪的记述②，故现在学界一般相信它并非虚构。

从时间上看，钱德洪所说的王阳明口授《大学问》，与天泉证道当处于同一时期，因此，它们所体现的王阳明的思想应当一致。

天泉证道中，王阳明以重申"四句教"告终，因有两个版本，以下具引之：

（甲）《传习录下》

（先生）既而曰："以后与朋友讲学，切不可失了我的宗旨：无善无恶是心之体，有善有恶是意之动，知善知恶是良知，为善去恶是格物，只依我这话头随人指点，自没病痛。……"（《全集》卷三，第117～118页）

（乙）《年谱》

先生曰："……二君以后与学者言，务要依我四句宗旨：无善无恶是心之体，有善有恶是意之动，知善知恶是良知，为善去恶是格物。以此自修，直跻圣位；以此接人，更无差失。"（《全集》卷35，第1306～1307页）

---

① 对这方面介绍，参看邓艾民：《朱熹王守仁哲学研究》第5章"王守仁的四句教"，上海：华东师范大学出版社，1989年，第198～228页。

② 天泉证道凡两见于《王阳明全集》：一为《传习录下》（《全集》卷三，第117～118页）；一为《年谱》"嘉靖六年"条（《全集》卷35，第1306～1307页）。另见于《王龙溪全集》卷一《天泉证道记》，《邹东廓文集》卷二《青原赠处》。

壹 《大学问》来历说考异

以上两段材料出处不一,但关于"四句教"的表述却都一致,因此,将"四句教"视为王阳明本人的观点应该没有问题。

如果把"四句教"与从《大学问》第六条概括出来的那四点做一比较,不难发现,其他三句大体相近,唯首句不同,即关于心体的表述存在很大差异:"四句教"言"无善无恶是心之体",《大学问》则言"心之本体无不善"[①]。如何看待这种不同呢?

首先,应当承认,这种不同是无法忽略的。曾有学者认为,在王阳明那里,无善无恶是形容心体,至善无恶是形容性体[②]。但是,以上两句明白指示心体,虽然用词小异,一云"心之本体",一云"心之体",然所指实为一物。因此,这两句是对心体做了各自不同的规定。

其次,从理论上证明二者并行不悖是容易做到的,如有学者通过语义的层次分析提出,至善是就心体为成圣提供了根据而言,无善无恶则强调了个体存在的可能向度。[③]可是,问题的要害在于:事实上,王阳明是否将此两说并用?既然天泉证道实有其事,那么,我们不妨来研究天泉证道中几个有关事实。其一,天泉证道时,王阳明谆谆教诲钱、王:"二君以后再不可更此四句宗旨,此四句中人上下无不接着。我年来立教

---

① 这是笔者对原文"心之本体则性也,性无不善,则心之本体无不正也"(《全集》卷26,第971页)的概括。

② 如陈来,参见《有无之境》第217页。

③ 如杨国荣,参见《心学之思》,北京:生活·读书·新知三联书店,1997年,第238页。

亦更几番，今始立此四句。"[①] 王阳明的意思再清楚不过：四句教是他年来始立，让弟子今后以此为准，再不可更易。 其二，天泉证道当天，钱德洪在与王龙溪的谈话中，是坚持王阳明的四句教的，即关于心体，他是执无善无恶说的，这也有两个版本：

（甲）《传习录下》

德洪曰："心体是天命之性，原是无善无恶的。但人有习心，意念上见有善恶在，格致诚正修，此正是复那性体功夫。"（《全集》卷三，第117页）

（乙）《年谱》

德洪曰："心体原来无善无恶，今习染既久，觉心体上见有善恶在，为善去恶正是复那本体功夫。若见得本体如此，只说无功夫可用，恐只是见耳。"（《全集》卷35，第1306页）

这两则材料大同小异。关于心体，都认为原是"无善无恶"。这正反映了此一时期钱德洪对于心体的认识是无善无恶论，而不是《大学问》里的那种无不善论。

如果钱德洪嘉靖六年（1527）八月笔录了王阳明临行前口授的"师门教典"《大学问》，那么，何以他在事隔一月左右的"天泉证道"时却毫无一语提及？那么，事实最大之可能就

[①]《全集》卷35，第1307页。

是：根本不存在什么王阳明临行前面授《大学问》之事，一切都不过是钱德洪的杜撰而已。

如果说，以上我们所提出的都不过是反证而已，那么下面我们将给出一个正面的论据。那就是：《大学问》中反映的心体无不善的看法，与钱德洪本人后期关于心体的认识正相符合。钱德洪信从《大学问》的心体无不善说，是在多年以后，对此，可以罗洪先（念庵）总结钱德洪为学凡数变的一段评论为证：

> 其始也，有见于为善去恶者，以为致良知。已而曰：良知者，无善无恶者也，吾安得执以为有而为之而又去之？已而又曰：吾恶夫言之者之淆也，无善无恶者见也，非良知也。吾惟即吾所以为善者而行之，以为恶者而去之，此吾可能为者也，其不出于此者，非吾所得为也。又曰：向吾之言犹二也，非一也。夫子尝有意矣，曰至善者心之本体，动而后有不善也。吾不能必其无不善，吾无动焉而已。彼所谓意者动也，非是之谓动，吾所谓动，动于动焉者也。吾惟无动，则在吾常一也。（转引自黄宗羲：《明儒学案》，中华书局，1985年，卷11，浙中王门学案一，第226页）

罗念庵晚年与钱德洪过从甚密，曾相与订正王阳明《年谱》，论学甚为投契。① 罗氏之论良可据也。

---

① 参见《全集》卷37所收钱德洪《阳明先生年谱序》及其《论年谱书》（凡十首），罗洪先《阳明先生年谱考订序》及其《论年谱书》（凡九首）等文，第1358～1379页。

依罗氏之述，则钱德洪在认识上经历了四个阶段：（1）以为善去恶为致良知；（2）良知者，无善无恶者也；（3）无善无恶者见也，非良知也；（4）至善者，心之本体，动而后有不善。相应地，他在心体观上也是从无善无恶说到最后的至善无恶说。

钱德洪到后来（约嘉靖三十五年以后）才从无善无恶说转向至善无恶说这一事实，正可以用来解释《大学问》晚出于嘉靖四十五年（1566）的真正原因。也就是说，随着个人认识上的变化，钱德洪信从的是王阳明不同时期的思想：嘉靖六年（1527）他还是"四句教"的坚持者，而数年以后，他转而赞成至善无恶说。钱德洪个人的这种思想转向也体现在他对王阳明《文录续编》的编纂过程中：正是嘉靖四十五年（1566），他在编纂《文录续编》时才第一次收录了《大学问》这篇文字，并为之加上说明以使其成为王门教典。

至此，我们可以小结如下：今本《王阳明全集》中关于《大学问》来历的说明，与事与理皆有未合之处，不足为凭。《大学问》所反映的王阳明思想不是他的最后定论。

貳

王阳明圣人观研究

引 言

中国古代儒家学者习惯于认为，他们所讲的是圣人之学，简称圣学，对此，似可做如下理解：（1）就其所研习的内容来说，是所谓圣贤之书；（2）就其所要达到的目标来说，是成圣成贤，在此意义上，也有人把理学称为"希圣之学"。[①] 无疑，这种圣学是以他们对圣人的认识为根据的。对圣人的认识，我们称之为圣人观。显然，这里面的"观"字，不是那种概念（concept）的意思，而是指比较宽泛的观念（conception）、观点或看法。举凡有关圣人的讨论，似均可归于这种圣人观题下。

从理论上看，有关圣人的讨论又可大致归为以下三类问题：（1）何谓圣人？抑或，圣人的本质是什么？（2）人是否可能成圣？如果可能，又有：（3）如何成圣？从逻辑上说，对（2）（3）的回答，一定程度上取决于对（1）的认识。但在中国古代，对于"何谓圣人？"这个问题并无多少讨论的余地，因为，一开始圣人就是作为实有其人的具体形象存在的，一谈

---

* 本文系笔者硕士学位论文（上海：华东师范大学，1998年），后修改出两篇文章：《以良知为圣——心学视野中的圣人》，发表于《孔子研究》2000年第2期；《为圣人祛魅——王阳明圣人阐释的"非神话化"特征》，发表于《中国哲学史》2000年第2期。

① 钱穆：《朱子新学案》，成都：巴蜀书社，1968年，第47页。

到圣人，人们想到的不是某个抽象的定义，而是一些具体的人，如尧、舜、禹、周公、孔子之类。换言之，尧、舜、孔子几乎成了圣人的代名词。因此，如果问何谓圣人？人们会自然地回答出尧、舜、禹、周公、孔子等一串人名，至于圣人有哪些特征，人们也就顺理成章地根据这些具体历史人物来说明，且将尽善尽美一类最高级的形容词置于其上。严格说来，这种回答不能算真正的回答，它几乎没有触及问题本身。问"何谓圣人？"是希望给出一个有关圣人定义的说明，或至少应当给出一个有关圣人本质的规定。但是中国古代学者在此点上似乎并无多大兴趣，也许在他们看来，圣人的存在是一个自明的事实，只有追问"成圣何以可能？"这样的问题才比较适宜。事实上，中国古代哲学家关注的重点正是（2）（3）两个问题。他们谈得最多的是"如何成圣？"，用他们的话说是"作圣之功""希圣之方"，用现代语言说是"理想人格的培养"。[①] 因此，圣人观问题很大程度上就变成了对"成圣何以可能？"的讨论。[②]

"成圣何以可能？"是一个康德式的提问。当康德追问"纯粹数学何以可能？纯粹自然科学何以可能？形而上学何以可能？"时，他是认为此类知识已实际存在。[③] 因此，问"成

[①] 如冯契认为："中国古代哲学家早就在讨论人能否成为圣人，如何才能成为圣人？这是一个理想人格的培养问题。"（《人的自由与真善美》，《冯契文集》第3卷，上海：华东师范大学出版社，1996年，第291页）

[②] 如杨国荣认为，理学（广义上的）是从不同层面对内圣之境何以可能做出理论上的阐释。（参见所著：《心学之思》"导论"，北京：生活·读书·新知三联书店，1997年）

[③] 康德：《纯粹理性批判》，北京：商务印书馆，1960年，第39页。

圣何以可能？"就意味着成圣这件事必然可能。而要使成圣必然可能，除了前面所说的"圣人实际已经存在过"这一事实之外，还要求这样的圣人具有可学而至的特点。

"可学而至"，实际又包括可学与可及这两层意思。除非已经证明圣人既是可学的，又是可及的这一前提，"成圣何以可能？"才可以讨论。那么，儒家学者对此的证明是否成功呢？

孟子讲"人皆可以为尧舜"（《孟子·告子下》），荀子说"涂之人可以为禹"（《荀子·性恶》），都是肯定圣人可学而至。他们论证的方式也相近，都是根据类推原理说明。孟子认为"圣人与我同类者"（《孟子·告子上》），荀子认为"凡人之性，尧禹之与桀跖，其性一也"（《荀子·性恶》），"材性知能，君子、小人一也"（《荀子·荣辱》）。孟、荀之后，儒家学者对圣人可学而至的观点及论证基本予以认同。

严格说来，类推论证并不具备完全有效性，即便说圣人与人同类，这也只能提供一种原则上的可能，因为同类之间的差异，有时也是一种质的不同而无法逾越，例如道家就持这种看法，所谓"不问远之与近，虽去已一分，颜、孔之际，终莫之得也"（《庄子·德充符》，向秀、郭象注）。实际上，孟、荀以来对圣人可学而至的"可及"这一层，其论证似乎总是不够令人满意，至多只说明圣人"可学"这一层。这种理论上的缺欠反映到实践上，就是：尽管儒家学者一再讲"圣人可学而至"，但一般人常常"无必为圣人之志"。张载曾指出过这一现象："知人而不知天，求为贤人而不求为圣人，此秦汉以来学者之大蔽也。"（《横渠学案上》，《宋元学案》卷十七）其实人

"无必为圣人之志"是结果，而不是原因，单强调人"先须立必为圣人之志"，终究解决不了根本问题，匡扶不了人心，人们还是自甘为常人为庸人，那么，问题的症结究竟出在哪里？

问题正出在长期以来儒家学者对问题（1）"何谓圣人？"的疏略。谈论圣人，却对何谓圣人语焉不详，这岂不是很奇怪的现象吗？虽然奇怪，却是事实。似乎只是到王阳明，才开始自觉地反思"圣人之所以谓之圣者安在"这一问题，而此前，学者们对此一直处于一种暧昧不明的状态之中，虽然其间也不乏"圣人是……"式的说明，但对圣人的本质似乎并未触及。学者们满足于笼统不分地谈论尧、舜、周、孔诸圣，却似乎从未想过：这些圣人各自不同而同谓之圣，其根据是什么？学者们习惯于将仁、智、志功诸项最高评价置于圣人之上，却似乎从未想过：如果要在这些特征中寻出一个本质性的规定，那么它应该是什么？以上问题，在王阳明那里都一一得到详细的考察。

一 圣之所以为圣

王阳明最初的经历说明了，仅仅归结为"学者无必为圣人之志"这一点，并不能解释成圣实践中出现令人沮丧的结果的原因。

王阳明少时即以成圣为第一等事（《年谱》成化十八年条）。弘治二年（1489），拜见理学家娄谅（1422～1491，字克贞，号一斋），后者与之"语宋儒格物之学，谓圣人必可学而至，遂深契之"（《年谱》弘治二年条）。其后几年，他服膺于朱子格物之学，相信"作圣贤要格天下之物"，曾面竹沉思过七天七夜，却一无所获，人且病倒，不得不感叹："圣贤是做不得的，无他大力量去格物了。"（《传习录下》,《王阳明全集》，上海古籍出版社，1992年，第120页。下引该书，只注《全集》，不再说明）弘治十一年（1498），他再次按朱子读书之法循序而进，"沉郁既久，旧疾复作，益委圣贤有分"（《年谱》弘治十一年条）。

这一连串的失败，几乎使王阳明陷于一筹莫展的境地。以他而论，不可谓"无必为圣人之志"，亦不可谓无"作圣之功"，但成圣之路却是这般艰难，以至令人灰心丧气，其症结何在？

正德三年（1508），王阳明谪居龙场，穷乡僻壤，始有机会反思这一切。他终于认识到，以往成圣实践挫折的原因就在于选择了一个错误的"希圣之方"——朱子的格物成圣之说作为指导。龙场大悟的结论是："乃知天下之物本无可格者，其格物之功只在身心上做，决然以圣人为人人可到，便自有担当了。"（《全集》第120页）"始知圣人之道，吾性自足，向之求理于事物者误也。"（《年谱》正德三年条）正是这种艰辛的事与思，使他从盲目的成圣实践中摆脱出来，进而思考"圣人之所以谓之圣者何在"的问题。他已经清楚地意识到，成圣实践（如何成圣）必然以圣人观（何谓圣人）为先导。在《示弟立志说》中，王阳明正是以这种过来人的口气说道："人苟诚有求为圣人之志，则必思圣人之所以为圣人者安在。"（《全集》第259页）

"圣人之所以为圣人者安在"就是问：圣人区别于众人之处何在？不同个体的圣人同谓之圣者何在？这些问题已成为王

阳明关注之点，且提到平时与学生的讨论上来：

> 希渊（引者按：蔡宗兖，字希渊，浙江山阴人，正德十二年进士，《明史》283卷有传）问：圣人可学而至，然伯夷、伊尹于孔子才力终不同，其同谓之圣者安在？先生（按：指王阳明）曰：圣人之所以为圣，只是其心纯乎天理，而无人欲之杂。犹精金之所以为精，但以其成色足而无铜铅之杂也。人到纯乎天理方是圣，金到足色方是精，然圣人之才力，亦是大小不同，犹金之分两有轻重。尧舜犹万镒，文王、孔子有九千镒，禹、汤、武王犹七八千镒，伯夷、伊尹犹四五千镒；才力不同而纯乎天理则同，皆可谓之圣人；犹分两虽不同，而足色则同，皆可谓之精金。以五千镒者而入于万镒之中，其足色同也；以夷、尹而侧之尧、孔之间，其纯乎天理同也。盖所以为精金者，在足色而不在分两；所以为圣者，在纯乎天理而不在才力也。故虽凡人而肯为学，使此心纯乎天理，则亦可为圣人；犹一两之金比之万镒，分两虽悬绝，而其到足色处可以无愧。故曰人皆可以为尧、舜者以此。（《传习录上》，《全集》第27～28页）

单说"圣人之所以为圣，只是其心纯乎天理"，似乎并非什么新鲜话头，自孟子即言"圣人，人伦之至也"（《孟子·离娄上》）；而说"学者学圣人不过是去人欲而存天理耳"（《传习录上》），这与程、朱等理学家也并无二致。朱熹亦说过："是以圣人之教人，必欲其尽去人欲而复全天理也。"（《答陈同甫书》,《朱文公文集》卷三十六)"圣贤千言万语,只是教人明天理灭人欲。"(《朱子语类》卷十二)如此说来,王阳明此说又有何新意?

其新意在于:王阳明是有意识地在天理与才力二者之间,选择前者作为圣人本质的规定,所谓"所以为圣者,在纯乎天理而不在才力也"。《示弟立志说》中,这种意思表达得更为清楚:"圣人之所以为圣人,惟以其心之纯乎天理而无人欲。"(《全集》第259页)即明确将德性作为圣人之所以为圣的根据,这种认识却是前人所不及的。[1]

孟子以来的儒家基本以圣人为"仁且智"[2],"仁"指德性方面,"智"指知性方面。那么,在圣人品格当中,二者之中何谓本质性的?对此,论者并无清楚与统一的认识。

从其侧重点来看,孟、荀以来的儒家大体呈现出两种倾向。[3]一种倾向是较为重视德性原则,从孟子到心学即是如此。孟子讲"圣人先得我心之所同然(曰义曰理)"(《孟子·告子上》),陆九渊说:"东海有圣人出焉,此心同也,此理同也。西海有圣人出焉,此心同也,此理同也。南海北海有圣人出焉,此心同也,此理同也。千百世之上至千百世之下,有圣人

---

[1] 杨祖汉也认为,从圣人的内心之纯德上规定圣人之所以为圣,而说圣人是人人可为的,这意思在孟子以后的儒者都曾说到,但是以阳明最能把这意思表达清楚。(参见所著:《儒家的心学传统》,台北:文津出版社,1992年,第284页)

[2] 语出《孟子·公孙丑上》:"子贡曰:学不厌,智也;教不倦,仁也。仁且智,夫子既圣矣!"

[3] 陈来即言:"理学中程、朱派是比较注重圣的'智'的性格的,因而比较强调成圣之学中的知识取向……心学只强调'仁'的性格,突出成圣之学的德性原则。"(参见所著:《有无之境》,北京:人民出版社,1991年,第289页)

出焉，此心此理，亦莫不同也。"（《年谱》，《陆九渊集》，北京：中华书局，1980年，第483页）另一种倾向是较为重视知性原则，从荀子到程、朱理学即是如此。荀子从知能角度将圣人理解为"人之所积而致"（《荀子·性恶》），朱熹相对于陆九渊，侧重"尊德性道问学"中的"道问学"一面，强调做圣贤要格物致知。说两种倾向，只是相对而言，像王阳明这样鲜明地以德性为圣人本质唯一的规定，却属新异。而王阳明对圣人本质的这种认识也是明确地针对他所说的"专去知识才能上求圣人"的圣人观而发的，他对朱熹为代表的后世之儒的批评，正是建立在这种区分之上：

> 后世不知作圣之功本是纯乎天理，却专去知识才能上求圣人，以为圣人无所不知，无所不能，我须是将圣人许多知识才能逐一理会始得。故不务去天理上着工夫，徒弊精竭力，从册子上钻研，名物上考索，形迹上比拟。知识愈广而人欲愈滋，才力愈多，而天理愈蔽。正如见人有万镒精金，不务锻炼成色，求无愧于彼之精纯，而乃妄希分两，务同彼之万镒，锡铅铜铁杂然而投，分两愈增而成色愈下，既其梢末，无复有金矣。（《传习录上》，《全集》第28页）

"知识愈广而人欲愈滋，才力愈多，而天理愈蔽"，孤立地看待这些话，难免给人一种伦理中心主义的印象[①]，甚至会

[①] 如陈来即认为："心学的伦理中心主义立场毕竟太强烈了，以至常常把德性原则与智性原则对立起来，使知性追求丧失了应有的合理的地位，使儒家传统的圣人人格的丰富性不能不因此受到损害。"（《有无之境》第292页）

招来蒙昧主义的批评①。王阳明将圣人本质系于德性之上，这一做法究竟在何种意义上具有其合理性呢？

前已述及，中国古代圣人观的一个特点是，其所讨论的圣人是具体的历史人物，而非先有一个抽象的定义，人们是通过具体的历史人物来认识圣人这一观念的，这种思维方式有一种具体化的特点。它难以摆脱经验成分，没有上升到归纳出普遍性的水平。由此形成的圣人观，就具有以下特点：（1）不稳定性；（2）依赖于外部因素（主要是社会舆论）。总之，这种圣人观缺乏一种必然性，不可预测与检验。我们可以诸圣中的孔子为例说明之。

本来，孔子从未以圣人自居，所谓"若圣与仁，则吾岂敢？"（《论语·述而》）并非谦辞，因为孔子心目中的圣人是尧、舜这些人，其特点是"博施于民而能济众"（《论语·雍也》），"修己以安百姓"（《论语·宪问》）。修己，似指内圣一面；博施济众、安百姓，则可认为属外王一面。因此，他理解的圣人兼内圣与外王两面，这种圣人就只能系于尧、舜一类古人，所以他说："圣人，吾不得而见之矣；得见君子斯可矣。"（《论语·述而》）而后来，子贡将孔子推尊为圣，且美化为"天纵之圣"，孟子称孔子为"圣之时者"。若问子贡、孟子有何先例可援，答案是：否。至于历代君主出于以儒术统治国家有效的缘故，也一再追封孔子，汉平帝追谥孔子为宣尼公；唐

---

① 如侯外庐主编的《中国思想通史》（北京：人民出版社，1960年，第四卷下，第890～893页）、朱义禄著《儒家理想人格与中国文化》（沈阳：辽宁教育出版社，1991年，第362页）、冯契著《中国古代哲学的逻辑发展》（下册）（上海：人民出版社，1985年，第896页）等论著都如此认为。

玄宗封之为文宣王,并取代周公先圣的地位,宋儒开始,不再是周孔并称而是孔孟并称,元代又封孔子为大成至圣文宣王,并以孟子为亚圣。

孔子之为圣人,若按尧、舜、汤、武系统的标准衡量,理论上并无必然①,实际取决于人们的需要以及舆论。由于不是根据一个一般性的定义推证而产生,因此,在中国古代,圣人事实上并不能再生:孔、孟之后千百年间,再无一人被公推为圣人。何以远古圣人多,而中古以降圣人渐稀竟至于无?这是一个令儒家学者尴尬的问题。②

如果圣人总是局限于古之人,即使再怎么说"圣人可学而至",恐怕人们也会渐渐失去信心。对所谓圣人之学来说,这不能不说是一个严重的问题。因此,要把圣人之学讲下去,一个圣人的一般性定义就是必要的,唯有通过这种一般性定义才能使圣人成为一个可检验性的、可操作性的标准。这样,一般的人才有可能被称为圣人。王阳明提醒人们思考"圣人之所以为圣者安在",且又将圣人的本质系于德性之上,这就冲破朱熹等人为圣人设置的才力限制,使无技能、无勋业、无著述的圣人形象成为可能。这一做法无疑有其历史的合理性。从思维

---

① 虽然汉代董仲舒及公羊春秋家,以为孔子受天命为王(素王),孔子作《春秋》是托王于鲁,后来纬书进一步说孔子是黑帝之子,试图将孔子上升为王甚至神,以使之与尧、舜等古圣人相并列,但对大多数儒者来说,孔子还是作为开创儒术的先师形象存在的。

② 傅伟勋就曾提出过这样的问题:"传统儒家从未针对'百分之九十九的人类,从来不愿也永远不会做圣人'这个不可否认的经验事实,脚踏实地设定并解决与内圣无直接关系的巨模伦理问题。"(所著:《从西方哲学到禅佛教》,北京:生活・读书・新知三联书店,1989年,第33页)

方式上说，他自觉地探求圣人的本质规定，也已经超出了以往圣人观囿于历史人物的具体思维的水平，是一个重大的进步。但是，王阳明从圣人本质中剔除了才力、知识技能这些知性因素，又有何理论的必然呢？

单就本质而言，圣人并不必然就是纯德性方面，也可以兼顾知性一面，因此王阳明这样规定，并不是出于理论本身的考虑，而是有其实践上的用意。分析他的成色分两说[①]可知，阳明以精金喻圣[②]：纯乎天理譬金之足色，才力譬金之分两。既然五千镒亦谓金，八千镒亦谓金，那么只要成色足，即便是一两也当谓之金。同理可证，既然才力高者如尧、孔谓之圣，才力次者如夷、尹亦谓之圣，那么只要纯乎天理，即便是才力平平者也可称为圣。

这种类推，表面看来非常严密，但细究却疏阔。因为，人们可以提出如下反驳：尧、孔，夷、尹才力不同，但毕竟他们的才力都超出常人，其同谓之圣人，由此可知：圣人须具超出常人之才力，从中如何推导出一个才力平常的圣人例子呢？

[①] 成色分两说是王学有名的典故，解者纷纭。冯友兰认为：阳明此说虽是而尚有一间未达，因为才力与境界完全是两回事。（参见所著：《新原道》第十章"新统"）笔者认为，此说似未识阳明当时语境，盖因弟子所问正为辨明才力与圣人之关系，故阳明不能不联系才力作答。另，阳明论众圣分两，如尧万镒，孔子九千镒之说，人亦多不得其旨。当时弟子德章即有疑于此，以为孔子九千镒之说于心未安，阳明以之为"躯壳上起念，故替圣人争分两"（《传习录上》）。其后，童克刚复起疑问，阳明不得已再为分疏，并叹"早知如此起辨生疑，当时便多说这一千也得"（《传习录拾遗》）。据杨祖汉言，阳明此说，牟宗三曾解为：因世运影响，故尧孔分两不同。（参见《儒家的心学传统》第281页）牟解似亦未达阳明辞旨，而过分坐实。

[②] 据章太炎考证，精金之喻原本孔融，融尝为《圣人优劣论》，曰：金之优者，名曰紫磨，犹人之圣也。（《訄书·王学》）

的确，如果将圣人的范围理解为仅限于现有的集合，即仅限于尧、舜、周、孔等十几个人，无论如何也推不出这个范围之外。这与精金不同，它是一个无限的集合，只要满足成色足这一条件的金子不论其分两都可归于其中。对于圣人，除非他被设定为只要满足纯乎天理这一条件的人的集合，并不能这样类比。而事实上，王阳明一开始就确立了他的前提："圣之所以为圣，只在其心纯乎天理。"这一点本当作为待有限的圣人集合扩大成为证明的结论，从这个意义上说，王阳明似乎犯了循环论证的错误。因而，王阳明的结论并非从以往圣人观内部演绎出来，而是他自己重新设定的命题。他实际上是将原来一个有限的集合扩大为无限的集合。然而，这一扩大是以牺牲原有圣人的一部分内涵（才力）为代价的。其实，包括才力与德性两重内涵的圣人集合，亦可以说是一个无限的集合，但是这种无限的集合相对于王阳明所设立的新的无限集合而言，是一个外延较小的集合。对于社会中从事成圣实践的人群来说，王阳明的集合比之朱熹的集合显然具有更大的包容性。借用集合论，对王阳明的观点也许可以做如上理解。

综上，关于王阳明对圣人本质的反思，我们可以这样评价：从思维方式上看，他比以前进了一大步，有其历史合理性；就其反思的结论而言，虽然并无理论自身的优越性，但对于实践而言却有开放性的特点。

就王阳明个人而言，经过自身的反思，已确信作圣之功与知识、技能、才力原不相干。但在他看来，同时代还有许多人像他从前一样，为错误的希圣之方所蔽，如在黑暗中摸索，他对这些人怀有深切的同情："呜呼！士生斯世，而尚何以求圣人之学乎！尚何以论圣人之学乎！士生斯世而欲以为学者，不亦劳苦而繁难乎！不亦拘滞而险艰乎！呜呼，可悲也已。"（《答顾东桥书》，《全集》第56页）出于这种同情，他决心将自己思考的收获推广开来，与学者们一起分享，所谓"每念斯民之陷溺，则为之戚然痛心，忘其身之不肖，而思以此救之，亦不自知其量者"（《答聂文蔚》，《全集》第80页）。首先他就从澄清一些长期流行的关于圣人的误解开始。

二 对几个误解的澄清

（一）关于圣人生知的解释

儒家学者习惯上把人分为三种，即生而知之者、学而知之者与困而知之者。[①] 这一分法无疑带有某种虚构成分，以辩证的眼光来看，人都是学而知之者，所谓生而知之者，只是天赋观念论式的虚构。不过，按照儒家的这种理论，圣人正是所谓生知者。

逻辑地看，生知主要相对于学知而言，前者属先天之知，后者属后天之知。后天之知主要是经验知识，先天之知不能包括后天之知，说圣人生知，就不能说圣人于经验知识也一应俱全。如果要肯定生知、学知之分，比较合理的解释似应如此。王阳明与以往圣人观论者的分歧，不在于他否认圣人生知这一前提，而在于他们关于生知的范围、内容的看法不同。双方

[①] 此说出自《论语·季氏》："孔子曰：生而知之者，上也；学而知之者，次也；困而学之，又其次也；困而不学，民斯为下矣。"

形成争论的焦点在于：圣人谓之生知者，是否也包括礼、乐、名、物、度数之类的经验知识？王阳明对圣人生知的解释，较之以往圣人观论者对圣人不无神化的认识，确有合理之处，他对后者的反驳也是成功的：

夫礼乐名物之类，果有关于作圣之功也；而圣人亦必待学而后能知焉，则是圣人亦不可以谓之生知矣。(《答顾东桥书》，《全集》第 53 页)

他的结论是："谓圣人为生知者，专指义理而言，而不以礼乐名物之类，则是礼乐名物之类无关于作圣之功矣。圣人之所以谓之生知者，专指义理而不以礼乐名物之类，则是学而知之者亦惟当学知此义理而已，困而知之者亦惟当困知此义理而已。"(《答顾东桥书》，《全集》第 53 页)这段话说得非常有力，足以破流行见解之蔽，因而他对当时学者的质问就显得不容置辩：

今学者之学圣人，于圣人之所能知者，未能学而知之，而顾汲汲焉求知圣人之所不能知者以为学，无乃失其所以希圣之方欤？(《答顾东桥书》，《全集》第 53 页)

与"圣人生知"这一观念相连，时人关于圣人的另一误解是"圣人无所不知无所不能"，王阳明既澄清了前者，那么后者自然可以迎刃而解。

（二）对圣人无不知无不能的解释

唐宋之后，通常儒者谈到圣人，多指孔子。孔子本人博学多才，确实给人以"无所不知无所不能"的印象。其实孔子时代，人们关于圣人的观念中并无"多知多能"这一条，观《论语·子罕》"大宰问于子贡"章可见：

大宰问于子贡曰：夫子圣者与？何其多能也？子贡曰：固天纵之将圣，又多能也。子闻之，曰：大宰知我乎！吾少也贱，故多能鄙事。君子多乎哉？不多也。

联系孔子不以圣人自居的说法以及他关于圣人的认识可知，孔子对大宰的看法表示赞同①。他也认为：圣人君子无多能，自己多能，确实够不上圣人的标准。至于子贡之说，出于维护乃师之意，不足为据。

不无讽刺的是，在后世学者那里，孔子所引以为不足的"多能"，却成了圣人品格中的应有之义，他们还进而将孔子夸大为"无所不知无所不能"。不能不说，这已经远离了孔子博学多能的真实形象。因为孔子明确表示过："我非生而知之者，好古，敏以求之者也。"（《论语·述而》）而"子入太庙，每事问"（《论语·八佾》）正是他"好古，敏以求之"的例证，但是将孔子夸大为无不知无不能的学者，对此却做了明显的曲解，认为孔子是"虽知亦问，敬谨之至也"（朱熹：《四书章

---

① 这里顺便指出，有论者认为："在《子罕》篇中，太宰以'多能'为'圣'，这是沿袭原来的旧观念，但孔子认为'多能'不足为'君子'，更何况'圣人'呢？"（参见朱义禄：《儒家理想人格与中国文化》，第267页）正好将孔子的意思弄反了。

句集注·论语集注》卷二)。王阳明则正确地指出:"此说不可通。"(《传习录下》,《全集》第97页)

其实,王阳明并不一般地反对说圣人无所不知无所不能,而是在对"知"的理解上,比一般学者深刻。一般学者把"知"仅仅理解为"实有其知",即一种内容性的知。而王阳明认为在内容性的知之外,还有一种"知如何求其知"的"准知"(Semi-knowledge)。对"知"的如上理解,在孔子那里也似乎可以找到根据。孔子说过:"知之为知之,不知为不知,是知也。"(《论语·为政》)① 又说过:"吾有知乎哉?无知也。有鄙夫问于我,空空如也,我叩其两端而竭焉。"(《论语·子罕》)

就此而言,孔子于"名物度数"并非事先皆知,孔子的知或智表现在:他知其无知(苏格拉底也说过,最聪明的人自知其无知),并且他也知道,无知就当去求知。故虽或暂时无知,但终当有知。而在现实很多情况下,人们往往对某事某物无知,但只要他知道怎样去获得这些知识,也不妨承认他有知(准知)。也许,知道如何去求知,有时反而是最重要的。尤以今天资讯高度发达的时代而言,掌握学习的方法,往往是最关键的,这种对方法、原理的探讨,其意义远远超过那种根据这些原理、方法来操作的工作。

因此,关于圣人无所不知无所不能,比较合理的解释就是:它是肯定圣人有无不知无不能的潜能,而不是说圣人拥有全知全能的实际内容。何以圣人能够无不知?一般人能否如圣人这样无不知?王阳明对前者的回答是:圣人之所以能无不

---

① "是知也"的"知",旧注多解作同"智"字,参见刘宝楠著《论语正义》卷二。

知，是由于他掌握了一个本原之知（天理），又有求知的能力保证。这一回答显然也有利于对后一问题做出肯定的答复，即一般人也能如圣人那样无不知。

如此看来，王阳明对圣人无不知的解释可以分为两个方面：（1）圣人具备一个明觉的心体。这相当于说，主体有无限可能的认识器官——"心"。王阳明以镜照物为譬，"镜"喻认识器官"心"，"物"喻外部认识对象，"照"喻对外物事变的认识。认识取决于"心"之是否灵敏，所谓"只怕镜不明，不怕物来不能照""学者惟患此心之未能明，不患事变之不能尽"（《传习录上》，《全集》第12页），"圣人之心如明镜""只是一个明，则随感而应，无物不照"（《传习录上》），因此圣人能应变无穷，无所不知无所不能。而这当然不是预先可以讲求的。如果认为圣人预先具备了处理事变的具体知识，这在认识上是不可能的，以王阳明的话说，就是："未有已往之形尚在，未照之形先具者。"（《传习录上》）他反问那些以圣人为前知预兆者："周公制礼作乐以示天下，皆圣人所能为，尧舜何不尽为之而待于周公？孔子删述六经以诏万世，亦圣人所能为，周公何不先为之而有待于孔子？"（《传习录上》）以圣人为前知预兆者确实难以自圆其说，因为若是那样，只要一个圣人就够了，何必更多呢？

王阳明所强调的这个明觉之心，也就是他常说的良知。良知既是认识的根据，也是认识的动因。所以王阳明又认为：（2）圣人具有本原之知（良知）。而良知的内容就是天理，因此"圣人无所不知，只是知个天理，无所不能，只是能个天理。圣人本体明白，故事事知个天理所在，便去尽个天理，不是本体明白，却于天下事物都便知得，便做得来也"（《传习录下》，《全集》第97页）。

本原有两种意思，一指根本性的原则、方法；一指作为开端、起初的知识。就前一种意思而言，本原之知具有学问"头脑"的意义，识得头脑，则无事不得其宜。具体事变对策，即所谓节目时变，不胜其烦，若要圣人样样预先讲求清楚，既不可能，也无必要。圣人只是抓住了一个根本——良知，即可以一执多，因为"良知之于节目时变，犹规矩尺度之于方圆长短也"（《答顾东桥书》，《全集》第50页）。方圆长短不可胜穷，然不出规矩尺度之外；同理，节目时变虽不可预定，但处之莫不以良知为准，故致得良知，"知得一个天理，便自有许多节文度数出来"（《传习录下》，《全集》第97页）。其实，"节目时变，圣人夫岂不知？但不专以此为学"（《答顾东桥书》，《全集》第49页）。

以此观之，王阳明并非一般性地拒斥知识，关于他有所谓反智主义（anti-intellectualism）倾向之说[1]，恐怕也难以成立。如果说圣人无所不知，他这些知识也绝非一天获得的，王阳明也注意到知识的积累过程，因此他又将发展的观点引入对圣人无所不知的解释中，他所说的本原的后一种意思，即是作为开端、起源的知识，无所不知须从本原之知开始：

为学须有本原，须从本原上用力，渐渐盈科而进。仙

---

[1] 余英时将王阳明学说的出现视作儒学内部反智识主义倾向的极致，以为"拔本塞源论"是王阳明反智识主义的最明确的表示。参见所著：《中国思想传统的现代诠释》，南京：江苏人民出版社，1995年，第175～176页。

家说婴儿，亦善譬。婴儿在母腹时，只是纯气，有何知识？……卒乃天下之事无不可能：皆是精气日足，则筋力日强，聪明日开，不是出胎日便讲求推寻得来。故须有个本原。圣人到位天地，育万物，也只从喜怒哀乐未发之中上养来。(《传习录上》,《全集》第14页)

由此，他批评宋儒"不明格物之说，见圣人无不知无不能，便欲于初下手时讲求得尽，岂有此理？"(《传习录上》)也就并非虚发。

综上所述，王阳明似乎认为：圣人无所不知无所不能，只意味着圣人能够无所不知无所不能。而圣人之所以能无所不知无所不能，乃是因为一方面他有一个明觉灵敏的心，使他可以随感而应，应变无穷；另一方面他有一个本原之知（天理），他知一个天理，自能求得节目时变这些具体之知，而他知得再多，也只是从这本原之知上循序渐进，发育养出。

王阳明对圣人生知以及圣人无所不知无所不能的如上解释，从理论上看，相当出色，但在现实中，似乎还不足以使与他同时的学者完全消除疑惑，如顾东桥就和他一再辩论这些问题（参见《答顾东桥书》），甚至最初，得意弟子徐爱也不能完全释然（参见《传习录上》）。因此，王阳明感到有必要做进一步的说明，这就是有名的"拔本塞源之论"。

（三）拔本塞源之论

王阳明对所谓拔本塞源之论非常看重：

夫拔本塞源之论不明于天下，则天下之学圣人者将日繁日难,斯人沦于禽兽夷狄,而犹自以为圣人之学;吾之说虽或暂明于一时,终将冻解于西而冰坚于东,雾释于前而云滃于后,呶呶焉危困以死,而卒无救于天下之分毫也已!(《答顾东桥书》,《全集》第53页)

拔本塞源之论可从不同角度予以解释,从本文关心的主题看,它实际上是为王阳明的圣人观提供了一个历史根据。当然,王阳明所描绘的这幅历史图画,带有很大的虚构性。

按照王阳明的理解,整个历史似乎呈现出一种离开圣人之道越来越远的趋势,根据其描述,整个历史可以划分为以下几个阶段:(1)原初时代,人人之心同于圣人,天地万物为一体。(2)圣教时代,原初时代后期,人心因物欲我私之蔽,相视若仇,圣人遂以"天地万物一体之仁"之教施于天下,结果亦达到一种"天下之人相视如一家之亲"的状态。在此状态下,人人备安其分,各尽其能,且视人之能若己出,"无有乎己之分,物我之间"。(3)霸术时代,圣教时代之后,"王道熄而霸术猖",所谓霸术,是"窃取先王之近似者,假之于外,以内济其私己之欲",霸术既行,圣人之道遂以芜塞。于是乎有训诂之学、记诵之学、词章之学,"万径千蹊,莫知所适""圣人之学日远日晦,而功利之习愈趋愈下"。发展到王阳明所处之世,"功利之毒沦浃于人之心髓",世人"相矜以知,相轧以势,相争以利,相高以技能,相取以声誉"。

历史观上的这种悲观主义,在儒家并不鲜见,但王阳明此论的特别之处在于:他把求多知多能的倾向与功利之习联系起来,试图从历史上找出世儒"专去知识才能上求圣人"思路的根源。王阳明指出，这一思路不过是霸术时代的产物，它根本背离了圣人之道，其实质原在满足个人私欲：

> 记诵之广，适以长其敖也；知识之多，适以行其恶也；闻见之博，适以肆其辨也；辞章之富，适以饰其伪也。是以皋、夔、稷、契（按：皆古之贤人）所不能兼之事，而今之初学小生皆欲通其说，究其术，其称名僭号，未尝不曰吾欲以共成天下之务，而其诚心实意之所在，以为不如是则无以济其私而满其欲也。（《答顾东桥书》，《全集》第56页）

对知识的追求，当然不能都认为它是出于满足私欲的动机，而且，即使是出于满足私欲的动机，这种对知识的追求，也有值得肯定之处。王阳明不能理解："一方面，每一种新的进步都必然表现为对某一神圣事物的亵渎，表现为对陈旧的、日渐衰亡的，但为习惯所崇奉的秩序的叛逆；另一方面，自从阶级对立产生以来，正是人的恶劣的情欲——贪欲和权势欲成了历史发展的杠杆。"（恩格斯：《路德维希·费尔巴哈和德国古典哲学的终结》）这当然是囿于他的道德理想主义立场限制所致。但是，换一个角度看，也可以认为，王阳明实际上提出了一个重要的问题：人们对知识的追求如何避免一种负面后果即所谓异化的出现？抑或：人们在知识上的进步是否必然以某种程度上道德的退步为代价？的确，如果没有对把人自始至终作为目的而不作为手段（康德语）的保证，人们对知识技术的追求就很难不发生王阳明所指出的这种情况："知识之多，适以行其恶也。"如现代原子能研究的成就也制造出足以毁灭地球的核武器,而利用高科技手段犯罪的现象在今天也屡见不鲜。就此而言,王阳明的话就绝非危言耸听。所谓"拔本塞源",王阳明的意思是指:由于功利之习熏染,人们对于"天地万物一体之仁"的本真存在状态久违了,这就好像被拔起根本的树、塞住源头的水。无独有偶,在现代,海德格尔对于技术社会也有类似的感受:"技术越来越把人从地球上脱离开来,而且连根拔起。"(《只还有一个上帝能救渡我们》,《海德格尔选集》下卷,上海三联书店,1996年,第1305页)当然,海德格尔对现代人之生存境况思索的出发点,与王阳明的道德理想主义立场自有很大不同,此不详论。

王阳明对历史与现状的看法都是悲观的,但对未来却充满希望,这一希望的根据来自他对良知的信念,他在"拔本塞源之论"的结尾写道:

> 所幸天理之在人心,终有所不可泯,而良知之明,万古一日,则其闻吾拔本塞源之论,必有恻然而悲,戚然而痛,愤然而起,沛然若决江河而有所不可御者矣!非夫豪杰之士无所待而兴起者,吾谁与望乎?(《答顾东桥书》)

而由良知之学出发,王阳明直截了当地提出"心之良知是谓圣"(《书魏师孟卷》,《全集》第280页)的命题,顺理成章地导出其逻辑的结论"人胸中各有个圣人"(《传习录下》,《全集》第93页)以及"个个人心有仲尼"(《咏良知四首示诸生》之一,《全集》第790页),一种无知识、无技能、无事功、无神异的圣人形象浮现于思想史的图景之中。正是王阳明，为圣人祛魅，使圣人成为一个内在的观念，从而也开始了它的"非神话化"（demythologize）过程。最后，在王门后学诸如王艮等人那里，"满街都是圣人"的观念把这种趋势推到了极致。

三　心之良知是谓圣

（一）心之良知是谓圣

"心之良知是谓圣"之说，在晚年王阳明那里并非偶然的话头：（1）嘉靖三年（甲申，1524），《与薛子修书》："心之良知是谓圣，圣人之学致此良知而已矣。"[①]（2）嘉靖四年（乙酉，1525），《书魏师孟卷》："心之良知是谓圣，圣人之学，惟是致此良知而已。"（《全集》第280页）（3）嘉靖四年（乙酉，1525），《稽山承语》[②]第十七条："心之良知谓之圣。"（4）嘉靖五年（丙戌，1526），《答季明德》："故区区近有'心之良知

[①] 此条材料为今本《王阳明全集》（上海古籍出版社1992年版）所无，笔者引自水野实、永富青地所辑王阳明逸诗文，参见所著：九大本《文录》について王守仁の逸诗文（日本古典研究会编《汲古》第33号）。

[②]《稽山承语》为朱得之所记之阳明晚年语录，其第十条附记云："此己酉十月与宗范、正之、惟甲闻于侍坐时者，丁亥七月追念而记之。"据此可知所记为己酉（嘉靖四年，1525）十月阳明语录。其中有不少王阳明语录佚文，陈来等已将其辑出，参见《王阳明语录佚文辑校》，《清华汉学研究》第1辑，清华大学出版社，1994年。后以《〈遗言录〉、〈稽山承语〉与王阳明语录佚文》之名，收入所著：《中国近世思想研究》，北京：商务印书馆，2000年，第614～633页。按：《王阳明全集（新编本）》卷四十"补录二"已将《稽山承语》佚文收录，参见第五册，第1607～1616页。

是谓圣'之说。"(《全集》第214页）

因此，此说实可以视作王阳明深思熟虑的认识。考虑到嘉靖七年（戊子，1528）王阳明即病逝这一点，我们也有理由认为，它还带有某种晚年定论的性质。事实上，随着辛巳年（1521）在江西揭橥致良知之教以来，王阳明在生命的最后几年间也终于形成他成熟的心学圣人观。以下，我们就通过对具体命题的分析来廓清心学圣人观的意蕴。

从形式上看，"心之良知是谓圣"与《孔丛子》的"心之精神是谓圣"有某种相似之处。王阳明是否即从后者得到启发，因无文献可征，不得而知。我们知道的是，王阳明是在讨论"成圣何以可能"这个问题的背景下提出"心之良知是谓圣"的。他曾经与一个学生探讨如何理解"圣人可学而至"这一儒家基本教义。这个学生显然是按照传统的性善论思路来理解的，即认为"圣人可学而至"的根据在"善者，圣之体也""害此善者，人欲而已。人欲，吾之所本无。去其本无之欲，则善在我而圣体全。圣无有余，我无不足，此以知圣人之必可学也"(《答季明德》，《全集》第213页）。阳明则把还嫌笼统的性善论径自置换为简便易晓的良知说，他指出："云'善者圣之体'意固已好。善即良知，言良知则使人尤为易晓，故区区近有'心之良知是谓圣'之说。"(《答季明德》，《全集》第214页）

这一提法在王阳明自己那里其实也是经过一番曲折的。毕竟，良知成为他的中心话语是他五十岁之后的事，而此前，他同样沿袭宋儒的天理人欲说区分圣人与凡俗。所谓"圣人之所以为圣人，惟以其心之纯乎天理而无人欲"(《示弟立志说》，《全集》第259页），"圣之所以为圣，只是其心纯乎天理""学者学圣人不过是去人欲而存天理耳"（《传习录上》，《全集》第27～28页）等，反映了王阳明对圣人本质的认识尚未脱离理欲的范畴。与此相应，他在那一时期的教法也就是教学者"存天理灭人欲致省察克治之功"。

"使其心纯乎天理"，这是宋儒以来孜孜不已的追求。对天理与人欲关系的二重对立式理解，使得道德实践中人的内在紧张达到一种饱和的程度。在朱熹的成德图景中，天理与人欲似乎处在一种长久的战争状态："人只有个天理人欲。此胜则彼退，彼胜则此退，无中立不进退之理，凡人不进则退也。"（《朱子语类》卷十三）。这种天人交战的苦楚画面传达了某种悲壮之感，而与人心喜乐厌苦的本能相冲突。"使其心纯乎天理"还意味着，在人心之外另有一个至真至如的天理世界，以"我"合乎彼，对自在的道德个体而言无疑是一种规范与强制，从这个意义上看，朱熹所谓"粹然以醇儒之道自律"与康德道德哲学强调的他律精神并无二致。

王阳明敏锐地抓住了朱熹在此问题上的症结所在，他认为，这样一来朱熹就有析心、理为二之病。从心学的立场出发，既然心与理不是两橛，那么，"使其心纯乎天理"这样的话头让人终觉尚隔一层，不如"致良知"来得简捷痛快。

将成圣与个体良知联系起来，是王阳明对"圣人可学而至"这一儒家基本信念的证立的解决思路。良知的思想可以上溯到孟子。孟子为其性善论之成立而提出"四端"与"良知"之说。所谓四端，乃指人皆有之的恻隐、羞恶、恭敬、是非之心，它们分别作为仁、义、礼、智之端。所谓良知，即指"不

虑而知者"。王阳明似乎是将孟子的"是非之心"与"良知"概念进行了综合,从而形成他自己关于"良知"的观念:

夫良知者,即所谓是非之心,人皆有之,不待学而有,不待虑而得者也。(《书朱守乾卷》,《全集》第279页)

孟子所言"四心"之中,"是非之心"属于知的范畴,因此王阳明将良知首先理解为是非之心。作为是非之心,良知具有道德意识的蕴涵,由这种道德意识又可以生发出相应的道德情感(好善恶恶),此即王阳明所说的"是非只是个好恶,只好恶就尽了是非,只是非就尽了万事万变"(《传习录下》,《全集》第111页)。于此,实可以说"良知之外,别无知矣"(《答欧阳崇一》,《全集》第71页)。那么,即便是"天理"也不能在良知之外。不仅如此,良知与天理之间还有更密切的关系,"天理之昭明灵觉所谓良知也"(《答舒国用》,《全集》第190页),再进一步,也不妨说"故良知即是天理"(《答欧阳崇一》,《全集》第72页)。王阳明通过以上的层层推演终于完成了从天理到良知的转换。

严格而言,良知自不能等于天理,但"良知"之"良"恰在于其灵明之处。要发现天理,除却良知更有何物可依?"尔那一点良知,是尔自家底准则:尔意念着处,他是便知是,非便知非,更瞒他一些不得。"(《传习录下》,《全集》第92页)这一准则如何说是"自家底"?乃是因为:是非之心,人皆有之,固不待学而有,不待虑而得。王阳明把良知形象地称为"精精明明的"。这样一种良知,既能发现天理,又为人人所自然具备，就此而言，原被视作苦不堪忍的"使其心纯乎天理"，现在对一般人忽然变得何等便宜。正是通过良知观念的引入，王阳明对"人皆可以为尧舜"（"圣人可学而至"）的说明就达到一个新的历史高度。乙酉（1525）《书魏师孟卷》明确写道："此良知所以为圣愚之同具，而人皆可以为尧舜者以此也。"（《全集》第280页）

"人皆可以为尧舜"是孟子以下儒家的常谈，而王阳明借助良知说使它变得前所未有的平易近人。以良知为圣，其合乎逻辑的推论即体现在诸如"人胸中各有个圣人"（《传习录下》，《全集》第92页）和"个个人心有仲尼"（《咏良知四首示诸生》之一，《全集》第790页）之类的命题上。

（二）人胸中各有个圣人

乍看，"人胸中各有个圣人"与"人皆可以为尧舜"似乎相近，其实不同，让我们对其做一语义分析，即能了解。

"人皆可以为尧舜"所侧重的是对不论何人都可以成圣的承诺，其语义重点有两层，其一是"皆"字所表示的全称判断，其所产生的语境是，存在着某种相反的观点如"不是所有人都可以为尧舜（圣人）"。例如，道家即倾向于认为由于材性知能不同并非人人皆可成圣，所谓"不问远之与近，虽去己一分，颜、孔之际，终莫之得也"（《庄子·德充符》，向秀、郭象注）。其二是"可以"所赋予的一般可能。

"人胸中各有个圣人"，相应地，也有两层语义重点，其一是"各"字，它反映的固然也是一种总体性，但强调的却是个体角度；其二是"有"字，它给出的已是一种存在性，换言之，"有个圣人"意味着"圣人"已作为一种实然存在于主体之内。

"圣人"成为一种实然存在于主体之内是如何可能的呢？我们试通过一种创造性的诠释学方法将王阳明的本意归纳如下：（1）人的本原即是圣人。"惟天下至圣为能聪明睿智，旧看何等玄妙，今看来原是人人自有的；耳原是聪，目原是明，心思原是睿智。"（《传习录下》，《全集》第109页）（2）人必然会成为圣人。由于良知的范导，纵令人一时不是圣人，但终究会成为圣人。良知犹如一种自我道德净化功能，当物欲遮蔽作为本原的圣人时，"良知亦自会觉，觉即蔽去，复其体矣"（《传习录下》，《全集》第111页）。

言"人胸中各有个圣人"，又如何面对现实社会中大多数人不是圣人这一事实呢？对这一问题的追问把我们引入心学圣人观的纵深地带，于此，我们将见识王阳明精熟的义理。

王阳明首先将此现象归结为心理原因。在他看来，普凡之众之所以由圣人沦为常人，缘其"自信不及"致使其胸中之圣"都自埋倒了"（《传习录下》，《全集》第93页）。虽则人自埋倒了圣人，却并非意味着胸中不再有圣人。即以盗贼为例，盗贼"亦自知不当为盗，唤他做贼，他还忸怩"，可见"良知在人，随你如何不能泯灭"（《传习录下》，《全集》第93页）。

既然良知在人不能泯灭，何以它不能时时显示呢？在一般情形下，人的这种良知究竟处于怎样一种状态呢？王阳明乃引用云日之譬做进一步的说明。他将物欲比作云，良知比作日。云虽能蔽日但日未尝失去；同理，物欲遮蔽良知，而良知在内亦自不会失。良知之呈现有三种情形："圣人之知如青天之日，贤人之知如浮云天日，愚人如阴霾天日，虽有昏明不同，其能

辨黑白则一。"(《传习录下》,《全集》第 111 页)

不过,云日之譬固然精妙,却并非一了百了之说,它遗下的后患是将不得不承认物欲的合法性。此点,当日已有学生向阳明指出:"知譬日,欲譬云,云虽能蔽日,亦是天之一气合有的,欲亦莫非人心合有否?"(《传习录下》)

如果说物欲亦是人心所本有者,那么说人心本原是圣人,又如何立足?这实在是一个困难的问题。从某种外在的观点看,我们认为这是所有道德理想主义都会遇到的麻烦,任何对人性的完满性假设势必与现实相抵触。对天理—人欲做善恶之分,究其根本,不过是一种人为规定罢了。康德认识到这一点,从而引发了西方哲学中的所谓"认识论转向";王阳明认识到这一点,从而提出了著名的"无善无恶心之体"说,惹得身后百年间聚讼不已。实际上,王阳明关于恶的解释已经超越了传统儒家的认识。

王阳明不承认存在论意义上的恶,即认为,不存在什么"原恶",只有"原善",恶作为后起之物,不过是善的变形或错位。"至善者,心之本体,本体上才过当些子,便是恶了。不是有一个善,却又有一个恶来相对也。故善恶只是一物。""善恶皆天理。谓之恶者本非恶,但于本性上过与不及之间耳。"(《传习录下》,《全集》第 97 页)既然不存在存在论意义上的恶而只有心理学意义上的恶,那么由恶到善就不过是内在心理状态的改变,即通过正心诚意功夫就可达到了。王阳明主张的就是无执无著,"好恶一循于理,不去又着一分意思。如此,即是不曾好恶一般"(《传习录上》,《全集》第 29 页)。

与这种处理恶的方式相近，王阳明对欲进行了疏通，即认为不存在什么根本恶的欲，从存在论上说，只有所谓"情"，欲是什么呢？它不是"情"外之物，不过是"情"有所著时的状态而已。在王阳明看来，人心难免有所滞著，这便是欲产生的原因。"情"的滋长是自然合理的，它即生即逝，一过而化，但如果它过而不化，郁结不消，就会变成欲。欲犹如良知之镜上的尘垢或云翳。"七情顺其自然之流行，皆是良知之用，不可分别善恶，但不可有所着。七情有所着，俱谓之欲，俱为良知之蔽。"（《传习录下》，《全集》第111页）

在我们看来，将欲视作合理之情的滞著形式，这并未能揭示出欲的真正根源。不过，对王阳明来说，似乎在理论上就解决了此一麻烦。将恶视作本体上的过与不及，从而根本上消解恶，这对性善论实际上是一种更好的维护。将遮蔽良知的欲视作良知自然发用过程中的过与不及，从而否定了存在论意义上的欲，这也有利于致良知说的统一性——因为如果存在一个必然的欲的遮蔽，那么众人的不能致良知，就会有一本体论上的根据。

王阳明的如上思路，我们可借助西哲黑格尔区分"现实"（Wirklichkeit）与"现象"（Erscheinung）的思想予以理解。黑格尔指出："就定在（Dasein）一般说来，一部分是现象，仅有一部分是现实。在日常生活中，任何幻想、错误、罪恶以及一切坏东西、一切腐败幻灭的存在，尽管人们都随便把它们叫作现实，但是，甚至在平常的感觉里，也会觉得一个偶然的存在不配享受现实的美名。因为所谓偶然的存在，只是一个没有什么价值的、可能的存在，亦即可有可无的东西。"①套用黑格尔的话说，王阳明是认为，物欲或可一时遮蔽良知，但它只是"一个偶然的存在"，良知终将彰显，而"人胸中各有个圣人"也就是一个"现实"的命题。

"人胸中各有个圣人"似乎已暗示了一种"圣人现成论"。事实上，在王门后学那里，"满街人都是圣人"之说已颇为流行。在思想史上，此说是一个影响较大的提法，通常人们将之归于王阳明名下。作为心学圣人观的题中应有之义，无疑，它值得我们研究。

（三）满街人都是圣人

从文本上看，"满街人都是圣人"之说见于《传习录下》：

> 先生（王阳明）锻炼人处，一言之下，感人最深。一日，王汝止出游归，先生问曰：游何见？对曰：见满街人都是圣人。先生曰：你看满街人都是圣人，满街人到看你是圣人在。又一日，董萝石出游而归，见先生曰：今日见一异事。先生曰：何异？对曰：见满街人都是圣人。先生曰：此亦常事耳，何足为异？盖汝止圭角未融，萝石恍见有悟，故问同答异，皆反其言而进之。（《全集》第116页）

这一记载颇能反映阳明对禅宗机锋教法的谙熟。从文中可以看出，在王阳明的弟子中，"满街人都是圣人"之说似乎是一个习用的话头。那么，它是否就出自阳明平日教言呢？这里

---

① 黑格尔：《法哲学原理》，北京：商务印书馆，1961年，第2页。

有必要做一点考证。

　　此条系钱德洪所记，但钱氏当时并不在场，应是事后根据传闻所记，他记此条的目的，倒不在于秉述阳明讲"满街人都是圣人"的本义，乃在于借此表现阳明善于因材施教的特点。文中先提此话头的是王艮（汝止）、董沄（萝石），而非阳明本人。查阳明全集，也未见王阳明在他处有此提法。如果说，这些细节无关紧要，那么，让我们来看它是否符合王阳明本人一贯的思想。

　　王阳明固然有"人胸中各有个圣人"以及"个个人心有仲尼"等类似说法，但细较来，它们与"满街人都是圣人"毕竟有所不同。前者强调的是心体的完满，"圣人"未脱人心之域，换言之，"圣人"作为现实之物而非现象之物。这与"心之良知是谓圣"的出发点相一致。如果做一逻辑推演，那么，由"心之良知是谓圣"可以推到"人胸中各有个圣人"或"个个人心有仲尼"，但无法推出"满街人都是圣人"这样的命题，只能有"满街人胸中各有个圣人"或"满街人心有仲尼"。以上诸语看去相似，其实相异。"满街人都是圣人"只在一种比喻的意义上才可以与"人胸中各有个圣人"等说混用，一旦此说上升为一种道德格言（axiom）就不可泛泛论之。说人胸中有个圣人，不等于说人就是圣人。如果说满街人都是圣人，那么此种圣人与常人何异？在王阳明那里，圣人、贤人、常人是三个不同的道德量度，并非混淆不辨，否则，他强调致良知之"致"字有何必要？其工夫论又如何落实？

　　总之，根据我们对王阳明思想的把握，我们认为，"满街人都是圣人"之说不是其圣人观最准确的表述。

文中首揭此义的乃是王艮（汝止）。王艮及其开创的泰州学派的思想，倒的确符合"满街人都是圣人"的宗旨。王艮言"百姓是道""圣人之道，无异于百姓日用"，其义理基点乃是一种"良知见在说"。泰州学派另一代表王栋（艮之族弟）明确主张良知不必加致之功。"良知无时而昧，不必加致；即明德无时而昏，不必加明也。"（《王一庵先生遗集》卷一）既然"百姓是道"，良知又不必加致，那么说"满街人都是圣人"也就是自然不过的事情。事实上，泰州后学罗近溪就有"圣人即是常人"之说。泰州诸人更将此理论付诸实行，如罗近溪称颜山农为圣人，杨复所称罗近溪为圣人，以后李卓吾又称赵大洲为圣人，真可谓满街都是圣人了。[①]

通过以上简单的考辨，我们认为，"满街人都是圣人"之说在思想上更合乎王艮等人的逻辑，而与王阳明相异趣。虽然如此，历史地看，正是王阳明的心学圣人观为晚明思想家们强调个性之风开启了先声。从理论的内在关联上说，王阳明的心学圣人观往前迈一小步，就变成了王艮、罗近溪等人圣常相同论。至此，以良知为圣的心学圣人观不觉走向自己的否定一面，甚至整个圣人观的基础也面临瓦解的危险。

四 从比较思想看心学圣人观

黄宗羲曾指出："自姚江（王阳明）指点出良知人人现在，一反观而自得，便人人有个作圣之路。故无姚江则古来之学脉

[①] 参见嵇文甫：《晚明思想史论》，北京：东方出版社，1996年，第71页。

绝矣。"(《姚江学案》,《明儒学案》卷十)此论虽不无过誉,但对王阳明心学圣人观的定位可谓慧识。王阳明建立在良知基础之上的心学圣人观,为"成圣何以可能?"这一至关儒家紧要的问题的解决,提供了一个较之前人更圆熟的思路。从"心之良知是谓圣"出发,及其所得合乎逻辑之推论"人胸中各有个圣人""个个人心有仲尼",使圣人深化为一内在观念,从而亦使其通俗化变为可能。而"满街人都是圣人"之说又把圣人的通俗化趋势推到极致,结果反过来倒构成王阳明致良知教的否定。晚明"狂禅"一派对圣人的这种现成化处理,恐怕已非阳明所首肯。实际上,就王阳明心学圣人观的完整意义而言,上述使圣人通俗化的趋势仅是其中一个方面,另一不可或缺的重要方面则是提升主体道德自觉的努力。

从比较思想论的角度,已有论者指出,王阳明圣人观的二重意义类似于近代西欧马丁·路德的宗教改革在历史上的作用。如果说路德是"把僧侣变成了俗人,但又把俗人变成了僧侣",那么,类似地,我们可以说,王阳明把圣人变成了常人,又把常人变成了圣人,而王艮等人似乎只强调了把圣人变成常人这一面,而相对忽略了把常人变成圣人那一面。

不过,以上类比只是就历史作用的形式相似性而论,若考察其各自的理论基础,则有很大不同。路德等提出"因信得救"并未超出基督教神学的自由意志论传统,它以承认人有选择的自由为前提。直到现代,萨特所讲的存在主义,在一定程度上仍继承了这一传统。萨特认为存在先于本质,人的行为既出于自由选择,因此人要为此选择负责。这种思想有其反本质主义倾向。而王阳明的思想则不然,他对于人的本质是至善这一点毫不怀疑,一贯坚持"至善者,心之本体"(《大学古本序》,《全集》第243页),他从未放弃对先验本体的承诺。实际上,在王阳明看来,人只有一种自由,那就是为善的自由。人应当成为圣人,也必然成为圣人,就此而言,王阳明思想中的道德规范意味比之路德、萨特等要为严重,从而在此方面与康德的规范伦理学有着更多可比之处。

尽管王阳明可能会不赞成其后学彼此以圣人相称的做法,但从内在理路观之,它们之间却并非毫无干系。实际上,当王阳明运用良知概念将圣人的标准内在化时,在理论上也就埋下了使圣人观基础发生动摇的隐患。一旦将圣人标准诉诸个体自证,如何能保证不出现一种私人化的后果呢?易言之,王阳明所说的圣人不能不面对普遍有效性的质疑。这种质疑也许在王阳明那里并不构成问题。因为一开始他就将良知视作当然的公共之物,所谓"世之君子,惟务致其良知,则自能公是非、同好恶"(《答聂文蔚》,《全集》第79页)。"自能公是非、同好恶"即意味着在王阳明看来,由良知而达到共识是一种自然之事。问题是,在王阳明那里似乎是不证自明的事,在我们看来非需要给予证明不可。我们要问:这种自然是如何可能的呢?

即便我们承认良知本身是一个具有交往合理性(借用哈贝马斯语)的概念,但对单个主体而言,良知并非一直处于澄明状态。实际上,王阳明也不否认良知有被遮蔽之时。所谓"个个人心有仲尼,自将闻见苦遮迷"说的就是这种情形。那么,当良知被遮蔽之时,主体乃不得不去发现、认知良知。王阳明曾设问道:"谁人不有良知在,知得良知却是谁?"并自做回答云:"自家痛痒自家知。"即知得良知者是自我。"自家痛痒自家知"作为一个比喻性的说法未尝不可，但如果将此与成圣之事进行类比是否妥当，这倒是一个费思量的问题。

说"自家痛痒自家知"可以成立，因为痛痒作为个体性的感受，具有他人无法替代的特征，他人至多只能同情却无法判断、证明。但是，当一个人说"我是圣人"或"我认为我是圣人"一类的话时，我们会认为这不是玩笑就可能是疯话，总之，不会当真。因为像"圣人"这类称呼，它是一种社会量度，它依赖于公共的道德标准，它的合法性基于"公意"，它能够也必须被他人判断、证明。道德主体在一个伦理生活共同体中间，虽然德性最终离不开个体自证，但无论是自证还是他人评判，都必须有一些共通的标准。这种标准为约定俗成，有着客观的可检验性。

正如不存在一种"私人语言"，"圣人"一词，就其作为一个有意义的表达而言，也不可能是私人性的。换言之，它还不能纳入个体良知的私人化领域。否则，它就会变成一种没有客观依据的主观感受，同时也就不存在什么统一的圣人尺度。心学圣人观流风所至，晚明"狂禅"一派纷纷以圣人自许，其结果是把儒者千百年来看得高不可攀的成圣追求变得不费吹灰之力，从而也就失去了其动人心魄的魅力。我欲圣，即是圣。圣人观发展到了这一步，恐怕是王阳明始料未及的吧。

叁

儒学史上的"治生论"

一

在儒学史上，许衡（1209～1281，字仲平，学者称鲁斋先生，河内人）以其"治生论"而闻名。许衡说：

> 为学者治生最为先务。苟生理不足，则于为学之道有所妨。彼旁求妄进，及作官嗜利者，殆亦窘于生理所致也。士子多以务农为生。商贾虽为逐末，亦有可为者。果处之不失义理，或以姑济一时，亦无不可。（邓士范：《许鲁斋先生年谱》，乾隆五十五年刊《许文正公遗书》，卷末，第5页）

这段话亦被《宋元学案》所采，但字句略有不同：

> 学者治生最为先务。苟生理不足，则于为学之道有所妨。彼旁求妄进，及作官谋利者，殆亦窘于生理所致。士君子当以务农为生。商贾虽逐末，果处之不失义理，或以姑济一时，亦无不可。（《鲁斋学案》附录，《宋元学案》卷九十）

---

* 原载《学术月刊》2006年第6期。

叁 儒学史上的"治生论"

对照这两个版本，可以发现，《宋元学案》所录有两处异文：其一，"士君子当以务农为生"句，原为"士子多以务农为生"；其二，"商贾虽逐末"句，原为"商贾虽为逐末，亦有可为者"。"士君子当以务农为生"是对应然的一种陈述，而"士君子多以务农为生"则是对实然的一种陈述。前者有一种对务农加以肯定的价值取向，而后者则没有这种意味。而"商贾虽为逐末，亦有可为者"，比起"商贾虽逐末"这句话，则多了一层对商贾的肯定或同情。

总的来说，《宋元学案》所录的这段文字容易让人产生许衡重农的印象[①]，而从《许文正公遗书》中我们得不出这种印象。因此，以《宋元学案》的引文作为许衡治生论的材料是不可靠的[②]。我们应当回到《许文正公遗书》原文来研究。

按文意，许衡这段话可以分为两小节。

第一小节由三句话构成。第一句"为学者治生最为先务"。这句话的关键是"治生"一词。此词出自《史记·货殖列传》，意思是从事营利性的活动。

笔者对"治生"的考查如下：《货殖列传》中"治生"一词总共出现四次（《史记·货殖列传》，中华书局，1964年，第3257、3258~3259、3272、3282页）。在这四段文字中，"治生"一词都是用于谈论经商营利之事。被《史记》称为善

[①] 事实上，可以说许衡不乏重农思想。许衡本人家世业农的背景及其向元世祖条陈的时务五事中即有"农桑"一条可为证明，但那是另外一个问题。

[②] 顺便说，余英时先生在讨论许衡治生论时直接参考了《宋元学案》引文而未核对《鲁斋遗书》原文。参见余英时：《中国近世宗教伦理与商人精神》，合肥：安徽教育出版社，2001年，第264页，注108。

治生者（诸如白圭、范蠡之徒）都是一些成功的商人。"治"有"从事""致力"的意思。在这个意义上，"治生"的"治"与"治生产"的"治"用法相同。而"生"则有"使财富增加"的意思，在这个意义上，"生"与"货殖"的"殖"可以互训。联起来，"治生"就是从事营利活动。另外，《辞源》对《货殖列传》"治生"一词的解释是："谋生计，经营家业"（参见《辞源（修订本）》，商务印书馆，1998年）；吴震主编《中国理学（四）》收有"为学者治生最为先务"条，对"治生"的解释是：从事"货殖"或"治产"等经营行为（参见该书第129页，东方出版中心，2002年）。还有学者提出，"治生"有广义和狭义之分，广义为谋生计，狭义指行商坐贾（参见胡发贵：《从"谋道"到"谋食"——论宋明之际儒家价值观念的迁移》，《中州学刊》，2003年第5期）。从《货殖列传》的记述来看，营利活动最常见的方式是经商，也就是俗话说的做买卖。许衡是否沿袭了《史记·货殖列传》对"治生"的用法呢？单凭"为学者治生最为先务"这句话还无法确定，需要联系后文来看。

  第一小节的第二句话是"苟生理不足，则于为学之道有所妨"；第三句话是"彼旁求妄进，及做官谋利者，殆亦窘于生理所致"。值得注意的是，这两句话里都有"生理"一词。"生理不足"与"窘于生理"这些说法均指基本的生活需求得不到保障，即所谓生计无着或谋生乏术。如果许衡就是基于这个原因而强调"治生"的必要性与紧迫性，那么，他所理解的"治生"就不是《史记·货殖列传》所说的那种营利活动，而毋宁说是一种解决基本生活需求的活动，即俗话说的养家糊口。就此而言，他提出"为学者治生最为先务"是合理的要求。他的那个假设"苟生理不足，则于为学之道有所妨"，无论在逻辑层面还是在现实层面，都是让人可以接受的。"彼旁求妄进，及做官谋利者，殆亦窘于生理所致"，这个说法也许来自许衡对金元之际社会现象的观察，但在理论上是缺乏说服力的，因为"窘于生理"与"旁求妄进"及"做官谋利"并不存在逻辑上的蕴涵关系。

第二小节同样由三句话构成。第一句话"士君子多以务农为生"。这是一个事实陈述，从文气上看，它像一个引子提示读者：谈话的重心在它后面，即第二与第三句转而谈论与务农适成对照的商贾。从这个情况判断，许衡应是了解"治生"本义与商贾是有不解之缘的。许衡有关商贾的这些评论，显示出他对商贾的态度是复杂而暧昧的。从"亦有可为"句所表达的让步式语气来看，许衡对商贾的肯定是小心和勉强的。接下来的话像是解释又像是补充。"果处之不失义理，或以姑济一时，亦无不可"，则更清楚地表明，他对商贾的肯定有所保留，甚至可以说是有附加条件的，那就是：商贾活动只有在不违背义理（即儒家的道义）的情况下才是可以接受的，并且这种活动的意义充其量只是"姑济一时"的权宜之计。

尽管许衡对商贾的肯定不无勉强，然而，从这段话的整体结构来看，第一小节讲治生为先，第二小节讲商贾可为，难免不让人得出这样的结论：如果治生并不就是商贾，那么，至少治生也主要与商贾有关。

在讲"治生为先"这层意思时，许衡所说的治生似乎是指广义上的谋生活动，从而有别于《史记·货殖列传》对"治生"

的用法。对"治生"的这种理解,在许衡其他一些言论中可以找到支持。例如,许衡说:"大而君臣父子,小而盐米细事,总谓之文,以其合宜之义,又谓之义;以其可以日用常行,又谓之道。文也,义也,道也,只是一般。"(《语录上》)"盐米细事"即是通常说的柴米油盐,属民生日用。许衡将属于民生日用的"盐米细事"堂而皇之地放进"文""义""道"的范畴,说明在他的意识当中,民生日用本来就是学者该关心的内容。从这里可以看出,许衡并不讳言学者需要解决生计问题。

然而,当许衡在讲"商贾可为"这层意思时,他使用的措辞让人感到他似乎是有所针对的。"亦有可为者"可以看作是对"无可为者"的异议;"亦无不可"可以看作是对"不可"的异议。事实上,认为商贾无可为或不可为的看法,正是儒家的正统观点。当许衡大讲商贾可为时,他应当清楚自己是在对儒家正统的观点提出商榷。

总之,不论许衡的本意如何[①],在儒者普遍尚农轻商的语境下,他的这些表述无疑会被看作是对商贾的一种辩护。而且,"为学者治生最为先务"这种不无强硬与严厉的措辞,更容易让听惯"君子忧道不忧贫""正其谊不谋其利"之类教训的儒者感到刺耳。而后王阳明对治生论的批评即是一例。其实,许衡本人的道德与学行均无可指责。如果治生就是解决生计问题,那么,治生论所表达的无非是一个浅显的道理:学圣贤的前提是衣食无忧;衣食有虞,则对学圣贤大有妨碍;经商虽然不是学者根本的事业,但借以糊口亦无不可。这种言说方

---

① 佐藤一斋即认为:"鲁斋本意在治家,不在货殖。"(《王阳明传习录详注集评》,台北:学生书局,1998年,第91页)

式质朴而简约,也是许衡一贯的解经风格。许衡的主张实际上为大多数儒者或明或暗地奉行,但是作为一个儒学口号,它的确有欠严密,这才有了后来王阳明对它的修正。

二

王阳明和弟子关于这一话题曾有几次交谈。第一次,王阳明只是直截了当地表示:"许鲁斋谓儒者以治生为先之说亦误人"(《传习录上》第五十六条)[①],没有说明原因。第二次,王阳明应学生要求,详细解释了反对的理由:

> (黄)直问:"许鲁斋言学者以治生为首务,先生以为误人,何也?岂士之贫,可坐守不经营耶?"先生曰:"但言学者治生上尽有工夫,则可。若以治生为首务,使学者汲汲营利,断不可也。且天下首务,孰有急于讲学耶?虽治生,亦是讲学中事,但不可以之为首务,徒启营利之心。果能于此处调停得心体无累,虽终日做买卖,不害其为圣为贤,何妨于学?学何贰于治生?"[②]

提问者(同时也是这条语录的记录人)黄直(字以方,金溪人)不理解阳明何以要批评鲁斋治生之说。这种不理解,毋

[①] 此条为陆澄所录。陆澄,字原静,又作元静,归安(今浙江吴兴)人,正德九年(1514)及阳明之门,此条语录当闻于此时。
[②]《传习录拾遗》第十四条《王阳明传习录详注集评》,第398页,标点有所改动。

宁说是不同意。因为在黄直看来，治生说并没有什么值得指责之处。这一点，从他对阳明提出的如下反诘可以看出："岂士之贫，可坐守不经营耶？"

从黄直提出的这个反诘可看出，他把王阳明对许衡治生论的批评理解为主张学者（士）可以坐守贫困而不事经营（治生）。对此，王阳明解释说，他不是说学者不可以治生（从事经营），而是说学者不可以把治生作为头等大事（首务）。根据这个回答，可以认为，黄直对王阳明与许衡在治生论上的分歧未得要领，因为许衡所主张的（同时也是王阳明坚决加以反对的），不是"学者可以治生"，而是"学者当以治生为首务"。

王阳明认为，问题的关键不在于要不要讲治生，而在于如何讲治生。王阳明对治生为首务的反驳可归纳如下：讲治生不讲做功夫，这样的学者与一般的逐利之徒有什么区别？所谓学者，难道不正是因为他是以成圣成贤作为追求吗？如果学者以治生为首务，那么，成圣成贤的追求又将置于何地？学者的首务难道不是学以成圣吗？因此，王阳明认为，正确的说法应该是"在治生上也有功夫可做"，而不是"学者当以治生为首务"。

如果许衡也承认儒学是一种成圣之学，如果他所说的"为学者治生最为先务"的实质，是使治生优先于对成圣成贤的追求，那么，他就不能不接受王阳明的批评[①]。如果许衡的意思

[①] 陈荣捷曾为许衡鸣不平，认为王阳明不了解许衡的实际情况做出的这种判断有失公允："鲁斋未尝忘为学之道与义理，阳明断章取义，未可谓平。许衡家农业，又因元初经济环境所需要，故重事实在。读其语录（卷一、二），固知其谨守程朱之教，在在不忘道义也。"（《王阳明传习录详注集评》第91页）问题是，即便许衡素日不忘为学与义理，王阳明对他的批评也仍然有效，因为王阳明的评论本来就不是针对许衡的"行"而是针对他的"治生论"而言。

不是想说治生比学做圣贤更重要，而是要表达治生是学做圣贤的第一步，那么，他就不应该使用"为学者治生最为先务"这样一个会引起歧义的表述，因为这句话完全可以理解为：治生是独立于为学之外的活动，而且是头等重要的大事。如果要表达治生是学成圣贤的第一步，治生服务于（而非凌驾于）学成圣贤的目的，那么，王阳明所说的"学者治生上尽有功夫"，的确是一个更为准确的陈述。这个说法对治生在儒者为学中的地位做了明确规定：治生处于讲学中而不是讲学外。也就是说，治生只有纳入讲学范围才是合理的。"虽治生，亦是讲学中事""学何贰于治生"云云，表达的都是这个意思。

细玩阳明的措辞和语气，还可以发现：王阳明对治生一事的承认是抽象的、原则上的，实际上则充满着疑虑与不信任。王阳明一再说，若以治生为首务，则开启学者汲汲营利之心。而他对治生表示肯定的则是这样一句话："果能于此处调停得心体无累，虽终日做买卖，不害其为圣为贤。""果能"表示虚拟语气，明显带有一种把握不大的意味，反映出王阳明内心并非真相信治生（终日做买卖）者能够为圣为贤。

不管怎样，确定无疑的是，王阳明关注的是讲学而不是治生。倘若从王阳明这段话推导王阳明对治生（做买卖）给予较多肯定或同情，那是错会了王阳明的立言宗旨。事实上，后世学者对许衡的治生论以及王阳明的有关批评多不得要领，原因也在于此。

三

明清之际的陈确（1604～1677，初名道永，字非玄，后改

名确,字乾初,浙江海宁人)曾专门撰文讨论许衡的治生论:

> 学问之道,无他奇异,有国者守其国,有家者守其家,士守其身,如是而已。所谓身,非一身也。凡父母兄弟妻子之事,皆身以内事。仰事俯育,决不可责之他人,则勤俭治生洵是学人本事。……确尝以读书、治生为对,谓二者真学人之本事,而治生尤切于读书。……唯真志于学者,则必能读书,必能治生。天下岂有白丁圣贤、败子圣贤哉! 岂有学为圣贤之人而父母妻子之弗能养,而待养于人者哉! 鲁斋此言,专为学者而发,故知其言之无弊,而体其言者或不能无弊耳。(《学者以治生为本论》,《陈确集》卷五,北京:中华书局,1979年,第158～159页)

陈确这段话有很多问题。首先,他将学问之道理解为"士守其身",又将"身"扩大到父母兄弟妻子之事,进而推出"勤俭治生洵是学人本事",实际上已经背离学者当以学做圣贤作为第一追求的传统儒学理想。

其次,他用来论证治生重要性的两个论点是:"天下岂有白丁圣贤、败子圣贤哉!""岂有学为圣贤之人而父母妻子之弗能养,而待养于人者哉!"看似有力,实则牵强。白丁圣贤自古有之,识不识字与成圣成贤没有必然关系;天下固然没有败子圣贤,但天下却有很多安贫乐道、不事治生的圣贤;无心治生并不等于说就是败家子。"真志于学者,则必能读书,必能治生",则只是一种想当然的说法。读书与治生本来就是两种本事，两者之间并无必然联系。即便说能读书者也能治生，也还存在愿不愿意以及能不能两者兼顾的问题。而按照"岂有学为圣贤之人而父母妻子之弗能养，而待养于人者哉"这个说法，那些父母妻子弗能养的人就没有资格学为圣贤了，这是荒唐的。事实上，父母妻子能不能得到供养，并不完全取决于一个人的主观努力，还与很多外在条件有关，仅仅根据父母妻子弗能养这个结果来指责其人没有尽心尽力，是不公正的。

说到底，陈确为学做圣贤设立了很多资格限制：首先是能治生，其次是能识字，同时又将潜能与现实混为一谈，因此做出了一系列错误的推论——学为圣贤者必能治生；能治生者，其父母妻子必得养。最后，由于陈确是在阐释许衡治生论的情况下讲这番话的，因此，这番话还存在一个致命问题，那就是他把许衡所讲的"治生"错误地理解为养家糊口了。

从结尾"鲁斋此言，专为学者而发，故知其言之无弊，而体其言者或不能无弊耳"这句话来看，陈确的这番话当是对王阳明批评的一个反批评[1]，只不过未加点名而已[2]。

全祖望（1705～1755，字绍衣，学者称谢山先生，浙江鄞县人）对"治生"一词做了新的解释："吾父尝述鲁斋之言，谓为学亦当治生。所云治生者，非孳孳为利之谓，盖量入为出之谓也。"（"先仲父博士府君权厝志"，《鲒埼亭集》外编，卷

---

[1] 在中晚明王学大行天下的形势下，陈确不可能不知道《传习录》所记载的王阳明批评许衡治生论的那条语录。

[2] 不妨说，王阳明之后对许衡治生论的讨论，几乎都在对王说或明或暗进行回应。就此而言，中晚明以降有关治生论的种种言说，都应该置于王学（甚至更广义的宋明道学）之反动的背景下予以观照，才能得到适切的理解。详见下文。

八）这个解释的特点是强调治生不以营利为目的。根据上文的研究可知，这显然不是《货殖列传》对治生的用法。即使是许衡，也不是在"量入为出"这个意义上使用"治生"一词的。"所云治生者，非孳孳为利之谓"这句话，让人很自然地想起王阳明所说的"若以治生为首务，使学者汲汲营利"。两相对照，有理由认为，全祖望试图对王阳明之说做出一种纠正。

清儒对王学多有微词，表现在治生问题上，即是设法撇清治生与营利的干系，以证王阳明批评之不确。

如钱大昕（1728～1804，字及之，一字晓征，号辛楣，又号竹汀，嘉定人）肯定许衡治生之说，似乎颇为理直气壮："与其不治生产而乞不义之财，毋宁求田问舍而却非礼之馈。"（"治生"条，《十驾斋养新录》卷十八，《嘉定钱大昕全集》本，第506页）这实际上是将治生理解为求田问舍一类经营家产的行为，也同样不合许衡原意。

稍后于钱大昕的沈垚（1798～1840，字子敦，又字子惇，浙江乌程人），则将许衡所说的"治生"理解为自食其力："所谓治生者，人己皆给之谓，非瘠人肥己之谓也。"（《与许海樵》，《落帆楼文集》卷九）也许是沈垚本人长期作为幕友寄人篱下的经历[①]，他对许衡的治生论有一种特别的共鸣："若鲁斋治生之言，则实儒者之急务。能躬耕则躬耕，不能躬耕，则择一艺以为食力之计。"（《与许海樵》，《落帆楼文集》卷九）沈垚认为，许衡之所以提出治生论，并非他在思想上存心要与宋

[①] 有关沈垚的身世与学行，可参看郭丽萍：《"显学"的背后：沈垚西北史地学述论》。（http://www.historychina.net/zz/355064.shtml）

儒立异，而是因为在他所处的时代，学者的经济状况与宋代相比已经发生了很大变化："宋儒先生口不言利，而许鲁斋乃有治生之论。盖宋时不言治生，元时不可不言治生，论不同而意同"，"宋有祠禄可食，则有此过高之言。元无祠禄可食，则许鲁斋先生有治生为急之训"。(《与许海樵》,《落帆楼文集》卷九)

沈垚的说法并非毫无根据。宋代每年取士达四五百人之多，即使是一般士大夫，生活也有基本保证，所谓"月俸虽无余，晨炊且相继。薪刍未缺供，酒肴亦能备"(王禹偁《时雪》)。而金元之际，战乱频仍，大多数儒者流离失所、朝不保夕[①]；入元之后，科举长期不行，即使后来恢复，每年取士名额也仅为宋、金时期平均数的一小部分。[②]

沈垚还将明朝与他所处的清朝做了一个比较："明人读书多却不多费钱，今人读书断不能不多费钱。"(《与许海樵》,《落帆楼文集》卷九)言下之意，明人读书无后顾之忧，而清人则不能不考虑经济来源问题。如果联系王阳明对许衡治生论的批评，沈垚的这种言论无疑可以看作是对前者的一种揶揄。

值得注意的是，沈垚虽然痛陈学者治生之重要，但他并没有把治生与行商坐贾联系起来。事实上，如前所述，他所理解的治生基本上是自食其力的活动。在他所推荐的治生方式中，务农（躬耕）还是第一位的，其次则是各种手艺，"能躬耕

---

① 关于金元之际儒士的悲惨境遇，可参看赵琦：《金元之际的儒士与汉文化》，北京：人民出版社，2004年。

② 有关元代儒士的情况，可参看萧启庆：《元代的儒户：儒士地位演进史》上的一章，载《元代史新探》，台北：新文丰出版公司，1983年，第1～58页。

则躬耕，不能躬耕，则择一艺以为食力之计"（《与许海樵》，《落帆楼文集》卷九），并无商贾的位置。

可以看到，从陈确到全祖望、钱大昕直至沈垚，在晚明以降的学人中，的确不乏对许衡治生论予以肯定者，但是，还没有哪一个学者将治生等同于商贾，进而论证商贾高于其他治生手段。

究其实质而言，这些议论都是对许衡治生论的辩护。而上述论者实施辩护的策略也都如出一辙，即指出"治生"并不以营利为目的，学者治生不会出现王阳明所担心的"徒启营利之心"的后果。在理论思维上，这些人都没有超出最初黄直向王阳明进行质询的范围。如果说他们是在以各自不同的方式对王阳明做出反批评，那么，不得不说，这些反批评都没有真正击中后者，反而给人一种言不及义之感。

四

在本文的最后，我们顺带讨论一下当代学者余英时先生对治生论的研究。

余先生在《现代儒学的回顾与展望——从明清思想基调的转换看儒学的现代发展》一文中说：

> 早在王阳明的时代，儒者"治生"的问题便已出现了。阳明答学生之问，便说："虽治生亦是讲学中事。……终日做买卖，不害其为圣为贤。何妨于学？学何贰于治生？"（《王阳明全集》卷三二，下册，第1171页——原

注)个人的尊严和独立离不开"治生"的物质基础,这是明代儒家的一个新的认识。①

如果因为谈话中出现了"治生"一词,就可以认为当时出现了治生问题,那么,按照这种逻辑,治生问题出现的时间应当更早——既然许衡提出治生之说,不正说明当时已经出现治生问题了吗?且不论"个人的尊严和独立离不开'治生'的物质基础"这个说法是否是对王阳明这条语录的准确概括,即便如此,是否可以说"这是明代儒家的一个新的认识",也是大有问题的。如果余先生的根据就是他所节引的王阳明的这条语录,那么,治生论的始作俑者——许衡不是更有资格充当提出这个新认识的人吗?

更严重的是,余先生完全误会了他所引的王阳明这条语录的精神。他这样认为:

阳明第二次的答案(引者按:指《传习录拾遗》第十四条所记)比第一次(引者按:指《传习录上》第五十六条所记)要肯定得多,尽管他仍不能同意"治生为首务"。现在他竟说:"果能于此处调停得心体无累,虽终日做买卖,不害其为圣为贤。"我们无法想象朱子当年会说这样的话,把做买卖和圣贤联系起来。②

---

① 余英时:《现代儒学论》,上海:上海人民出版社,1998年,第25页。
② 余英时:《中国近世宗教伦理与商人精神》,第178页。

余先生究竟是从什么地方看出王阳明第二次的答案比第一次要肯定得多？从后文来看，他的根据似乎是王阳明说的"果能于此处调停得心体无累，虽终日做买卖，不害其为圣为贤"这句话。按照我们前面对这句话的分析，"果能……"表示的是一种虚拟语气，明显带有一种疑虑，反映说话者内心其实并不相信这种假设真会发生。王阳明之所以在重申自己反对治生论的意见之后再加上这样一句话，完全是出于逻辑上严密性的考虑。他反对治生论的基本立场并不因此而遭到削弱，更谈不上是对前面观点的一种修改①。这样一句话绝不应当作为王阳明肯定治生论或做买卖的证据。笔者相信，以余先生的学识与水准，他不至于看不出这一点，实在是因为他有成见在先，即他相信，儒家伦理到王阳明时有了新的发展，这个发展就是对商贾给予了比以前更多的承认。

为了突出这个观念到王阳明所处时代才发生，余先生还说："我们无法想象朱子当年会说这样的话，把做买卖和圣贤联系起来。"言下之意，朱熹从来不会将做买卖与圣贤相联系。这个说法并不符合事实，事实上，朱熹并没有将圣贤与做买卖截然分开，如下一则语录即是明证："问：'吾辈之贫者，令不学子弟经营，莫不妨否？'曰：'止经营衣食亦无甚害。陆家亦作铺买卖。'"（《朱子语类》卷一百一十三，"训门人一"，《朱子全书》第十八册，安徽教育出版社、上海古籍出版社，2002年，第 3604～3605 页）

---

① 也就是说，根本不存在余英时先生所讲的"王阳明不得不修改他的观点"那回事。（参见余英时：《中国近世宗教伦理与商人精神》，第187页）

叁 儒学史上的"治生论"

陆（九渊）家做买卖，对宋明人来说，似乎是一个耳熟能详的故事，不单朱子引用过这个案例说明做买卖不碍为儒，到明代依然有人以此来为儒者经商辩护，如：明代中叶徽州歙县人黄崇德，初有意于科举，其父劝其经商，即云："象山之学以治生为先"（参见《明故金竺黄公崇德公行状》，转引自《明清徽商资料选编》，黄山书社，1985年，第74页）。这条材料余书已加引用，余氏还就此评论说："可见，陆象山出身商人家庭的事在明代中叶以前已引起士人的重视。这一事实颇可说明后来王学兴起的一部分社会背景。"（余英时：《中国近世宗教伦理与商人精神》，第187页）"明代中叶以前"云云，好像只是从明代才开始，实际上，朱子所在的宋季已然矣。

其实，余先生自己在前面引过这则材料，说明他并不是不知道朱熹对商贾曾经给予一定的承认。他之所以还要这样说，无非是想证成这样一个结论："从朱子到阳明的三百年间，中国的社会发生了变化，儒家伦理也有了新的发展。"[1]

从朱子的时代到王阳明的时代，的确有很多证据表明，中国社会乃至一般人的观念发生了很大变化，余先生在书中也提供了很多有效的例证。然而，这与儒家伦理有了新发展是两个问题，不可混为一谈。儒家伦理[2]是否也有了新的发展？这

---

[1] 余英时：《中国近世宗教伦理与商人精神》，第178页。

[2] 所谓儒家伦理，究竟是指表现于经典著述当中的精英主张，还是一般民众的思想呢？如果是前者，它总体的倾向始终是对世俗持批评态度的道德理性主义。如果是后者，那么自古以来，正如孔子所说的那样，"君子喻于义，小人喻于利"，其总体的倾向是追求物质利益的现实主义。所以，不加区分地讲儒家伦理的变化，失之于笼统。

种伦理发展与社会风尚变化之间是否存在某种因果关系？这些问题都还有待进一步论证。无论如何，现在清楚的一点是，被余英时先生引为证据的王阳明批评许衡治生论的这段材料，其实并不成立。

肆

金人赵秉文思想考论

长期以来，国内的中国哲学史研究对理学的理解就是宋明理学，这当然是受制于哲学史的研究范式使然。问题是，单一的哲学史视角是否能对治"中国哲学史"的丰富现实？这一点，随着晚近关于"中国哲学合法性"讨论的深入，已经被越来越多的学者所怀疑。另一方面，欧美和日本的中国思想史研究动态也启发我们，如果放宽视野，不专注于所谓哲学概念的逻辑展开，综合运用社会科学的方法，将会为中国哲学史的研究注入新的活力。事实上，理学研究还有许多空白与荒原有待开发。比如，12～14世纪理学在北部中国的受容与变迁情况尚未得到充分的探查。

历史上，学术史或儒学史作者囿于汉族中心主义的成见，对辽、金、元儒学轻描淡写甚至一笔带过。如果我们承认，辽、金、元仍然是中国历史的一部分，那么，今天我们就没有理由再对这些时期的思想文化保持一如既往的漠视。就理学本身而言，对金元理学的研究势将加深我们对其复杂性、多元性的了解，这种了解使我们不再为《宋史·道学传》《宋元学案》等传统的学术史叙事所遮蔽。今天我们所熟知的理学谱系，在很大程度上是朱熹等南方学者所制定的。揭开历史的面纱，我们会发现，终金一代，朱熹所建构的道统谱系都未能得

---

* 本文原刊于《学术月刊》2008年第12期，原题为《儒耶佛耶：赵秉文思想考论》。

到响应,而被朱熹排除于道统谱系之外的那些人物(如王安石、苏氏父子)在金的孔庙里却享受配祀的殊荣。金代儒坛活跃的是赵秉文、李纯甫这些被批评者认为佞佛的人物。本文拟通过赵秉文这一个案透视理学在金朝不同于宋朝的一些特质,从中我们将看到理学发展的另一面相,与两宋道学相比,这一面相也许更接近于"原始"理学。

一

赵秉文(1159~1232),字周臣,滏阳人,自号闲闲老人,因做过礼部尚书,故世人又称赵礼部。秉文自述其"七岁知读书,十有七举进士,二十有七与吾姬伯正父同登大定二十五年(1185)进士第"(赵秉文:《学道斋记》,《滏水集》卷十三,四库全书本)。历官应奉翰林文字、户部主事、翰林撰修、翰林直学士、翰林侍讲学士、礼部尚书、翰林学士。贞祐初(1213),上书建言三事:迁都、导河、封建。哀宗即位(1224),进《无逸直解》《贞观政要》《申鉴》。天兴改元(1232),金廷危急,为赦文大安人心。是年五月卒,终年七十四岁。

据元好问所撰碑铭,赵秉文生平著述甚丰,所著有《易丛说》十卷、《中庸说》一卷、《扬子发微》一卷、《太玄笺赞》六卷、《文中子类说》一卷、《南华略释》一卷、《列子补注》一卷、《资暇录》十五卷,删集《论语》《孟子》解各十卷,生平文章入《滏水集》。(元好问:《闲闲公碑铭》,《遗山集》卷十七,四库全书本)据《滏水集》卷十五所收诸"引",赵氏著有《法言微旨》《笺太玄赞》《中说类解》①。

从赵秉文著作的目录来看，他涉猎甚广，除了对《易》《论语》《孟子》《中庸》等儒家传统经典有所研究外，还对扬雄、王通之学下过功夫，此外对《庄子》《列子》等道家文献也做过注释。但除了文集《滏水集》，其他著述多佚。《滏水集》是今人研究其思想的主要资料。

关于《滏水集》的卷数，《四库全书》所收为二十卷，卷首杨云翼原序亦称二十卷，但为赵秉文做碑铭的元好问则称有三十卷，"生平文章号《滏水集》者，前后三十卷"（元好问：《闲闲公碑铭》，《遗山集》卷十七，四库全书本），"所著文章号《滏水集》者，前后三十卷"（元好问：《礼部闲闲赵公秉文六十三首》诗前小传，《中州集》卷三，四库全书本）。四库馆臣在为《滏水集》撰写提要时注意到了这个问题：

> 史称秉文所著诗文三十卷，此本乃二十卷，与史互异。然篇目完具，不似有所佚脱。考《中州集》称秉文"所著文章号《滏水集》者，前后三十卷"（四库本《滏水集二十卷》卷首）。

《四库全书提要》的作者采纳了刘祁《归潜志》之说，并对此做了解释：

> 刘祁《归潜志》曰："赵闲闲本喜佛学，然方之屏山，

---

① 赵秉文所著书，如《扬子发微》《太玄笺赞》《文中子类说》与《法言微旨》《笺太玄赞》《中说类解》当是同书而异名。

顾畏士论,又欲得扶教传古之名,晚年自择其文,凡主张佛老二家者皆削去,号《滏水集》。首以中和诚诸说冠之,以拟退之《原道》。其为二家所作文并其葛藤诗句,另作一编,号《闲闲外集》,以书与少林寺长老英粹,使刊之。故二集皆行于世。"则《滏水集》本二十卷,别有十卷为《外集》,本传合而计之,故为三十卷也。(四库本《滏水集二十卷》卷首)

刘说见《归潜志》卷九,其中包括三个要点:一是认为二十卷的《滏水集》是赵秉文将其有关佛老的文字删除后的结果;二是认为赵秉文这样做的原因是迫于外界压力和博得"扶教传古之名";三是提出赵秉文将自己为佛老二家所作文及诗句另作一编号《闲闲外集》使少林寺长老刊之。

从刘祁的这些说法来看,《滏水集》的卷数问题与赵秉文的思想属性问题纠缠在一起。关于赵秉文的思想属性,现在主要有两种不同的看法。刘祁这里所说的是其中一种,这种看法实际上是认为赵秉文是阳儒阴释,此说对后世影响较大。《金史》赵秉文本传亦称其与佛禅有染:"然晚年颇以禅语自污,人亦以为秉文之恨云。"(《金史》卷一一〇,《赵秉文传》)全祖望对赵秉文的学术评价甚低,他基本接受了刘祁《归潜志》之说:

垂晚始得滏水。予初读其论学诸篇,所得虽浅,然所趋向,盖因文见道者,其亦韩、欧之徒欤?及读其论米芾临终事而疑之,则仍然佞佛人也,……迫取《归潜志》考之,乃知滏水本学佛,而袭以儒,其视李屏山,特五十步百步之差

耳。(《屏山〈鸣道集说〉略》,《宋元学案》卷一百)

此外,如前揭,《四库全书》馆臣在为《滏水集》写提要时亦引了刘说。

另一种看法则是将赵秉文推为金季儒宗,此说由杨云翼与元好问主之。杨云翼(字之美,壮年1194～1227,《金史》有传)于金宣宗元光二年(癸未,1223)十一月为赵秉文《滏水集》作序,称赵秉文为"斯文主盟",认为"其学一归诸孔孟而异端不杂":

学以儒为正,不纯乎儒,非学也。文以理为主,不根于理,非文也。自魏晋而下,为学者不究孔孟之旨而溺异端,不本于仁义之说而尚夸辞,君子病诸。今礼部赵公实为斯文主盟。近自择其所为文章,厘为二十卷,过以见示。予披而读之,粹然皆仁义之言也。盖其学一归诸孔孟而异端不杂焉,故能至到如此。所谓儒之正、理之主,尽在是矣。天下学者景附风靡,知所适从,虽有狂澜横流障而东之,其有功吾道也大矣。(四库全书本《滏水集》卷首)

元好问为赵秉文做碑铭,在对辽宋至金几百年来文学废兴以及金朝开国以来名士做了一番考察后,对赵秉文推崇备至,认为他"不溺于时俗,不汩于利禄""沉潜乎'六经',从容乎百家",一人而已:

唐文三变至五季,衰陋极矣。由五季而为辽宋,由辽宋而为国朝，文之废兴可考也。宋有古文，有辞赋，有明经。柳、穆、欧、苏诸人斩伐俗学，力百而功倍，起天圣迄元祐，而后唐文振。然似是而非、空虚而无用者，又复见于宣、政之季矣。辽则以科举为儒学之极致，假贷剽窃，牵合补缀，视五季又下衰。唐文奄奄如败北之气，没世不复，亦无以议为也。国初，因辽宋之旧，以词赋、经义取士，预此选者，选曹以为贵科，荣路所在，人争走之。传注则金陵之余波，声律则刘、郑之末光，固已占高爵而钓厚禄。至于经为通儒，文为名家，良未暇也。及翰林蔡公正甫出于大学大丞相之世业，接见宇文济阳、吴深州之风流，唐宋文派乃得正传，然后诸儒得而和之。盖自宋以后百年，辽以来三百年，若党承旨世杰、王内翰子端、周三司德卿、杨礼部之美、王延州从之、李右司之纯、雷御史希颜，不可不谓之豪杰之士。若夫不溺于时俗，不汩于利禄，慨然以道德仁义、性命祸福之学自任，沉潜乎"六经"，从容乎百家，幼而壮，壮而老，怡然涣然，之死而后已者，惟我闲闲公一人。（元好问：《闲闲公碑铭》，《遗山集》卷十七）

铭其墓曰："道统中绝，力任权御。一判藩篱，倒置冠屦。公起河朔，天以经付。挺身颓波，为世砥柱。"（元好问：《闲闲公碑铭》，《遗山集》卷十七）直将赵氏视为接续道统的人物。

赵秉文究竟是儒还是阳儒阴释，此一问题不仅关系到对赵氏本人思想的定位，也影响到对整个金代儒学面貌的认识，值得认真辨析。

二

刘说的主要支撑是《闲闲外集》与《滏水集》并行于世一事，其余多属推测之辞。然《闲闲外集》者，世已无传，无从核实。又，此事不见于元好问所作《碑铭》，亦称蹊跷。考《归潜志》所载赵秉文传，记多与史不合，对此，四库馆臣已加辨证。如《归潜志》云：

（秉文）因言事忤旨，外补后再入馆为修撰。待制，转礼部郎中，出典岢岚、平定、宁边三郡。

馆臣指出：

《金史》本传：秉文以言事由翰林修撰出典平定、宁边二郡，未尝出典岢岚。其同知岢岚州军事，犹在未召入为修撰之前。元好问《中州集》传，亦与本传同，与此互异。（四库全书本《归潜志》卷首，馆臣按语）

《归潜志》称：

天兴改元，夏四月，卒，年七十三。

馆臣指出：

《金史》本传：天兴改元之年，五月壬辰，卒，年

七十四。与此志异。(四库全书本《归潜志》卷首,馆臣按语)

在谈到赵秉文的著作目录时,《归潜志》的说法也与元好问所撰《碑铭》及《金史》本传不同,"其所著有《太玄解》《老子解》《南华指要》《滏水集》《外集》,无虑数十万言"(刘祁:《归潜志》卷首,四库全书本),遗漏了《易丛说》《中庸说》《扬子发微》《文中子类说》《列子补注》《资暇录》等书,却增加了《老子解》一书。

由此可见,作为研究赵秉文的史料,刘祁《归潜志》的可靠程度要大大逊于元好问所撰《碑铭》。

其实,关于《滏水集》为赵氏自选集的看法,前揭杨云翼《〈滏水集〉序》已经提道:"(赵)自择其所为文章,厘为二十卷。"不过,杨云翼并没有明确说明赵秉文是如何选择的。刘祁则认为,赵秉文的选择原则是"凡主张佛老二家者皆削去",这个说法在一定程度上也为元好问所证实:

> 又,其徒(按:佛老之徒)乐从公(按:赵秉文)游,公亦尝为之作文章,若碑、志、诗、颂甚多。晚年,录生平诗文,凡涉于二家者,不存也。(元好问:《闲闲公碑铭》,《遗山集》卷十七)

不过,元好问没有进一步指出赵秉文为什么要删去与佛老二家有关的文字。从行文语气来看,元好问似乎认为,赵秉文是觉得自己出于应酬而为佛老之徒所做的那些文字没有保存的价值。而刘祁则认定赵秉文是因为"顾畏士论，又欲得扶教传古之名"而删佛老之文，并据此对赵秉文的为人加以非议：

> 余尝与王从之（引者按：王若虚）言："公（按：赵秉文）既欲为纯儒，又不舍二教，使后人何以处之？"王文曰："此老所谓藏头露尾身。"（刘祁：《归潜志》卷九）

然而，即便刘说属实，读者也可以做出与之不同的解读，像全祖望即对赵秉文删文的行为给予了一定的肯定：

> （秉文）喜观佛老之说，以穷其旨归，然晚年自编诗文，凡涉二家者概不存录，而以中、和、诚诸说冠之集首，以拟退之明道，则犹有扶教传古之意焉。（《屏山〈鸣道集说〉略》，《宋元学案》卷一百，第3319页）

认为赵秉文与李屏山相比终究略胜一筹："虽然，犹知畏名教之闲，则终不可与屏山同例论也。"（《宋元学案》卷一百《屏山〈鸣道集说〉略》，第3326页）

另一方面，刘祁说赵秉文编《滏水集》时"凡主张佛老二家者皆削去"，这一点亦不符合事实。一个典型的例证就是卷二十的"题米元章修静语录引后"一文。赵秉文在文中说："不肖诗书不及元章（按：米芾）远甚，至于他日临行一着预

克死期,则未肯多让。"(赵秉文:《题米元章修静语录引后》,《滏水集》卷二十)

所谓临行一着,据赵秉文描述,是指米芾知淮阴时预知死期,以香木为棺置黄堂上,饮食起居时在其间,及期,召吏民所亲厚者与之别,索纸书云,"来从众香国中来,去当众香国中去",掷笔而化。

在正统儒家眼里,米芾的这个做法带有强烈的佛徒色彩,而赵秉文在这上面表示"当仁不让",其属异端无疑。如上所揭,全祖望就是根据这篇文字判断赵秉文为佞佛者的:

> 及读其论米芾临终事(引者按:"题米元章修静语录引后")而疑之,则仍然佞佛人也。(《屏山〈鸣道集说〉略》,《宋元学案》卷一百)

详覆《滏水集》,秉文与僧道唱和之作并不鲜见,如《送墨李道士元老》(卷三)、《会灵观即事二首》(卷四)、《度水僧二首》(卷五)、《和寄全椒道士》(卷五)、《赠茅先生》(卷六),单是卷六所收诗作就提到佛寺多所,如镇国寺、七金山寺、灵感寺、兰若院、金河寺等。另外,诗文中用佛老典故说理者亦比比皆是,如卷二的《反小山赋》云:

> 子以心为物役,智为众缘,不知无尘柢梧于一峰之玄也。空花误大夫之梦,庭柏证祖师之禅。无一物之非我,君其问诸屏山之散仙。

同卷《擥蓬①赋》云：

逍遥乎无为之业，游戏乎寂灭之场。普天壤以遐观，吾又安知大小与彭殇。……乱曰：是身虚空以为量兮，坚固不坏如金刚兮，孰为夭寿孰否藏兮。翠竹真如非青黄兮，枯木龙吟非宫商兮，眼如鼻口道乃将兮。

同卷《游悬泉赋》云：

归语同僚曰：此殆维摩诘也。觉而赋之，但见山高水深风清月白。

同卷《拙轩赋》云：

居士曰：拙者自拙，吾不知其短；巧者自巧，吾不知其长。或善宦而九卿，或白首而潜郎。以俗观之，有窳有良；以道观之，孰否孰藏。较荣枯于瞬息，等一梦于黄粱。……达人大观，物我两忘；纵心浩然，与道翱翔。

同卷《心静天地之鉴赋》云：

---

① "擥蓬"，典出《庄子》："列子行，食于道从，见百岁髑髅，擥蓬而指之曰：'唯予与汝知而未尝死、未尝生也。若果养乎？予果欢乎？'"（《外篇·至乐》）所谓"擥蓬"，就是拨开乱蓬蓬的草。在《庄子》之后，"擥蓬"成了一个故实，赵秉文撰为此赋，意在发挥《庄子》"齐物论"思想：齐彭殇、一大小。详正文所引。

及其至也，超入圆通之智海。

卷三《送李按察十首其九》云：

本心如水镜，功名时翳之。少焉尘累尽，万象复在兹。

卷四《和渊明归田园居送潘清容六首之五》云：

归来掩关卧，尚恨为物役。四论喜僧肇，玄文笺陆绩。会当投绝学，缮性终何益。

卷五《和渊明饮酒二十首之五》云：

昔我谢事时，曾造老衲境。谓言方闲去，如醉不得醒。至要无多言，退步心自领。一朝桶底脱，露出囊中颖。有如暗室中，照耀赖烛炳。

同卷《拟咏声》云：

万籁静中起，犹是生灭因。隐几以眼听，非根亦非尘。

如此等等。

可见，赵秉文在《滏水集》中并不以出现与佛老有关之文字为忌。推其缘由，当是因为他并不觉得语涉佛老就一定有违儒家立场。

三

据元好问称，赵氏对佛老之说曾做过深入探究，强调"说"（哲学性的义理）与"教"（具有社会、政治、伦理意义的宗教实践）的区分："究观佛老之说而皆极其旨归，尝著论以为，害于世者，其教耳。"（元好问：《闲闲公碑铭》，《遗山集》卷十七）换言之，秉文对佛老之说虽不无欣赏，但并不因此就认同佛老二教。就其不认同佛老二教这一点而言，赵秉文的儒家身份是无可怀疑的。

赵秉文还曾经跟人谈到学佛老不影响一个人成为儒家式君子：

> 尝谓余（引者按：刘祁）曰："学佛老与不学佛老，不害其为君子。柳子厚喜佛，不害为小人；贺知章好道教，不害为君子；元徽之好道教，不害为小人。亦不可专以学二家者为非也。"（刘祁：《归潜志》卷九）

这段话典型地反映了赵秉文对学佛老的开放心态。更准确地说，赵秉文是对反对学佛老的反对。为什么学不学佛老不害为君子或小人？这是因为，赵秉文所理解的学佛老是对佛老之说的有选择吸收而非全盘接受，更不是要用佛老取代儒家学说，使其成为整个社会的指导思想。

刘祁《归潜志》卷九还收录了好几条赵秉文好佛的轶事。

其一云：

　　又深戒杀生，中年断荤腥，谓余曰："凡人欲甘己之口舌而害生物，彼性命与人何异也？"又曰："吾先人晚年亦断荤腥，临终闭目逝。少顷，复开目曰，我见数人担肉数担过去，盖吾命中所得食而不食者也。"或者戏曰："死则死矣，不亦枉了此肉乎？"然推公之心本慈祥，尝曰："吾生前是一僧。"又曰："吾生前是赵抃阅道。"盖阅道亦奉神也。

其二：

　　已而，余亦归淮阳，公又与余书曰："慎不可轻毁佛老二教，堕大地狱则无及矣。闻此必大笑，但足下未知大圣人作为耳。"

其三：

　　舒穆噜①嵩企隆亦从公游，学佛，公甚爱之。尝于慧林院谒长老，公亲教企隆持香炉三棹脚作礼，同语（引者按：以下阙文）……户部斗南曰："此老不亦坏了人家子弟耶？"士林传以为笑。

---

① "舒穆噜"，《知不足斋丛书》本《归潜志》写作"石抹"。"石抹"为契丹人的姓。石抹嵩，字企隆，金朝人，父石抹世勣，《金史》有传。四库丛书本《归潜志》将契丹姓"石抹"改为"舒穆噜"。

其四：

公既致仕，苦人求书，大书榜于门。有一僧将求公作化疏，以钉钉其手于公门。公闻，遽出礼之，为作疏，且为书也。

对以上材料稍作分析，就可以发现：第一条轶事是说赵氏断荤腥，在不杀生这一点上认同佛教（"吾生前是一僧""吾生前是赵抃阅道"云云），但这属于个人饮食习惯，并不涉及儒佛之辨的根本；第二条轶事则反映赵氏相信地狱之说，但地狱之说在古代属于民众一般信仰的一个部分，非佛教所独有；第三条轶事说赵氏教人礼佛，但其事出于对方自愿，且其本人没有皈依佛门；第四条轶事说赵氏为僧徒破例，但这只能说明赵氏心地慈善，不忍见僧人自残。总之，刘祁记载的这些轶事（姑且认为它们都是事实），没有一条显示赵秉文在儒佛之辨上站在佛教一边，至多只能说他对佛教的某些理论表示赞同，不拒绝与佛教徒有所往来。

赵秉文对佛教的同情甚至好感当是事实，这一点，即使是为他写碑铭多有美言的元好问也不否认，但这并不代表他游移于儒佛之间，更不能证明他阳儒阴释。赵氏对佛老的批评，对儒家的认同，大量体现在他的论说中，按其文集可知。无视这些文字，而只盯住他的若干言行，是无法对其思想属性做出准确判断的。不能不说，刘祁为了突出他个人在儒佛之辨上的坚决，对赵秉文的好佛之行实际做了不无渲染的描绘。刘祁一直认为，赵秉文虽然待他们父子不薄，却终因他们父子不学佛老

肆　金人赵秉文思想考论

而意有所衔:

> 然公以吾父子不学佛，议小不可，且屡诱余，余亦不能从也。尝谓余曰："学佛老与不学佛老，不害其为君子。……"余因悟公以吾父子不学二家，恐其相疵病，故有是论。已而，余亦归淮阳，公又与余书曰："慎不可轻毁佛老二教，……"余答书曰："若二教，岂可轻毁之？自非当韩欧之任，岂可横取谤议哉？自非有韩欧之智，岂可漫浪为哉？君子者但知其反身则以诚，处事则以义，若所谓地狱，则不知也。"然公终于余有所恨。（《归潜志》卷九）

刘祁的描述充满了他个人的心理感受，很难让人完全视为客观事实。

如果对儒佛之辨不那么神经过敏，那么，赵秉文作为儒家就不存在任何问题。事实上，大多数金代士人并不像刘祁那样斤斤计较于儒佛异同。在某种意义上，这也许正是金代儒学的特色。如前所述，由于各种原因，金代儒学自有别于两宋道学。当理学书籍自南而来，金儒如赵秉文、麻九畴等人给予了热烈的欢迎，自称"道学门弟子"。但金儒对两宋道学并不是全盘照抄，而是有所反思有所批判。赵秉文即说:

> 自王氏之学兴，士大夫非道德性命不谈，而不知笃厚力行之实，其蔽至于以世教为俗学。而道学之弊，亦有以中为正位，仁为种姓，流为佛老而不自知，其蔽反有甚于传注之学，此又不可以不知也。（《性道教说》，《滏水集》卷一）

尽管全祖望对赵氏之学不以为然，但对这段话却表示欣赏，谓"此章最断得平允，尽宋人之得失"（《屏山〈鸣道集说〉略》，《宋元学案》卷一百）。

赵秉文之所以对道学的流弊能有清醒的认识，是由于他的思想来源相对比较广泛，除了熟读《六经》，他还受惠于扬雄、王通之学。此外，他对宋代儒学的了解与吸收也是多方面的，远不限于道学一脉，欧阳修、苏轼、张九成、刘子翚等这些非道学主流学者亦进入他的视野。这种学术背景使他不像道学诸人那样怀有强烈的道统意识而排诋汉唐诸儒。虽然他自认道学门弟子，但这并不妨碍他指出唐儒有其长而宋儒有其短：

大抵唐贤虽见道未至，而有忠厚之气。至于宋儒，多出新意，务抵斥，忠厚之气衰焉。学圣人之门，岂以胜劣为心哉？（赵秉文：《中说类解引》，《滏水集》卷十五）

固然他对周、程这些道学宗师心存敬意：

孟子后（教）不得其传，独周、程二夫子绍千古之绝学，发前圣之秘奥，教人于喜怒未发之前求之，以戒慎恐惧于不见不闻为入道之要，此前贤之所未至，其最优游乎？（赵秉文：《性道教说》，《滏水集》卷一）

又有诗曰：

河南夫子两程公，要与洙泗继后尘。濂溪先生为张

本，舞雩风里浴沂春。(赵秉文:《和杨尚书之美韵四首之一》,《滏水集》卷九)

但对周、程后学唯道学独尊的做法却不以为然:

其徒遂以韩、欧诸儒为不知道,此好大之言也。后儒之扶教得圣贤之一体者多矣。使董子、扬子、文中子之徒游于圣人之门,则游、夏矣。使诸儒不见传注之学,岂能遽先毛、郑哉?闻道有浅深,乘时有先后耳。或曰:韩、欧之学失之浅,苏氏之学失之杂。如其不纯,何曰欧、苏长于经济之变?如其常,自当归周、程。(赵秉文:《性道教说》,《滏水集》卷一)

在赵秉文对道学流弊的批评中,"流为佛老而不自知"是其主要的口实。被刘祁指为好佛的赵氏实际上对佛老持以鲜明的批判立场。比如,在评述儒家道德仁义学说时,他就明确提示儒家与佛老的分际所在:

孟子言四端而不及信,虽兼言五者之实,主仁义而言之,于时未有五常之目也。汉儒以天下通道莫大于五者,天下从而是之。扬子曰:事系诸道德仁义礼,辟老氏而言也。韩子以仁义为定名,道德为虚位,辟佛老而言也。言各有当而已矣。然自韩子言仁义而不及道德,王氏所以有道德性命之说也。然学韩而不至,不失为儒者;学王而不至，其弊至于佛老，流而为申韩。何则？道德性命之说固圣人罕言之也。求其说而不得，失之缓而不切，则督责之术行矣，此老庄之后所以为申韩也与？过于仁，佛老之教也；过于义，申韩之术也；仁义合而为孔子。（赵秉文：《大学·原教》，《滏水集》卷一）

又如，在谈到有关人性的理论时，他首先就摒弃了佛老的性命之说：

性之说，难言也，何以明之？上焉者，杂佛老而言；下焉者，兼情与才而言之也。佛则灭情以归性，老氏则归根以复命，非吾所谓性之中也。（赵秉文：《性道教说》，《滏水集》卷一）

而在谈到对"道"的理解时，他一上来就将佛老之道排除于外：

夫道，何为者也？非太高难行之道也。今夫清虚寂灭之道，绝世离伦，非切于日用，或行焉，或否焉，自若也。至于君臣父子夫妇兄弟朋友之大经，可一日离乎？故曰：可离非道也。（赵秉文：《诚说》，《滏水集》卷一）

再如，在讨论如何求"中"时，他对佛老和儒家的思路做了明确区分：

中者，天下之正理。然未发之前，亦岂外是哉？学者固不可求之于气形质未分之前（老）、胞胎未具之际（佛），只于寻常日用中试体夫"喜怒哀乐未发之际"果是何物耶。"不断不常""不有不无"，释氏之所谓中也。（原注：《中论》有五百问）彼是莫得其偶，谓之道枢，枢始得乎环中，以应无穷，老庄之所谓中也，非吾圣人所谓大中之道也。其所谓大中之道者，何也？天道也，即尧、舜、汤、文、武、周、孔之道也。《书》曰：允执厥中。《易传》曰：易有太极。极，中也，非向所谓佛老之中也。且虽圣人，喜怒哀乐亦有所不免，中节而已，非灭情之谓也。"位天地，育万物"，非外化育、离人伦之谓也。然则，圣人所谓中者，将以有为言也。（赵秉文：《中说》，《滏水集》卷一）

之所以在讨论"中"时提到佛老之说，是因为苏辙曾经用《六祖坛经》中的"不思善不思恶"来解释"喜怒哀乐之未发谓之中"：

苏黄门云："喜怒哀乐之未发谓之中"，六祖所谓不思善恶之谓也；"而皆中节谓之和"即六度万行是也。（赵秉文：《中说》，《滏水集》卷一）

赵氏对苏氏这种"杂佛而言"的解经方式颇不以为然：

但苏黄门（按：苏辙）言不思善不思恶，与夫李习之

（按：李翱）灭情以归性，近乎寒灰槁木，杂佛而言也。（赵秉文：《中说》，《滏水集》卷一）

从赵秉文对当时学者的批评，可以了解，他是力主道学的：

今之学者则异于古之所谓学者矣。为士者钩章棘句，骈四俪六，以圣道为甚高而不肯学，敝精神于寒浅之习，其功反有倍于道学而无用。入官者，棘功利，趋期会，以圣道为背时而不足学，其劳反有病于夏畦者，而未免为俗儒，尽弃其平日之学，此道之所以不明也。至于甚者，苟势利于奔竞之途，驰嗜欲于纷华之境。间有恃才傲物以招讥评，刺口论事以取中伤，高谈雄辩率尝屈其座人，以佞为才而致憎，浮薄嘲谑反希世人以狂为达而贾怨，岂先圣所以教人，老师宿儒所以望于后生也哉。（赵秉文：《商水县学记》，《滏水集》卷十三）

有鉴于世人"以圣道为甚高而不肯学"，赵秉文遂一再指出儒家之道平易近人：

且《中庸》之道何道也？大中至正之道也。典礼德刑非人为之私也。且子以为外是别有所谓性与天道乎？吾恐贪高慕远，空谈无得也。虽圣学如天，亦必自近始。然则，何自而入哉？曰"慎独"。（赵秉文：《性道教说》，

《滏水集》卷一)

其学始于致知格物、正心诚意,至于治国平天下。下至道术、阴阳、名、法、兵、农,一本于儒,裁其偏而救其失,要其归而会之中,本末具备,精粗一致,无太高难行之论,无荒芜怪诞之说。圣人得其全,贤者得其偏,百姓日用而不知。(赵秉文:《叶县学记》,《滏水集》卷十三)

在为《道学发源》作序时,他充分肯定张九成重视发挥爱亲之义的做法:

故夫爱亲者,仁之源;敬亲者,义之源;文斯二者,礼之源。无所不违之谓诚,无所不尽之谓忠,贯之之谓一,会之之谓中,及其至也,蟠天地、溥万物,推而放诸四海而准,其源皆发于此,此吾先圣所以垂教万世,吾先师子曾子之所传百世之后,门弟子张氏名九成者所解。九成之解足以起发人之善心,由之足以见圣人之蕴。……间有穷深极远为异学高论者曰:此家人语耳。非惟不足以知圣人之道,是犹诧九层之台未覆一篑,欺人与自欺也,其可乎?愚谓:虽圆顶黄冠、村夫野妇犹宜家置一书,渠独非人子乎?(赵秉文:《道学发源引》,《滏水集》卷十五)

他对道学流弊不满的一个重要原因是认为后者失去了近思笃行之实:

自王氏之学（引者按：王安石之学）兴，士大夫非道德性命不谈，往往高自贤圣而无近思笃行之实。视其貌，懵恍而不可亲；听其言，汪洋而不可穷；叩其中，枵然而无有也。……士大夫学贵深博，行己自浅近始，庶几脚践实地，无躐等虚浮之咎矣。（赵秉文：《书东坡寄无尽公书后》，《滏水集》卷二十）

赵秉文平生尚喜论史，《滏水集》卷十四收有"西汉论""东汉论""蜀汉正名论""魏晋正名论""唐论""侯守论"等多篇史论。在这些史论文字中，赵氏伸张了儒家的仁义思想以及正统观念，他对治道的理解即是推行仁义："尽天下之道曰仁而已矣，仁不足，继之以义"，"古之人不求苟异，其于仁义，申重而已"。（赵秉文：《总论》，《滏水集》卷十四）不过，他也并不迂腐，允许在制度方面随时便宜："礼乐法度亦各随时之制"，"以仁义刑政治天下，略法唐虞三代，悉以后王之制，其可矣，如其礼乐，以俟明哲"。（赵秉文：《唐论》，《滏水集》卷十四）

综上所述，被指为佞佛的赵秉文，在所有大是大非上，都明确地奉行儒家准则，其本色自是儒家无疑。可以说他非道学（程朱意义上的）中人，但绝不能说他非儒家者流。

对赵秉文思想底色的考辨，既是还历史以本来面目，同时也是对儒学本质的一次澄清。何谓儒？何谓佛？儒佛之辨究在何处？站在客观的而不是某种偏狭的"护教"立场，我们应该而且也能够对这些问题做出比前人更合理的回答。

伍

邵雍"观物"说的定位

——由朱子的批评而思

前 言

在朱子所尊道学前辈中,邵雍多少显得有些特别。与周、张、二程不同,邵雍思想的"儒家性"常常招来物议,他的学术渊源[①]以及象数体系与道家道教有着剪不断理还乱的关联。这且不说,他的"观物"说应该如何定位,在学者中间至今仍争论不息。具体而论,邵雍提出的"以物观物",究竟主要是一种认识论方法,还是修养方法,抑或两者都是?它在思想性质上究竟属于儒家还是更近于佛道?如果它的本色仍是儒家,那么,在儒家经典上是否可以找到它的根据?对于这些问题,前贤时杰看法不一,甚至针锋相对,实有进一步研究的必要。

本文拟从朱子对邵雍观物说的批评入手,尝试对其重新做出定位。之所以由朱子而思,一方面是因为后世的一些看法大体没有超出朱子论述的范围,甚或只是祖述朱说而已,而现有邵雍观物说的研究似未见对朱子观点予以自觉检讨。另一方面,从理论上看,朱子对邵雍观物说的评论牵涉道学工夫论的

---

* 曾刊于《湖南大学学报》2012 年第 6 期,发表时有删节。

[①] 关于邵雍的学术渊源,最近的论文可参:金生杨《邵雍学术渊源略论》,《中华文化论坛》,2007 年第 1 期。

内在分歧,则研究朱子之议,不仅有助于我们了解邵雍之学,同时也将加深我们对朱子学乃至整个道学的认识。笔者将首先简要回顾现有研究,以了解焦点所在,随后介绍邵雍观物说的基本内容以及朱子对它的评价,接下来,顺着朱子批评的要点展开进一步思考,依次考察"以物观物"与佛教、道家、孔子、程颐相关思想的异同,最后在结语中做出笔者的判定。

一 对现有研究的简要回顾

"观物"说是邵雍思想的重要组成部分,可想而知,几乎所有关于邵雍思想的论著都会对之有所讨论。限于精力,笔者无法对现有研究全面进行调研,只打算挑国内几个大家来谈。

关于晚近二十年国内邵雍研究的一般情况,可参看张显运的《邵雍研究:二十年学术史的回顾与展望》(《孔子研究》,2012年第3期,第33～43页);港台地区的研究,可参看杜保瑞的《邵雍儒学建构之义理探究》(《华梵人文学报》第3期,2004年6月,第75～124页);英文世界的邵雍研究,可参看 J. D.Birdwhistell 为《中国哲学百科全书》所写的"邵雍"词条("Shao Yong (Shao Yung)", by Joanne D. Birdwhistell, in Antonio S. Cua ed., *Encyclopedia of Chinese Philosophy*, pp.683～689)。杜文介绍了牟宗三、方东美、劳思光、唐君毅等四家意见,其中,牟宗三《心体与性体》对邵雍未置一词,方东美《新儒家哲学十八讲》强调邵雍由道转儒，劳思光《新编中国哲学史》对邵雍之说评价甚低，以其人为"山人隐士"（叶适语），其学"非正道所在"（二程语），唐君毅《中国哲学原论·原教篇》论邵雍最详，然议及观物说，则以为与佛家之如如现观只有微别，遂引朱熹语"康节之学，近似释氏"而结。Birdwhistell 认为邵雍在历史上是一过渡性人物，在他身上，庄子、佛教的影响宛然可见。（*Encyclopedia of Chinese Philosophy*, p.688）

冯友兰认为，邵雍所说的"观物"既是认识论方法，又是修养方法。作为认识论方法，"以物观物"是要尊重事物的本来面目①；作为修养方法，就是对事物的悲喜要从事物的客观情况本来面目出发，不能掺杂私心杂念或个人利益。② 冯友兰还将邵雍的修养方法与周敦颐的联系起来，认为周敦颐与邵雍所讲的修养方法主要就是要求"无我"，反对私心杂念。而所谓修养，就是多得一些精神上的享受（受用）。他指出，佛教讲修行，也强调"受用""极乐"，但儒释之间的一个根本差别在于佛教要脱离社会、否定人生，而道学则认为"受用"可以且只能在人生、社会中得之。③

侯外庐学派则主要从认识论角度看待邵雍的"观物"方法，认为邵雍的"观物"不是按照事物的本来面目去认识事

---

① 囿于时代局限，冯先生书中仍用唯物唯心这个对子解说邵雍的观物思想，认为其性质归根结底是唯心主义的。（参见所著：《中国哲学史新编》第五册，《三松堂全集》第十卷，郑州：河南人民出版社，2000年，第79～80页）

② 《中国哲学史新编》第五册，《三松堂全集》第十卷，第80页。

③ 同上书，第80～81页。

物，而是禅观式的直观主义。①

陈来着重从人生境界方面理解邵雍的"观物"，认为邵雍的以物观物说主要目的在于倡导一种无我的生活态度与境界，而不是为了实现某种认知的功能。邵雍的观物说，在大旨上与程颢《定性书》完全一致。②

可以看到，论者对邵雍观物说的定位很不相同。焦点在于，"以物观物"究竟是认识论命题还是工夫论命题？如果是认识论命题，其真实含义是按事物本来面目去认识事物还是禅宗的直观主义或道家无为之说？如果是工夫论命题，它是正宗的道学工夫还是外道（佛老）之学？在讨论这些问题之前，我们有必要对邵雍观物说的基本内容先做一简单介绍。

二 邵雍"观物"说的基本内容

邵雍有关"观物"的论述主要见于《皇极经世》，尤其是《观物内篇》《观物外篇》，但"以物观物"的说法也出现在《伊川击壤集序》中：

---

① 侯外庐学派的观点主要见于《中国思想通史》第四卷第十章"北宋唯心主义道学的形成"（北京：人民出版社，1959年，第522～532页）与《宋明理学史》第五章"邵雍的象数学思想体系"（北京：人民出版社，1997年第2版，第202～203页），两书写作时间相距数十年，但基本观点一致，都认为邵雍的"观物"是禅观式的直观主义方法。而前书除了囿于时代局限从唯物唯心角度观察邵雍之外，还提出，邵雍的"观物"思想窃取了庄子的直观主义（《中国思想通史》第522页）。

② 陈来：《宋明理学》第二章"北宋理学的建立与发展"，上海：华东师范大学出版社，2000年，第94～96页。

性者道之形体也，性伤则道亦从之矣。心者性之郭廓也，心伤则性亦从之矣。身者心之区宇也，身伤则心亦从之矣。物者身之舟车也，物伤则身亦从之矣。是知以道观性，以性观心，以心观身，以身观物，治则治矣，然犹未离乎害者也。不若以道观道，以性观性，以心观心，以身观身，以物观物，则虽欲相伤，其可得乎！若然，则以家观家，以国观国，以天下观天下，亦从而可知之矣。（《伊川击壤集序》，《邵雍集》，北京：中华书局，2010年，第179～180页）

邵雍提到了五个概念：道、性、心、身、物。这些概念之间存在着这样一种关系，即每相邻的两个概念，前一个概念相对于后一个概念处于核心或主动的位置，如"心为身之主"。但是，如果认为可以用前一个概念来观察或主导后一个概念，如"以心观身"，那就错了，其原因是，照邵雍说，那固然能取得一定成效，却不能避免彼此之间可能发生冲突带来的灾难。邵雍建议，不如从各自概念自身出发去认识与处理问题，采取"以甲观甲"的形式，即"以道观道""以性观性""以心观心""以身观身""以物观物"，这样，彼此之间就不会再有发生冲突的可能。

在这里，"以物观物"与"以道观道"等说法一样，是从事物本身出发看待事物这一原则的一个运用，没有什么特殊意义。但邵雍后来渐渐将"以物观物"当作从事物本身出发看待事物这一原则的典型表述使用，"以物观物"一说就具有了某种普遍命题的品格。

夫所以谓之观物者，非以目观之也，非观之以目而观之以心也，非观之以心而观之以理也。天下之物莫不有理焉，莫不有性焉，莫不有命焉，所以谓之理者，穷之而后可知也；所以谓之性者，尽之而后可知也；所以谓之命者，至之而后可知也。此三知者，天下之真知也，虽圣人，无以过之也。而过之者，非所以谓之圣人也。夫鉴之所以能为明者，谓其能不隐万物之形也；虽然，鉴之能不隐万物之形，未若水之能一万物之形也；虽然，水之能一万物之形，又未若圣人之能一万物之情也。圣人之所以能一万物之情者，谓其圣人之能反观也。所以谓之反观者，不以我观物也；不以我观物者，以物观物之谓也。既能以物观物，又安有我于其间哉？是知我亦人也，人亦我也，我与人皆物之谓也。此所以能用天下之目为己之目，其目无所不观矣。用天下之耳为己之耳，其耳无所不听矣。用天下之口为己之口，其口无所不言矣。用天下之心为己之心，心无所不谋矣。夫天下之观，其于见也不亦广乎？天下之听，其于闻也不亦远乎？天下之言，其于论也不亦高乎？天下之谋，其于乐也不亦大乎？夫其见至广，其闻至远，其论至高，其乐至大，能为至广至远至高至大之事而中无一为焉，岂不谓至神至圣者乎？（《观物内篇·第十二篇》，《邵雍集》第49页）

由上可知，"以物观物"其实就是"以理观之"，而"以理观之"的一个现成例子是圣人的"反观"。需要注意的是，这种"反观"不是指圣人反观其自身，而是说圣人不从自我出发而是从事物本身出发看待事物。以邵雍之见,圣人之所以能通达万物之情,是因为他能设身处地从事物本身考虑问题。至此,"以物观物"被邵雍提到圣人之道的高度。而"观物"的"物"也不再是那个作为"身之舟车"的具体的"物",而是指"万事万物",人、我皆在其中。

邵雍还引入"性情之辨"来说明"以物观物"和"以我观物"之别:

> 以物观物,性也;以我观物,情也。性公而明,情偏而暗。(《观物外篇下之中》,《邵雍集》第152页)

> 任我则情,情则蔽,蔽则昏矣。因物则性,性则神,神则明矣。潜天潜地,不行而至,不为阴阳所摄者,神也。(《观物外篇下之中》,《邵雍集》第152页)

按照邵雍的理解,"以物观物"是从事物的本性出发考虑问题,而"以我观物"则是从个人情感好恶出发考虑问题。从事物的本性出发考虑问题,就不会有所偏倚。而从个人情感好恶出发考虑问题,则不能不有所偏倚而失去正确方向。[①]

邵雍相信,一旦贯彻"以物观物"原则,一个人感到悲,就只是因为事情(物)本身可悲;感到喜,只是因为事情(物)本身可喜。这种状态也就是《中庸》上说的喜怒哀乐"发而皆中节"。[②]

---

① 侯外庐认为,"性公而明,情偏而暗"是借用了荀子"公生明,偏生暗"的成语。(《中国思想通史》第522页)

② "以物喜物,以物悲物,此发而中节者也。"(《观物外篇下之中》,《邵雍集》第152页)

有时，邵雍还把"以我观物""以物观物"分别省称为"我物""物物"。①

以上是对邵雍观物说的一个简单梳理。顺便指出，邵雍的观物思想对后世产生了一定的影响，其中，尤以元代刘因（1249～1293，号静修）最著。苏天爵（1294～1352，字伯修，人称滋溪先生）在谈到刘因的思想渊源和学术倾向时曾说："其学本诸周程，而于邵子观物之意深有契焉。"②刘因诗中直接提到"观物"的就有很多。③论者认为，在把"观物"作为一种修养境界方面，刘因与邵雍尤其契合。④

三 朱子对邵雍观物说的批评

《朱子语类》卷一百专论邵子之书，其中，涉及"观物"说者主要有两条：一则曰，其说近"释"；二则曰，其说似"老"。从表面上看，几乎全盘否定。实情如何，尚需仔细分疏。

---

① 如"不我物，则能物物"（《观物外篇下之中》，《邵雍集》第152页）。
② 《静修先生刘公墓表》，《滋溪文稿》卷八，文渊阁四库全书本。
③ 如："平生远游心，观物有深静"（《和杂诗》十一首之二，《静修先生文集》卷三，四部丛刊初编本），"弄丸恣游戏，观物供研摩"（《先天漆砚诗》，《静修先生文集》卷六），"观物得吾师，终日欲相对"（《石潭》，《静修先生文集》卷十一），"芳蝶具百种，幽花散红翠。道人观物心，一一见春意"（《百蝶图》，《静修先生文集》卷十一），"天教观物作闲人，不是偷安故隐沦。要识邵家风月兴，一般花鸟华山春"（《杂诗》五首之三，《静修先生文集》卷十四）。
④ 参见商聚德：《刘因评传》第四章"理学思想"第四节"观物思想"，南京：南京大学出版社，1996年，第150～158页，尤其第153页。按：商著引书出处多不准确，读者宜留意。

（一）近"释"

朱子以为，邵雍之学与佛家近似，区别只在他又讲数学："康节之学，近似释氏，但却又挨傍消息盈虚者言之。"[①]

此处"近似释氏"，朱子究竟是在什么意义下讲的？从朱子与门人的谈话可知，邵雍《伊川击壤集序》"以道观道"那段话被当作一个证据。

> 问："《击壤集序》中'以道观道'等语，是物各付物之意否？"曰："然。盖自家都不犯手之意。道是指阴阳运行者言之。"又问："如此，则性与心身都不相管摄，亡者自亡，存者自存否？"曰："某固言其与佛学相近者，此也。"（《朱子语类》卷一百，第2544页）

如上所揭，"以道观道"是与"以性观性""以心观心""以身观身""以物观物"，乃至"以家观家""以国观国""以天下观天下"等语连在一起说的。朱子认为，这些话所说的意思无非是"自家都不犯手"，即置身事外，让事物自行其是。

平心而言，朱子的这个概括是准确的。可是，与朱子对话的吴必大从中推出一个结论说，如此一来，道、性、心、身、物等就变成互不相干的东西了。对此朱子首肯，表示他所说的邵雍之学与佛学相近就体现在这里。不过，朱子并没有点明观物说究竟与佛家的什么教义相近。

[①]《朱子语类》卷一百，北京：中华书局，1986年，第2544页。

从文本上看，吴必大所言"性与心身都不相管摄"被朱子认可为邵雍之学与佛学相近的根据。然而，说"不以性观心，而以心观心，不以心观身，而以身观身"必致"性与心身都不相管摄"，显系对"以身观身"等语的误读。邵雍强调以道观道、以性观性、以心观心、以身观身、以物观物，不是要割断道、性、心、身、物之间的联系，而是要求从这些事物本身去考虑问题，不越俎代庖，以避免心性、身心等发生冲突时带来的麻烦，所谓"离乎害者"。事实上，"性者道之形体，心者性之郛郭，身者心之区宇，物者身之舟车"这些说法表明，道与性、性与心、心与身、身与物，在邵雍看来，是不可分割的。而且，前已述及，"以道观道"这段话，邵雍后来用"以物观物"这个说法对其原则做了概括。也就是说，对于"以道观道"等语，不能再拘泥于它原来所指。无论如何，要说邵雍之学与佛学相近，还需要提供更有力的证明。

需要指出的是，朱子在此还同意"以物观物"与出自程颐的"物各付物"说在理论上有相近之处。

（二）似"老"

朱子不只认为邵雍之学近"释"，又称其说似"老"。朱子此论仍以《击壤集序》"以道观道"等语为据。

因论康节之学，曰："似老子。只是自要寻个宽闲快活处，人皆害它不得。后来张子房亦是如此。方众人纷挐扰扰时，它自在背处。"人杰因问："《击壤集序》有'以道观性，以性观心，以心观身，以身观物；治则治矣，犹未离乎害也'。上四句自说得好，却云'未离乎害'。其下云：'不若以道观道，以性观性，以心观心，以身观身，以物观物；虽欲相伤，其可得乎？若然，则以家观家，以国观国，以天下观天下，亦从而可知也。'恐如上四句，似合圣人之中道；'以道观道'而下，皆付之自然，未免有差否？"曰："公且说前四句。"曰："性只是仁义礼智，乃是道也。心则统乎性，身则主乎心，此三句可解。至于物，则身之所资以为用者也。"曰："此非康节之意。既不得其意，如何议论它？"人杰因请教。先生曰："'以道观性'者，道是自然底道理，性则有刚柔善恶参差不齐处，是道不能以该尽此性也。性有仁义礼智之善，心却千思万虑，出入无时，是性不能以该尽此心也。心欲如此，而身却不能如此，是心有不能检其身处。以一身而观物，亦有不能尽其情状变态处，此则未离乎害之意也。且以一事言之：若好人之所好，恶人之所恶，是'以物观物'之意；若以己之好恶律人，则是'以身观物'者也。"又问："如此，则康节'以道观道'等说，果为无病否？"曰："谓之无病不可，谓之有病亦不可。若使孔孟言之，必不肯如此说。渠自是一样意思。如'以天下观天下'，其说出于老子。"又问："如此，则'以道观性，以性观心，以心观身'三句，义理有可通者，但'以身观物'一句为不可通耳。"曰："若论'万物皆备于我'，则'以身观物'，亦何不可之有？"〔人杰〕（《朱子语类》卷一百，第2544～2545页。着重号为引者后加）

伍 邵雍"观物"说的定位

此条语录甚长，首论邵雍之学似老子，而后详参《击壤集序》"以道观道"诸语。

关于邵雍之学与老子的相似，据朱子说来，实有两点：一为"只是自要寻个宽间快活处，人皆害它不得"，一为"方众人纷挐扰扰时，它自在背处"。前者可谓"全身避害"，后者可谓"与众不同""逍遥自在"。朱子还提到邵雍之学与西汉张良（子房，留侯）的相似。

关于《击壤集序》"以道观道"诸语，朱子不同意弟子万人杰的解读。后者将"以道观性"四句与"以道观道"四句分开看，认为前四句说得好[①]，符合圣人之中道，后四句说得不好，近于道家崇尚自然之学。朱子认为万人杰没有领会邵雍所说的"以道观性""以性观心""以心观身""以身观物"的意思，遂一一做了分疏。在万人杰那里，性就是道，心统乎性，身主乎心，而在朱子看来，性有刚柔善恶参差不齐处，非道所能尽；心则千思万虑、出入无时，非性所能尽；身有心所不能检处，物有身所不能尽其情态处。职是之故，以道观性，以性观心，以心观身，以身观物，有所不尽，难免遗憾，朱子认为，邵雍所说"犹未离乎害"即是指此而言。

---

① 准确地说，万人杰欣赏的是前三句，即："以道观性""以性观心""以心观身"，而对最后一句"以身观物"感到不解。在他看来，仁义礼智之性是道，性统心，心主身，换言之，道对性，性对心，心对身，每组概念之间存在主从的关系，因此，说"以道观性""以性观心""以心观身"，是符合圣人行事之道的，是可以理解的。可是，物是身之所资以为用者，也就是说，身跟物之间，似乎不存在心跟身、性跟心、道跟心之间那样的关系，从而，"以身观物"究竟怎么观，就令人费解（所以，后面万人杰说"以身观物一句为不可通"）。让万人杰感到困惑的是，"以道观性""以性观心""以心观身"已经近于圣人中道，为何邵雍还要说它"犹未离乎害"？

在对"以道观性"等语的具体解释上，朱子明显是维护邵雍的，告诫弟子不可妄加评论。可是，当万人杰问"以道观道"之说究竟有病无病时，朱子却给了一个模棱两可的回答：既不能说无病，也不能说有病。这表明，朱子对邵雍"以道观道"说并不完全满意。从后面的说明来看，让他感到不满的是邵雍用语杂染了老子绪言，已非纯粹的儒家之辞。

总体上，朱子对邵雍"以道观性""以性观心""以心观身""以身观物"的说法是给予肯定的。据此判断，开头他说邵雍之学似老子，当指邵雍的某些用语出于老子，而不是说邵雍这些话在精神实质上与老子近似。

值得注意的是，朱子还从好恶角度对"以身观物"与"以物观物"做了辨析，认为前者是"以己之好恶律人"，后者是"好人之所好，恶人之所恶"。熟悉"四书"的人都知道，"好恶"话头屡见于《论语》《大学》。就此而言，朱子实际上为邵雍的观物说提供了儒家经典上的依据。

朱子对邵雍观物说的评论，大略如上。从篇幅上看，它在整个"邵子之书"卷中并不显赫，但所言关系极大，"近释""似老"云云，直指邵雍思想性质归属的敏感话题。如果只是望文生义，一定会形成朱子全盘否定邵雍观物说的印象。然而，一旦深入其中，则发现，事情并不如此简单：朱子对观物之说既有批评，也有维护，态度似在两可之间。朱子既注意到"观物"诸语与佛道的渊源，同时又肯定它与孔子"好恶与人同"、程颐的"物各付物"等儒家思想可以同参。遗憾的是，这些意思朱子都没有详细展开，而后世学者往往只见其一不见其二。

四　由朱子的批评而思

朱子批评邵雍观物说的两个要点,不同程度都为后世学者承继。相对而言,第一点,尤其是"以物观物"与佛教义理的相似,历代学者多袭其说;第二点,尤其是观物说与孔子"好恶与人同"思想的比较,后世则发挥不多。以下,我们逐个考察。

(一)"以物观物"与佛教义理

前已述及,朱子论邵雍之学近释,却未指明"以物观物"究竟与佛家何种思想接近。现代学者乐做解人,或谓"以物观物"即是止观法门,或谓"以物观物"近似"如如现观"。

如侯外庐认为,"以物观物,性也;以我观物,情也"出自佛学的止观说。①《宋明理学史》则将邵雍的"以理观物"称作"无思无为的内心自省的顿悟方法"或"禅观式的直观主义方法"。②

按:"止观"是佛教修习的重要方法。"止",梵文作 Samatha(奢摩他),意为"止寂"或"禅定";"观",梵文作 Vipasyana(毗婆舍那),意为"智慧"。《维摩诘经》卷五僧肇注:"系心于缘谓之止,分别深达谓之观。""止"是使所观察对象"住心于内",不让注意力分散;"观"是在"止"的基础上,集中观察和思维预定对象,达得智慧。天台宗强调"止观双修",将"止观"视为一切修习方法的概括。其他宗派,如

---

①《中国思想通史》卷四第十章"北宋唯心主义道学的形成",第 522 页。
②《宋明理学史》第五章"邵雍的象数学思想体系",第 202～203 页。

法相宗、禅宗，亦有类似说法。①作为认识事物的方法，邵雍所说的"以物观物""以理观物"以及"圣人反观"，一个中心意思是，认识或观察事物时不要带有主体的个人立场。就此而言，它与佛教所说的"止观双修"（天台宗）、"奢摩他与毗婆舍那并行"（法相宗）或"定慧等学"（禅宗）其实并不相同。排除个人立场的"以理观物"，与其说是"直观主义方法"，不如说更近于一种"理智抽象"。无论如何，从邵雍对"以物观物"的描述来看，没有任何证据显示它是一种"顿悟方法"。而用以分别"以物观物"与"以我观物"的性情之辨是地道的儒家话语，典出《论语》《大学》（详下），与佛教的"止观"了无相涉。侯外庐学派加之于邵雍观物说的"止观"嫌疑，似可休矣。

而港台地区新儒家唐君毅则将朱子所论"康节之学近似释氏"直接坐实为"如如现观"。

> 至其（引者按：邵雍）观物之论之至极，则其《击壤集序》有"以道观性，以性观心，以心观身，治则治矣，犹未离于言也。若以道观道，以性观性，以心观心，以身观身，以物观物，虽欲相伤，其可得乎？"，则上所谓"性者道之形体，心者性之郭廓也，身者心之区宇，物者身之舟舆"之言，盖尚非康节之究极之义。唯一切顺观，而道如其道，心如其心，身如其身，物如其物以观，乃为其究极之义。此其学之归止义，与佛家之如如现观之别，

---

① 参见任继愈主编：《佛教大辞典》，南京：江苏古籍出版社，2002年，第271页。

盖亦微矣。此盖即朱子之谓"康节之学,近似释氏"也。(《语类》卷一百①)(唐君毅:《中国哲学原论·原教篇》,北京:中国社会科学出版社,2006年,第28页)

唐君毅首先对"以道观道"句重新做了解读,认为"以道观道"这段话实际上覆盖了"性者道之形体"那段话,"以道观道"才是邵雍最终要表达的意思(究极之义)。而"以道观道"等语的意思就是"一切顺观"。这种顺观,唐君毅认为,与佛家的"如如现观"思想区别甚微。

按:佛家所谓"如",指如其本然之体性相状,与"真如""如如""实际""法性""法相"等含义相近。《维摩诘经·菩萨品》:"如者不二不异。"《大智度论》卷三二:"佛弟子如法本相观。"②"如如"则是"真如"的异译,指佛教智慧所契会之真理。《大乘义章》卷三:"正智所契之理,诸法体同,故名为如;就一如中,体备法界恒沙佛法,随法辨如,如义非一,彼此皆如,故曰如如。如非虚妄,故复经中亦名真如。"意谓"如"为遍布一切法之共相,"如如"为体现为个别法中的共相。③"现观"为法相宗(唯识宗)名词,即现前观察,意谓对所知境的直觉性观察,《成唯识论述记》卷九:"现谓现前,明了现前,观此现境,故名现观。"所谓"明了现前",就是现量直觉的特性。同论又谓:"现观者,慧现观诸法",则强调是以特定智慧去明了观察现前诸境。《瑜伽师地论》卷三四:

---

① 原文误作卷一百一十,今据实校改。
②《佛教大辞典》第576页。
③ 同上书,第576~577页。

"由能知智与所知境和合无乖,现前观察,故名现观,如刹帝利与刹帝利和合无乖,现前观察。""所知智"即概念,"所知境"即现实对象。据此,以特定概念观察相应的事物,二者无所乖违,亦名现观。法相家多以"现观"为"见道"时明见谛理的一种认识活动,故有"圣谛现观""二现观""三现观""六现观"等说。①

不难看出,与侯外庐等人将邵雍的观物说与天台止观以及禅宗直观比附不同,唐君毅从法相宗那里找到邵雍观物说的友声。然而,跟"止观"或"禅观"的说法一样,"现观"一说仍然没有摆脱仅仅抓住观物说中的"观"字进行联想的思维模式。

原唐氏之意,"如如现观"似指当下运用直觉去明了所观察之物的本性,其说已非"如如"与"现观"二名的佛家本义。然而,更重要的是,无论是止观还是禅观或现观乃至直观,都不能贴切地反映邵雍取自《易传》"穷理尽性以至于命"中的"理"字而来的"以理观物"之意。虽然邵雍的穷理之学不如程颐、朱熹那么有名,但邵雍用来承载其观物说的理论基石是"理"和"性",这一点却是不容否认的事实,下面这些话就是明证:"夫所以谓之观物者,非以目观之也,非观之以目而观之以心也,非观之以心而观之以理也"(《观物内篇·第十二篇》,《邵雍集》第49页),"以物观物,性也"(《观物外篇下之中》,《邵雍集》第152页)。

(二)"以物观物"与"付之自然"

前已述及,朱子批评邵雍之学似老子,似乎主要不是说邵

---

① 《佛教大辞典》第732页。

雍之学的精神与老子近似①，而是指邵雍的某些用语出于老子，比如，邵雍在论述"以物观物"思想时使用的"以天下观天下"这样的话，朱子指出，就是出于老子②。邵雍观物说与道家思想的关联，真正需要认真对待的是，邵雍的观物说与道家的"付之自然"思想是否有共通之处，这一点，朱子没有正面陈述，但在与学生的讨论中已经涉及。③

从邵雍的一贯表述来看，他对"循自然之理"的观点甚表欣赏。

> 《易》之为书，"将以顺性命之理"者，循自然也。孔子"绝四""从心""一以贯之""至命"者也。颜子"心斋""屡空""好学"者也。子贡多积以为学，亿度以求道，不能刳心灭见，委身于理，"不受命"者也。《春秋》循自然之理，而不立私意，故为"尽性"之书也。（《观物外篇下之下》，《邵雍集》第166页。引用时标点有所

---

① 当然，就"全身避害"或"明哲保身"这一点而言，朱子批评邵雍似"老"，并非毫无道理。事实上，邵雍确实非常注意"保身"或"润身"："君子之学，以润身为本。其治人应物，皆余事也。"（《观物外篇下之中》，《邵雍集》第156页）"得天理者，不独润身，亦能润心。不独润心，至于性命亦润。"（《观物外篇下之中》，《邵雍集》第156页）
② 《老子》第五十四章："故以身观身，以家观家，以乡观乡，以邦观邦，以天下观天下。吾何以知天下然哉？以此。"
③ 认为邵雍的"以道观道""以物观物"有一切"付之自然"的意思，这个说法是万人杰在讨论中首先提出来的。朱子不同意万人杰对"以道观道"那段话的解读，但没有直接回应"'以道观道'以下皆付之自然"这个说法，只提了一句"道是自然底道理"。因此，朱子是否认为邵雍的观物说有付之自然之意，并不清楚。

改动）

"将以顺性命之理"语出《说卦传》①。下文"至命""尽性"等语则化自《易传》"穷理尽性以至于命"。邵雍用《易传》的"理—性—命"话语解释《论语》以及《春秋》，反映了他的义理框架受《易传》影响甚深。

在邵雍看来，"顺性命之理"即是"循自然（之理）"，而"循自然之理"则要求"不立私意"。能"不立私意"就意味着能够"尽性"。

《易传》《春秋》等书并没有出现"自然"这样的字眼。邵雍用"循自然（之理）"来诠释《易传》《春秋》，是他个人的发挥。"自然"一词带有浓厚的道家气息。邵雍当然熟悉老庄之书，本段"颜子心斋屡空"一句就直接引用了庄子对颜回的评语"心斋"（《庄子·人间世》）。不过，邵雍所说的"循自然（之理）"并不就是道家意义上的（如《老子》第二十五章所云"道法自然"），而主要是指不带个人主观意见，即孔子"绝四"中的"毋意""毋我"（《论语·子罕》）。② 从邵雍对子贡的评价"亿度以求道，不能刳心灭见，委身于理，不受命者也"来看，"循自然（之理）"的反面似乎就是"不能

---

① 原文为："昔者圣人之作易也，将以顺性命之理。是以立天之道曰阴与阳，立地之道曰柔与刚，立人之道曰仁与义。兼三才而两之，故《易》六画而成卦。分阴分阳，迭用柔刚，故《易》六位而成章。"

② 邵雍认为，孔子"绝四"中的"毋意""毋我"最是关键："毋意、毋必、毋固、毋我，合而言之则一，分而言之则二；合而言之则二，分而言之则四。始于有意，成于有我，有意然后有必，必生于意，有固然后有我，我生于固，意有心必先期，固不化我有已也。"（《观物外篇下之下》，《邵雍集》第178页）

刳心灭见，委身于理"。易言之，"循自然之理"就是能消除己见（刳心灭见），完全听从理的安排（委身于理）。因此，"循（顺）自然之理"的重点不在"循（顺）自然"而在"循（顺）理"。而"循理"或"委身于理"的主要表现就是"不立私意"（简称"无私"）。

《庄子》一书曾借孔子之口说出"蹈水之道无私"的道理：

> 孔子观于吕梁，悬水三十仞，流沫四十里，鼋鼍鱼鳖之所不能游也。见一丈夫游之，以为有苦而欲死也，使弟子并流而拯之。数百步而出，被发行歌而游于塘下。孔子从而问焉，曰："吾以子为鬼，察子则人也。请问蹈水有道乎？"曰："亡，吾无道。吾始乎故，长乎性，成乎命。与齐俱入，与汩偕出，从水之道而不为私焉。"（《庄子·达生》）

邵雍对庄子的这个概括推崇备至。

> 庄周雄辩，数千年一人而已。如庖丁解牛曰"踌躇""四顾"，孔子观吕梁之水曰"蹈水之道无私"，皆至理之言也。（《观物外篇下之中》，《邵雍集》第157页）
>
> 庄子气豪，若吕梁之事，言之至者也。（《观物外篇下之下》，《邵雍集》第176页）

不难看出，邵雍所说的"无私"就是《庄子》原文所说的"不为私"。所谓"不为私",就是待人接物不以自我为中心。

单就"无私(我)"而论,佛家也有破除"我执"的教导;单就"自然"而论,玄学(魏晋新道家)即说"越名教而任自然"①。关键在于,邵雍所说的"自然"是包括人伦在内的,这就使他与"弃君臣父子夫妇之道"的佛教以及视"名教"为"自然"对立面的玄学(魏晋新道家)区分开来。不了解这一点,就不明白邵雍对佛教的如下批评:

> 佛氏弃君臣父子夫妇之道,岂自然之理哉?(《观物外篇下之下》,《邵雍集》第176页)

同理,对邵雍有关"无为"的说法也不应与道家的"无为"混为一谈。《宋明理学史》的作者曾根据邵雍集中有关"无为"的若干表述而将邵雍的"以理观物"称作"无思无为的内心自省的顿悟方法"。

> ……邵雍不说由"我"观物,而说以"理"观物。这一点他在《皇极经世书》的另外地方又说,人们观物应当"无思无为",以此来"洗心",这也叫作"顺理","顺理

---

① 语出嵇康:"夫称君子者,心无措乎是非,而行不违乎道者也。何以言之? 夫气静神虚者,心不存乎矜尚;体亮心达者,情不系于所欲。矜尚不存乎心,故能越名教而任自然;情不系于所欲,故能审贵贱而通物情。物情顺通,故大道无违;越名任心,故是非无措也。"(《释私论》,《嵇康集》卷六,收入《鲁迅全集》第九卷,北京:人民文学出版社,1973年,第87页)

伍 邵雍"观物"说的定位

则无为，强者有为也。"（《皇极经世书》卷十二）这是否说是按照事物的本来面目去认识事物呢？不是的。实际上这是无思无为的内心自省的顿悟方法，或者叫作禅观式的直观主义方法。①

关于"禅观式的直观主义方法"，上文已做辨证，这里再就邵雍所说的"无思无为"的理解问题做些讨论。"无思无为""洗心"之说出自下面这段话：

> 庄子"齐物"，未免乎较量，较量则争，争则不平，不平则不和。"无思无为"者，神妙致一之地也。（所谓"一以贯之"）"圣人以此洗心，退藏于密。"（《观物外篇下之下》，《邵雍集》第175～176页。引用时标点有所改动）

可以看到，"无思无为"云云，是邵雍在批判庄子"齐物论"之后紧接着讲的。而"无思无为"以及"洗心退藏于密"均出自《易·系辞》②。如果不否认《系辞》的儒家性质，那么，应该说，邵雍对儒家思想的认同是很清楚的。而且，邵雍自己在"无思无为"这句话后还加了一个注："所谓'一以

---

① 《宋明理学史》第202～203页。
② "《易》，无思也，无为也，寂然不动，感而遂通天下之故。非天下之至神，其孰能与于此？"（《易·系辞上》第十章）"是故蓍之德圆而神，卦之德方以知，六爻之义易以贡。圣人以此洗心，退藏于密，吉凶与民同患。神以知来，知以藏往，其孰能与于此哉！"（《易·系辞上》第十一章）

贯之'",联系前揭"孔子'绝四''从心''一以贯之''至命'者也"那段话,有理由认为,邵雍所说的"无思无为"近于"不立私意",也就是说,语义侧重在"无思"。邵雍也曾将"无为"单独提出过:"盗跖言事之无可奈何者,虽圣人亦莫如之何。渔父言事之不可强者,虽圣人亦不可强。此言有为无为之理,顺理则无为,强则有为也。"(《观物外篇下之下》,《邵雍集》第176页)"顺理则无为,强则有为",这句话是描述"有为无为之理",即探讨在何种情况下会出现"有为",何种情况下会发生"无为"。以邵雍之见,"无为"是"顺理"的结果。可见,邵雍念兹在兹的不是"无为",而是"顺理"。

(三)"以物观物"与"好人之所好,恶人之所恶"

朱子在分析邵雍观物说时引入好恶问题,按他的理解,"以物观物"就是"好人之所好,恶人之所恶",而"以身观物"则是"以己之好恶律人"。这就将邵雍的观物说与先秦儒家经典挂搭起来。

先秦儒家经典《论语》与《大学》都有"唯仁者能好人能恶人"这样的说法。《论语》:"子曰:'唯仁者能好人,能恶人。'"(4.3)《大学》:"唯仁人放流之,迸诸四夷,不与同中国。此谓'唯仁人为能爱人,能恶人'。见贤而不能举,举而不能先,命也;见不善而不能退,退而不能远,过也。好人之所恶,恶人之所好,是谓拂人之性,菑必逮夫身。"(传第十章)

很明显,《大学》引用了《论语》"唯仁者能好人,能恶人"那句话,但它也有所发展,那就是提出了"好人之所恶,恶人之所好"的问题。《大学》作者是将"好人之所恶,恶人之所好"作为反面教材看待的,所谓"拂人之性,菑必逮夫身",言下之意,正确的做法应该是"好人之所好,恶人之所恶"。至此,通过将"好人""恶人"补足为"好人之所好""恶人之所恶",《大学》对所引用的《论语》"唯仁者能好人,能恶人"那句话的语义做了一个不易为人察觉的推移。本来,在《论语》原文中,"人"是作为主体好恶的对象存在,而一旦将"能好人能恶人"理解为"能好人之所好,能恶人之所恶","人"的角色就发生了变化,成为主体好恶的参照系。

《大学》所做的这种引申在某些《论语》诠释者那里可以找到共鸣。比如,汉代孔安国即认为,"惟仁者能好人能恶人"的意思是说"惟仁者能审人之好恶也"。[1]清代焦循在《论语补疏》中附和了孔说:"仁者好人之所好,恶人之所恶,故为能好能恶。必先审人之所好所恶,然后人之所好好之,人之所恶恶之,斯为能好能恶也。"[2]

然而,从《论语》本文看,将"能好人能恶人"理解为"能好人之所好,能恶人之所恶"缺乏足够的文本支持。仅就"唯仁者能好人,能恶人"分析,难点在"能"字上:何以只有仁者才能好人、恶人?像朱子这样的诠释者正面回应了这个问题。《论语集注》云:

> 唯之为言独也。盖无私心,然后好恶当于理,程子所

---

[1] 何晏解,皇侃疏:《论语集解义疏》卷二,文渊阁四库全书本。
[2] 转引自刘宝楠:《论语正义》,北京:中华书局,1990年,第141页。

谓"得其公正"是也。①游氏曰:"好善而恶恶,天下之同情。然人每失其正者,心有所系而不能自克也。唯仁者无私心,所以能好恶也。"(《论语集注》卷二,《四书章句集注》,北京:中华书局,1983年,第69页)

依朱子,何以只有仁者才能好人、恶人?答案是:因为只有仁者无私心,从而其好恶能不失其正。这个回答的重点在于"能"字被理解为"能正确或恰当地做某事"。就经典诠释的要求来看,朱子的这种解说也存在一定问题:"好恶当于理"的"理"字在《论语》中遍寻不着,不免有"增字解经"之嫌。

朱子没有正面驳斥孔注,这或许暗示,他的解释与孔注之间并不存在非此即彼的关系。清人梁章钜(1775~1849)即认为:"《集注》似与孔《注》不同,而其实正相发明也。盖惟仁者好人之所好,恶人之所恶。必先审人之所好所恶,而后人之所好好之,人之所恶恶之,斯为能好恶,非公正同情而何哉?"(《论语旁证》,转引自程树德:《论语集释》卷七,北京:中华书局,1990年,第230页)

无论如何,当朱子用"好人之所好,恶人之所恶"与"以己之好恶律人"分别匹配"以物观物"与"以身观物"时,他

---

① 程颐在解《论语》4.3章时曾言简意赅地评论说:"得其公正也。"(《河南程氏经说卷第六·论语解》,《二程集》,第1137页)从"公"这一角度看待《论语》这段话,不独程颐,程门弟子亦然,如尹淳(和靖),《朱子语类》载:"问:和靖语录中有两段言仁:一云:某谓仁者公而已。伊川曰:'何谓也?'曰:'能好人,能恶人。'伊川曰:'善涵养。'……"(《朱子语类》卷九十七,第2486页)朱熹又用"无私心"来解释"公"字,以"好恶当于理"来解"正"字,"公是心里公,正是好恶得来当理"。(《朱子语类》卷二十六)

所想到的主要是公私之辨。"好人之所好，恶人之所恶"，作为"以己之好恶律人"的反面，说的无非是所好所恶不掺一丝一毫私意。"公"则"正"，"私"则"不正"。用"公正"标准来评价"以物观物"也是符合邵雍自己的定位的。在他那里，"以物观物"对应的是：性—公—明，"以我观物"对应的则是：情—偏—暗。"以物观物，性也；以我观物，情也。性公而明，情偏而暗。"(《观物外篇下之中》，《邵雍集》第152页)"偏"就是"偏倚"，"公"就是"不偏不倚"。

朱子引入"好恶"问题评论邵雍观物说，说明在他那里，"以物观物"未尝不可以视作处理情感好恶的原则。易言之，"以物观物"完全能够成为指导如何处理人际关系的原则。

(四)"以物观物"与"物各付物"

"物各付物"是程颐常提的话头：

> 人多思虑不能自宁，只是做他心主不定。要作得心主定，惟是止于事，为人君止于仁之类。如舜之诛四凶。四凶已作恶，舜从而诛之，舜何与焉？人不止于事，只是揽他事，不能使物各付物。物各付物，则是役物。为物所役，则是役于物。"有物必有则"，须是止于事。(《遗书》卷十五，《二程集》，北京：中华书局，2004年，第144页)

> 学佛者多要忘是非，是非安可忘得？自有许多道理，何事忘为？夫事外无心，心外无事。世人只被物所役，便觉苦事多。若物各付物，便役物也。世人只为一齐在那昏惑迷暗海中，拘滞执泥坑里，便事事转动不得，没着身

处。(《遗书》卷十九,《二程集》第263～264页)

程颐是在讨论如何获得心灵平静的问题时谈到"物各付物"的。换句话说,程颐是把"物各付物"作为修身养性工夫来考虑的。程颐认为,人之所以失去心灵的平静,是因为没有正确地处理好与外部世界的关系。程颐所说的"事",主要是指人的伦理实践,亦即人事。"止于事"的"止"与"为人君止于仁"的"止"是同一个意思,即明确自己的位置或责任在哪里。从程颐所举的例子来看,舜诛四凶,不是舜自己起心要杀四凶,而是执行"恶有恶报"的规律,在整个事件当中,舜没有放进自己半分情感。因此,"止于事"实际上就是按照事物的本性、事情的规律行事。这个规律叫作"道理",也叫作"则","有物必有则"的"则"。不能"止于事"就是未能按照事物的本性、事情的规律行事,其结果是将陷在事务之中,无法解脱。程颐还批评学佛者要忘是非的做法,认为是非不可能被忘记,人只需要按道理行事即可。程颐分析世人觉得苦事多的原因在于人在物面前失去了主动,遂为物所役。他号召人们运用"物各付物"的方法,即按照事物的本性、事情的规律去处理,就不会为纷至沓来的事情所困扰。

可以看到,"物各付物"在程颐这里主要是作为一种处事或实践的原则提出的。朱子同意学生提出的邵雍"以道观道"是"物各付物之意"的说法,表明他没有局限于从认识论命题来看待邵雍的观物说。

以上,我们顺着朱子对邵雍观物说批评的几个要点逐一做了讨论。在此过程中,我们了解到,称邵雍观物说近"释"、似"老",经不起推敲。与其说"以物观物"是受佛、道思想的影响,不如说它的理论源头主要来自《易传》。朱子引入好恶之说解读"以物观物",为邵雍观物说找到儒家经典依据,亦符合邵雍本人对"观物"的理解。朱子在"以物观物"与"好人之所好,恶人之所恶"以及"物各付物"等命题之间所做的比较,启发我们,"以物观物"主要不是认识论命题,而更多地与修身养性的工夫以及待人处世的伦理实践原则有关。

陆

朱子太极思想发微

"太极"一说为理学一大公案，其导火索则是周敦颐《太极图说》首句"无极而太极"。议者每疑其不合儒经，而朱子为其卫护不遗余力。然而，耐人寻味的是，不用特别注意就会发现，相比于理、气等名词，太极在朱子整个论述中并不显赫。此一问题，三十多年前，经日本学者山井湧指出，益发彰之于世。山井氏断言，太极一词在朱子理论体系中并不重要。[①]旅美华裔学者陈荣捷曾专门撰文回应。[②]陈氏肯定山井氏在文献上实有所见[③]，却不同意其结论，他援引自己旧作《朱熹集新儒学之大成》，重申：即使从哲学观点视之，太极对

---

* 原载《湖南大学学报》2014年第3期。

[①] 山井氏云：朱子并没有将太极纳入到自己的理论体系中而赋予其固有的地位，也没有把太极当作自己的哲学术语来使用。参见山井湧：《朱子哲学中的"太极"》，收入所著：《明清思想史の研究》，东京大学出版会，1980年。中译载吴震、吾妻重二主编：《思想与文献——日本学者宋明儒学研究》，上海：华东师范大学出版社，2010年。山井氏于1982年出席夏威夷国际朱子会议时复申其说，论文英译载 Wing-tsit Chan, ed., *Chu Hsi and Neo-Confucianism* (Honolulu: University of Hawaii Press, 1986)。

[②] 详陈荣捷：《太极果非重要乎？》，收入所著：《朱子新探索》，上海：华东师范大学出版社，2007年，第148～154页。

[③] 陈荣捷盛赞山井湧两大发现：其一，除极少数外，朱子《文集》《语类》所言太极皆与《太极图说》与《系辞》有关；其二，朱子《四书章句集注》与《四书或问》不用"太极"。详：《太极果非重要乎？》，《朱子新探索》，第153～154页。

于朱子之理论体系亦为不可无。①陈氏持论周正,其所辩者,在太极对于朱子哲学体系是否为不可无,其结论是不可无,除此而外,他亦不惮承认山井湧的发现对于朱子思想研究"其功诚非小也":既然太极在朱子论述中不像一般学者所认为的那样重要,这就足以向人们展示,朱子哲学"非以本体论宇宙论为归宿,而重点在乎人生,即在乎四书之教"。②

陈荣捷从哲学建构和学术渊源两个方面对朱子太极思想做了精当的研究,提要钩玄,高屋建瓴,堪称典范。遗憾的是,陈氏之后,自觉对其做出呼应、接续的,以笔者寡见所及,似乎乏人。③本文拟补此缺。由于朱子有关"太极"的论述主要见存于两类文字,一类是朱子对周敦颐《太极图》及《说》的相关讨论,一类是朱子对《系辞》"易有太极,是生两仪"的直接解释。前者可以《太极解义》为中心,后者可以《易学启

---

① 陈荣捷主要从"太极同于理"这一点论证太极观念对于朱子哲学的重要性,他提出:太极即理,确定朱子导引新儒学步入理之路向;太极同于理之思想,正用以阐释形而上与形而下之关系,或一与多之关系以及创造之过程。因太极具有动静之理,而阴阳之气赋焉,如此,朱子将其理学带至逻辑之结论,并以其理学阐解存在本身及其变化之过程。详陈荣捷:《朱熹集新儒学之大成》之(三)太极观念之发展,收入所著:《朱学论集》,上海:华东师范大学出版社,2007年,第7~11页。
② 《太极果非重要乎?》,《朱子新探索》,第154页。
③ 近年杨柱才教授以"道学经典诠释:以《太极通书解》为例"申请到2011年国家社科基金一般项目,就其已发表的成果《朱子〈太极解义〉研究》(载《哲学门》第十二卷(2011)第二册)来看,杨教授依次列述了朱子早年对《太极图说》的解读,《太极解义》从稿本到定本的过程以及《太极解义》的主要思想,对思想命题的讨论相对比较简略。笔者曾撰文讨论朱子《太极解义》对"各一其性"的解释,见方旭东:《事物间的差异究竟意味着什么?——试论朱熹的"各一其性"说》,《中国哲学史》,2011年第1期。

蒙》和《周易本义》为中心。以下，笔者就分别从这两方面材料入手进行叙述。对于前者，侧重阐发其中的哲学思想，对于后者，侧重考察其学术渊源。得失当否，尚俟高明。

一 《太极解义》体用说的意义

乾道九年癸巳（1173，朱子44岁）四月，《太极解义》成。《解义》为《太极图解》（以下简称《图解》）、《太极图说解》（以下简称《说解》）之合称，如题所示，其所针对的文本是周敦颐的《太极图》与《太极图说》。这一点决定了《解义》不同于对《易传》"易有太极"的一般解释，而是集中处理周敦颐提出的一些命题，诸如"无极而太极""太极动而生阳"等。在对这些命题加以说明的同时，朱子也实际探讨了"易有太极，是生两仪"所包含的一些理论问题，诸如太极与阴阳的关系问题，太极的动静问题。

《图解》在解释周敦颐《太极图》一开始的〇说：

> 〇，此所谓无极而太极也，所以动而阳、静而阴之本体也。然非有以离乎阴阳也，即阴阳而指其本体，不杂乎阴阳而为言尔。（图解，《太极图说解》。《朱子全书》，上海古籍出版社、安徽教育出版社，2002年，第十三册，第70页。着重号为引者后加）

在这里，朱子主要是借助阴阳动静对太极做了描述，尚不涉及对"无极而太极"这一命题的理解。按其所说，太极是阴阳动静之所以能产生的本体。

朱子在答复有关动静之问时说，气之动静，必有其所以动静之理，其意犹言，理为气之所以动静之本体，然未如此段点破太极为"所以动而阳、静而阴"之本体。

以太极为阴阳动静之本体，《说解》亦然：

> 盖五行之变，至于不可穷，然无适而非阴阳之道。至其所以为阴阳者，则又无适而非太极之本然也，夫岂有所亏欠间隔哉！（说解，《太极图说解》。《朱子全书》第十三册，第73页）

按：周敦颐只提到"太极动而生阳，动极而静；静而生阴，静极复动"(《太极图说》)，似乎从动到静，由静再到动，是一个自发的过程，他没有明确指出：太极是动静的根据（所以动静之本体），他没有使用"本体"这样的说法去称呼太极。①正是朱子，首先将体用模式用于对太极与阴阳关系的说明。

考虑到朱子对程颐思想的熟悉和继承，有理由认为，朱子的这个思路是来自程颐的"体用一源"之说。此点，论者已数

---

① 陈荣捷在比较朱子与其他诸家太极用法时，仅指出，周敦颐固直谓不断创造之根在静，而亦置动之本身而不问；朱子此说既未如张载之说太极是动或静，亦未如周敦颐之说太极能动能静。见所著：《朱熹集新儒学之大成》，《朱学论集》，第10页。对朱子所用"本体"一语未予重视。

及之,无待多言。① 有必要指出的是,朱子虽然采用程子"体用一源"说,但从《解义》问世后有人批评它"言体立而后用行"而与"体用一源"之说不谐这一点,可以看出,朱子对"体用一源"之说的理解已经溢出程说的范围,而为世人所议。《附辨》云:

> 愚既为此说,读者病其分裂已甚,辩诘纷然……又有谓:"'体用一源',不可言'体立而后用行'者"……若夫所谓"体用一源"者,程子之言盖已密矣。其曰"体用一源"者,以至微之理言之,则冲漠无朕,而万象昭然已具也。其曰"显微无间"者,以至着之象言之,则即事即物,而此"理"无乎不在也。言"理",则先"体"而后"用",盖举"体"而"用"之理已具,是所以为"一源"也。言"事",则先显而后微,盖即事而理之"体"可见,是所以为"无间"也。然则,所谓"一源"者,是岂漫无精粗先后之可言哉?况既曰"体立而后用行",则亦不嫌于先有此而后有彼矣。(附辨,《太极图说解》。《朱子全书》第十三册,第78页。标点有所改动)

朱子提出,无论是从"理"的角度还是从"事"的角度看,其中都存在一个先后的问题,体在用先,先显后微。这里

---

① 最早如陈来先生,参见所著:《朱子哲学研究》,上海:华东师范大学出版社,2000年,第78~80页。杨柱才亦言之,参见所著:《朱子〈太极解义〉研究》,收入陈来、朱杰人主编:《人文与价值:朱子学国际学术研讨会暨朱子诞辰880周年纪念会论文集》,上海:华东师范大学出版社,2011年,第67页。

所说的先后，主要是逻辑上的先后，而非发生论上的先后。朱子反对那种认为"一源"就是不分先后的观点。

依朱子之见，作为"体"的"太极"与作为"用"的"阴阳"，虽然"一源"，却不妨用"先后"去认识它们。太极与阴阳，不仅存在先后之序，而且，像《易传》所说的"道"和"器"那样，还可以用"上下"去定义它们。朱子指出：

> 太极，形而上之道也；阴阳，形而下之器也。（说解，《太极图说解》。《朱子全书》第十三册，第72页）

以"道""器"比拟"太极"与"阴阳"的做法同样受到质疑，对此，朱子辩说，"阴阳"和"太极"固然不能被看作"二理"，但这不妨碍在它们之间区分"道"与"器"，因为"太极"是无形象的，亦即所谓"形而上者"，而"阴阳"是"气"，亦即所谓"形而下者"。

> 阴阳太极，不可谓有二理，必矣。然太极无象，而阴阳有气，则亦安得而无上下之殊哉？此其所以谓道器之别也。（附辨，《太极图说解》。《朱子全书》第十三册，第77页）

虽然强调"太极"与"阴阳"之间存在先后之分、上下之别，但朱子不认为因此就割裂了它们。因为，在朱子那里，这种分别根本不构成问题,他引用程颢关于"道""器"关系的论述来支持自己。

> 故程子曰:"形而上为道,形而下为器,须着如此说。然器亦道也,道亦器也。"得此意而推之,则庶乎其不偏矣。(附辨,《太极图说解》。《朱子全书》第十三册,第77页)

将朱子有关体用、道器关系的论述与二程的原话做一比较,不难发现,朱子似乎更强调"分",而二程更强调"合"。

综上所述,朱子《太极解义》所表达的体用思想,并非简单地"照着"二程来讲,而应当被视为是对二程"本体论"的一种发展。①

就朱子哲学自身发展的脉络而言,朱子以"本体"来论"太极"与"阴阳"关系的这段文字也有值得注意之处。虽然《太极解义》中尚未出现"理先气后"的表述,但从朱子强调"体用一源"的理解应当包含"体立而后用行"的思想这一点来看,它已为朱子日后主张"理先气后"埋下了伏笔。

这个情况提示我们,朱子关于理气先后的观点比通常想象得要更为复杂,其间是否存在有些论者所认为的那样明显的发展过程,比如:早年从"理本论"出发主张理气无先后——由

---

① 杨柱才正确地指出,此段话"既是对伊川'体用一源,显微无间'的诠释,也是对伊川此说的运用和发展。由此可见,朱子是有意识地结合道学发展的脉络和语境来诠释周濂溪"(前揭文)。不过,他没有具体说明,在什么意义上这是对程颐体用说的发展。

南康之后经朱陈之辨到朱陆太极之辨，逐步形成"理在气先"的思想[1]，就需要重新加以审视。

二 朱子太极思想来源的复杂性

谈到朱子的太极思想来源，通常人们想到的就是周敦颐。无疑，周敦颐的《太极图说》是朱子太极思想的重要来源，然而，应当指出的是，它不是唯一的来源。在考察朱子太极思想来源的问题时，应充分考虑到其复杂性，至少，邵雍、张载的影响值得认真对待，这一点前人似乎注意不够。[2]

首先我们来看邵雍的影响。成书于淳熙十三年丙午（1186，朱子57岁）的《易学启蒙》清楚显示，邵雍的象数学亦是朱子解说"易有太极，是生两仪"的思想资源。

> 太极者，象数未形而其理已著之称，形器已著而其理无朕之目，在《河图》《洛书》，皆虚中之象也。周子曰"无极而太极"，邵子曰"道为太极"，又曰"心为太极"[3]，此之谓也。（《易学启蒙》卷之二。《朱子全书》第

---

[1] 此种观点，陈来先生即持之，见所著：《朱子哲学研究》，第99页。
[2] 如陈荣捷言，朱子以前，太极观念并不重要。二程兄弟从不提及太极，张载邵雍亦少论及，有之亦偶然。(《朱熹集新儒学之大成》，《朱学论集》，第7页）又称：设朱子随顺张载或邵雍对太极之解说，朱子惟有归结于气或道家之自然主义。正因张载以太极基本上为一气之流行，在张载，太虚太和为一体，其中便含阴阳二气。邵雍虽谓太极是心，其卒也，太极是数。（前揭文，第8页）
[3] "心为太极，又曰：道为太极。"(《观物外篇下之中》，《邵雍集》，北京：中华书局，2010年，第152页）

一册，第218页）

《周易本义》的撰作从淳熙二年（1175，朱子46岁，时《太极解义》已成）起，断断续续地经历了二十多年，庆元二年（1196，朱子67岁，前一年朝廷行伪学之禁，是年十二月朱子落职罢祠），《答孙敬甫（"所示《大学》数条"）》："《易传》初以未成书，故不敢出。近觉衰耄，不能复有所进，颇欲传之于人，而私居无人写得，只有一本，不敢远寄。"据陈来考证，是书在丙辰（庆元二年）或稍后（见所著：《朱子书信编年考证（增订本）》，北京：生活·读书·新知三联书店，2007年，第424页）。其间，淳熙四年（1177），未定之稿曾为人窃出刊印。另外，值得一提的是，《周易本义》系采纳吕祖谦等人《古易》的编排，以上、下经为二卷，十翼为十卷，共十二卷，不同于将彖传、象传、文言部分缀于卦爻辞下的王弼本，后者共分十卷，即解释六十四卦的前六卷，再加上系辞上下各一卷，说卦、序卦、杂卦共为一卷，以及音义一卷。

《周易本义》在注解"是故易有太极，是生两仪，两仪生四象，四象生八卦"时亦完全从卦画入手：

一每生二，自然之理也。易者阴阳之变，太极者其理也。两仪者，始为一画以分阴阳；四象者，次为二画以分太少；八卦者，次为三画而三才之象始备。此数言者，实圣人作《易》自然之次第，有不假丝毫智力而成

陆　朱子太极思想发微

者。画卦、揲蓍其序皆然。详见《序例》①、《启蒙》。（周易系辞上传第五，《周易本义》。《朱子全书》第一册，第133～134页）

朱子晚年的一条语录显示，他对这个问题有了更深的理解，其表述也更为圆融。朱子意识到周敦颐的说法与《易传》其实各有侧重，而他自己原来的讲法"太极在阴阳之中"更接近于周敦颐。

周子、康节说太极，和阴阳滚说。《易》中便抬起说。周子言"太极动而生阳，静而生阴"。如言太极动是阳，动极而静，静便是阴；动时便是阳之太极，静时便是阴之太极，盖太极即在阴阳里。如"《易》有太极，是生两仪"，则先从实理处说。若论其生则俱生，太极依旧在阴阳里。但言其次序，须有这实理，方始有阴阳也。其理则一。虽然，自见在事物而观之，则阴阳函太极；推其本，

---

① 《周易本义》卷首列有各种易图，其中第二幅是包含太极的图，朱子在旁以文字注曰：右《系辞传》曰："易有太极，是生两仪，两仪生四象，四象生八卦。"邵子曰："一分为二，二分为四，四分为八也。"《说卦传》曰："易，逆数也。"邵子曰："乾一，兑二，离三，震四，巽五，坎六，艮七，坤八。"自乾至坤，皆得未生之卦，若逆推四时之比也。后六十四卦次序放此。（《周易本义·易图》，《朱子全书》第一册，第19页）按：《本义》所引邵雍语，"一分为二"云云出自《观物外篇中之上》："太极既分，两仪立矣。阳下交于阴，阴上交于阳，四象生矣。阳交于阴，阴交于阳而生天之四象；刚交于柔，柔交于刚而生地之四象，于是八卦成矣。八卦相错，然后万物生焉。是故一分为二，二分为四，四分为八，八分为十六，十六分为三十二，三十二分为六十四。……"（《邵雍集》第108页）

则太极生阴阳。(卷七十五,《朱子语类》,北京:中华书局,1986年,第1929页)①

周敦颐以及邵雍的"和阴阳滚说(太极)"这条语录一开始将周敦颐和邵雍并提,而后文只列了周敦颐之说,却不及邵雍。考邵雍之论太极,确有将阴阳与太极合在一起说者:"太极既分,两仪立矣。阳下交于阴,阴上交于阳,四象生矣。阳交于阴,阴交于阳而生天之四象;刚交于柔,柔交于刚而生地之四象,于是八卦成矣。八卦相错,然后万物生焉。是故一分为二,二分为四,四分为八,八分为十六,十六分为三十二,三十二分为六十四。故曰'分阴分阳,迭用柔刚,故易六位而成章也'。十分为百,百分为千,千分为万,犹根之有干,干之有枝,枝之有叶,愈大则愈少,愈细则愈繁,合之斯为一,衍之斯为万。是故乾以分之,坤以翕之,震以长之,巽以消之,长则分,分则消,消则翕也。"(《观物外篇中之上》,《邵雍集》第108页)事实上,朱子在《易学启蒙》卷二解释"易有太极,是生两仪"这句话时,就同时引用了周敦颐的"太极动而生阳"那段话与邵雍的"一分为二"说:"太极之判,始生一奇一偶,而为一画者二,是为两仪。其数则阳一而阴二。在《河图》《洛书》,则奇偶是也。周子所谓'太极动而生阳,动极而静,静而生阴,一动一静,互为其根,分阴分阳,两仪立焉',邵子所谓'一分为二'者,皆谓此也。"

---

① 据陈来先生考证,此条语录为林学履在朱子70岁时所录,详所著:《朱子哲学研究》,第98页。

（《易学启蒙》卷二，《朱子全书》第一册，第219页）

周敦颐以及邵雍的"和阴阳滚说（太极）"，意思是，在他们的讲法里，太极在阴阳里，不在阴阳外。所谓《易》"抬起说（太极）"，意思是，"先从实理处说"。两说各有侧重，朱子最后做了一个折中：单就具体事物的发生而言，太极与阴阳同时发生，不分先后；若从道理上说，则是先有理，然后才有阴阳，也就是说，太极在阴阳之前。

简言之，就具体事物而言，是"阴阳函太极"；从本原上说，是"太极生阴阳"。这实际上是承认，之前的太极与阴阳"无先后次序之可言"不是从《易传·系辞上》"易有太极，是生两仪"的理解而来，而是从周敦颐的《太极图说》的思路而来，同时也承认《易传》这句话是一个本体论命题，而周敦颐乃至邵雍的有关说法不是本体论命题而是现象分析。

朱子的这个讲法固然缓解了自己的"理本论"哲学与《易传》诠释之间的紧张，却也带来其他一些问题。比如，这个说法无形之中等于宣判周敦颐《太极图说》不是对《易传》"易有太极，是生两仪"的确解，而毋宁是前者自己的发挥，如果再考虑到《太极图说》首句"无极而太极"那个问题句，周敦颐的《太极图说》在儒家经学上的合法性危机就浮现出来了。

最后，我们来探讨朱子太极思想与张载的关联。基本上，朱子对太极的用法是形而上的理或性，但像汉儒那样将太极视为元气的说法在朱子那里偶尔也出现过，下面即是一例。

一片底便是分作两片底，两片底便是分作五片底。做这万物，四时五行，只是从那太极中来。太极只是一个

气,迤逦分作两个气。里面动底是阳,静底是阴。又分作五气,又散为万物。(《语类》卷三"鬼神"第24条,潘植录,第41页)

山井湧首先注意到这条语录的存在,他分析说,从其整体来看,这里的说法显然是基于《太极图说》有关"太极—两仪—四时五行—万物"演化图示而来,似乎不必特意列举出来,但在这里,把太极规定为不是理而是"气",是一个大问题。山井湧排除了"气"是"理"的误写的可能。他认为,这条语录的存在反映出朱子身上的一种"微妙的矛盾",即:朱子根据自己的理气哲学把太极理解为理,而汉代以来,太极大致上被认为相当于气,周敦颐自己并没有说太极是理还是气,而从"太极动而生阳,静而生阴"一类的话来看,太极恐怕应该是气之类的东西。[①]

山井湧没有将这条语录与张载的气论联系起来,而笔者认为,这条语录与张载对于《易传》"参两"思想的阐释暗合。

众所周知,是"太虚""太和"而不是"太极"充当了张载理论体系的基石,但张载却并不回避使用"太极"一词,这一点跟二程自有不同。张载有关"太极"的用法主要集中在其对《易传》"参两"思想的阐述上。

在解释《说卦》"参天两地而倚数,观变于阴阳而立卦"

[①] 详山井湧:《朱子哲学中的"太极"》,《思想与文献:日本学者宋明儒学研究》,第80页。

时，张载说：

> 地所以两，分刚柔男女而效之，法也；天所以参，太极两仪而象之，性也。一物两体[者]，气也。一故神，（两在故不测。）两故化，（推行于一。）此天之所以参也。① 两不立则一不可见，一不可见则两之用息。两体者，虚实也，动静也，聚散也，清浊也，其究一而已。有两则有一，是太极也。若一则[有两]，有两亦[一]在，无两亦一在。然无两则安用一？不以太极，空虚而已，非天参也。（《横渠易说·说卦》，《张载集》，北京：中华书局，1978年，第233~234页）

而在解释同出《说卦》的另一段话"昔者圣人之作《易》也，将以顺性命之理。是以立天之道，曰阴与阳；立地之道，曰柔与刚；立人之道，曰仁与义"时，他再次提到"一物两体"，并将其与"太极"挂搭起来。

> 阴阳、刚柔、仁义，所谓"性命之理"。《易》一物而三才备：阴阳气也，而谓之天；刚柔质也，而谓之地；仁义德也，而谓之人。② 一物而两体[者]，其太极之谓欤！阴阳天道，象之成也；刚柔地道，法之效也；仁义人道，

---

① 此段亦见于《正蒙·参两篇第二》，《张载集》第10页。
② 《正蒙·大易篇第十四》，惟"《易》一物而三才备"作"《易》一物而[合]三才"。《张载集》第48页。

性之立也；三才两之，莫不有乾坤之道也。①《易》一物而合三才，天［地］人一，阴阳其气，刚柔其形，仁义其性。(《横渠易说·说卦》,《张载集》第235页)

由于张载既说"一物两体［者］，气也"，又说"一物而两体［者］，其太极之谓欤"，很容易给人留下似乎他说的"太极"就是"气"的印象。然而，现代论者一般认为，张载所说的"太极"并不能就理解为"气"，"太极"毋宁是形容"一物而两体"的特点。②

不过，无论张载所说的"太极"是否就是"气"，张载关于宇宙演化过程的描述却的确符合"一气—二气—万物"这样的模式。对于前揭"地所以两，分刚柔男女而效之，法也；天所以参，一太极两仪而象之，性也"那段话，王夫之这样来解释：

若其在天而未成乎形者，但其有象，氤氲浑合，太极之本体，中函阴阳自然必有之实，则于太极之中，不昧阴

---

① 《正蒙·大易篇第十四》，惟末句少一"也"字。《张载集》第48~49页。
② 例如，关于"一物两体，气也"，牟宗三的理解是："一物"即太极、太虚神体之为圆为一，"两体"即昼夜、阴阳、虚实、动静等，此是属于气。而言"一物两体气也"，是浑沦地言之，即"参和不偏"地言之，是表示太极太虚之不离气，即由太极两仪之统而为一以"即用见体"也，即气之通贯以见天德神体之"参和不偏""兼体无累"也，并非说太极、太虚、天德神体亦是气。(牟宗三：《心体与性体》，上海：上海古籍出版社，1999年，第388页)而张岱年则主张："一物两体就是统一物之中包含了对立的两部分。"(张岱年：《张载——十一世纪中国唯物主义哲学家》，收入《张岱年全集》第三卷，石家庄：河北人民出版社，1996年，第255页)朱伯崑认为，张载"是以'一物两体'为太极，而非以'一物'为太极，意思是太极自身包含两体，一乃整体之义"(朱伯崑：《易学哲学史》，北京：华夏出版社，1995年，第306页)。

阳之象而阴阳未判，固即太极之象，合而言之则一，拟而言之则三，象之固然也。……故太极有两仪，两仪合而为太极，而分阴分阳，生万物之形，皆禀此以为性。（王夫之：《张子正蒙注》卷一"参两篇"，《船山全书》第十二册，长沙：岳麓书社，2011年，第45～46页）

关于"两故化"，王夫之说：

自太和一气而推之，阴阳之化自此而分，阴中有阳，阳中有阴，原本于太极之一，非阴阳叛离，各自孳生其类。（王夫之：《张子正蒙注》卷一"参两篇"，《船山全书》第十二册，第47页）

关于"此天之所以参也"，王夫之说：

自其神而言之，则一；自其化而言之，则两。神中有化，化不离乎神，则天一而已，而可谓之参。故阳爻奇，一合三于一；阴偶，一分一得二；阳爻具阴，阴爻不能尽有阳也，分则与太极不离而离矣。（王夫之：《张子正蒙注》卷一"参两篇"，《船山全书》第十二册，第47页）

将之与朱子《易学启蒙》当中对于"易有太极，是生两仪"的解释两相比较，不难发现其相似之处。

太极之判，始生一奇一偶，而为一画者二，是为两仪。其数则阳一而阴二。在《河图》《洛书》，则奇偶是也。周子所谓"太极动而生阳，动极而静，静而生阴，静极复动，一动一静，互为其根，分阴分阳，两仪立焉"，邵子所谓"一分为二"者，皆谓此也。(《易学启蒙》卷二，《朱子全书》第一册，第219页)

如果王夫之对《参两篇》的注是对的[①]，那么，也许我们应该在朱子这段话之后再加上一句：张子所谓"一故神，两故化，此天之所以参也"者，皆谓此也。

以上，笔者对朱子太极思想与邵雍和张载的内容关联尽可能地做了说明，抛砖引玉，希望借此能修正学界关于朱子太极思想的既定版图。

[①] 有证据表明，王夫之确有打通周敦颐《太极图说》与张载《正蒙》之意，他在《张子正蒙注》卷首的引言中明确表示，他要"即《太极图说》之旨而发其所函之蕴"(王夫之:《张子正蒙注》卷一《太和篇》，《船山全书》第十二册，第5页)。

柒

朱子《论语集注》"可与共学"章的章句问题

朱子一生，孜孜于经典的整理、研究，对"四书"尤其用力，临终前几天还在修改《大学章句》，可谓念兹在兹。传统上，谈中国学术，有所谓汉宋之分，宋学重义理，汉学重考据。朱子当然是宋学代表，而清儒对《四书章句集注》一书时有驳难，似乎朱子在章句上颇多可议。无疑，对于清儒的这些批评需要结合具体文本进行细致的讨论，本文拟就其中之一——关于朱子《论语集注》"可与共学"章存在章句之失的说法——来做分析。笔者经过研究，发现被清儒视为证据的很多材料都存在问题，缺乏足够的证据力。

本文写作的一个契机是，笔者看到，最近有学者撰文高度肯定20世纪80年代有关朱子《论语集注》"可与共学"章的一项研究成果。2012年3月，岳天雷在《河南大学学报》上发表论文《赵纪彬"权说"研究述评——为纪念赵先生逝世30周年而作》，肯定赵纪彬对"权说"研究有三大贡献，其二就是"考定错简断章，还原《论语》'权说'本义"[1]。所谓"考定错简断章"，是指赵氏在《〈论语〉"权"字义疏》

---

* 原载《厦门大学学报》2014年第4期，发表时有所删节。

[1] 岳天雷:《赵纪彬"权说"研究述评——为纪念赵先生逝世30周年而作》,《河南大学学报》第52卷第2期，2012年3月，第10页。

（1983）和《高拱权说辩证》（1982）两篇论文中反复提到，朱子《论语集注》"可与共学"章存在"经文倒误"以及分章不当等问题。为公平起见，先将赵氏本人的表述具引如下，然后再做理会。

（一）（何晏《论语集解》"可与共学"章）的经文，在经学史上产生了两个问题：其一，前半章"未可与权"以上（引者按："子曰：'可与共学，未可与适道；可与适道，未可与立；可与立，未可与权。'"），六句二十四个字，本来是传抄倒误，而朱熹的《集注》却将错就错地照搬过来；后半章"唐棣之华"以下（引者按："'唐棣之华，偏其反而。岂不尔思，室是远而。'子曰：'未之思也，何远之有？'"），六句二十七个字，本来是孔子权说的要害，反而被《集注》所武断地割裂开来，分为独立的另外一章。（赵纪彬：《〈论语〉"权"字义疏》，收入赵纪彬：《困知二录》，北京：中华书局，1991年，第263～264页）

（二）高拱所引（《论语》"可与共学"章），录自《集注》，而实为错简和断章。所以谓之错简，即是说本章经文，应以唐人冯用之《权论下》所引为正："可与共学，未可与立；可与立，未可与适道；可与适道，未可与权。"……所以谓之断章，即是说何晏《集解》在"未可与权"下紧接有"唐棣之华，偏其反而；岂不尔思？室是远而。子曰：未之思也夫！何远之有？"廿七字，共为一章。唐棣之华，反而后合，又名反常。"偏其反而"之

"反",实即孔子权说的要害;程朱由于反对汉人"反经合道"的权说,硬将全章分割为二,强指"唐棣"以下廿七字与"权"义无关,而归之于"不可解",遂使孔子本义,陷于残缺。(赵纪彬:《高拱权说辩证》,收入赵纪彬:《困知二录》,第286~287页)

约而言之,赵文对朱子的批评有二:一是"经文倒误"(错简),一是"分章不当"(断章)。他对这两点的论证,进路有所不同,关于"错简",他主要是从考据出发;关于"断章",他主要是根据个人对孔子权说的理解而论。相应地,其论证效力也有所不同:诉诸考据,其效力强;诉诸理解,其效力弱。我们先从效力弱的论证开始,因为这个部分相对比较简单。

一

赵氏认为,"偏其反而"的"反",是孔子权说的要害,因此,"唐棣之华"以下六句,不能像朱子在《集注》中所做的那样,与"未可与权"以上六句分作两章。那么,赵氏又是怎样论述孔子权说的要害是"反"这一点的呢?这就不能不涉及赵氏对"权"的解释。

在《释权》(1981)一文中,赵氏说:

黄花木一名为"欂",其花"偏其反而",正可比

喻"先反而后合"的思想方法,于是改为从"木",名为"权"道。(《困知二录》第257页)

"黄花木一名为'攉'",赵氏的这一说法跟传统字书不同:"权,黄花木,从木,雚声"(《说文》)。观赵氏所据,其说系综合章太炎、陈奂等人之说而来。

章氏《小学答问》[①]载:

> 问曰:《说文》"权",黄花木。诸言"权衡""权力",其本字云何?答曰:当为"卷"。《说文》:"卷",气势也。……锤者,以势力挽仰衡,是故锤谓之卷。慧琳《一切经音义》十七,引《古今正字》云:攉者,称也,从手,雚声。寻佛藏,"权力"字多作"攉"。经典"权"字,恐本作"卷",后变作"攉",隶书"手""木"相淆,故讹作"权",未必是假借也。(《小学答问》,浙江图书馆藏章氏丛书本,第19页)

章氏推定"权"的本字为"卷",主要根据"卷"与"锤"有相通之处:卷,气势;锤,以势力挽仰衡。由此可以看出,章氏是以"权"的本义为"锤"。但"卷"又在何时以及为何变成了"攉",章氏并无说明。赵氏所引清人陈奂之说对此有所解释。陈奂云:

---

① 赵氏所引,误作《小学问答》,今据原书径改。

《文选》左思《吴都赋》"览将帅之权勇",李善注:权与拳同。段玉裁《说文注》:"《吴都赋》当作攇勇,攇者,卷之异体。"陈奂由此断定:"拳、卷、攇三字同。"(陈奂:《毛诗注疏》卷十九,转引自《困知二录》第252页)

如果把陈说再加上章说,那么,也许我们就可以像赵氏那样,将"权"字演变过程勾勒为:拳——卷——攇——权。(《释权》,《困知二录》第253页)

然而,陈说与章说实相抵牾:依陈,权与拳同,而拳为勇,则权与勇通;依章,权与锤通。即便我们同意章氏关于权的解释①,这个解释也不能说明与锤相通的"权"跟黄花木有什么关系。除非我们承认,《说文》关于"权,黄花木"的说法不是"权"字本义,而是后起之义。可是,如果"权"本来跟黄花木没有什么关系,人们把黄花木叫作"权",当是出于某种原因而做的一种命名,那么,我们就不应该说:黄花木一名为"攇",更不应该说:人们是从黄花木得到启示而悟出"权道"的。因为那恰好是倒果为因了。不幸的是,赵氏正做

---

① 章氏对"权"的解释虽间出己意,要未背离训诂传统,即以"权"为"秤锤"。按:《礼记·月令》:"(仲春之月)日夜分,则同度量,钧衡石,角斗甬,正权概",关于"权",郑玄注云:称锤曰权。(《礼记正义》,北京:北京大学出版社,1999年,第556页)《论语·尧曰》:"谨权量、审法度、修废官,四方之政行焉。"何晏《集解》:"权,秤也。量,斗斛。"(《论语注疏》卷二十,北京:北京大学出版社,1999年,第266页)"权"在中国古代实际上是重量计算单位的总称,《汉书·律历志》具体列出了"权"所包含的各级单位:"权者,铢、两、斤、钧、石也,所以称物平施,知轻重也。本起于黄钟之重,一龠容千二百黍,重十二铢,两之为两。二十四铢为两。十六两为斤。三十斤为钧。四钧为石。"(《汉书》卷二十一《律历志上》)

此说。

　　（孔子）从"唐棣之华，偏其反而"的植物现象中，用拟人主义的认识论，类比出"反而后至于大顺"的"权道"。这样，就完成了"权"字从"秤锤"转化为方法论范畴的逻辑过程。又因为这个意义的"权道"，从黄花木而来，也就顺理成章地改为从"木"，从此，"权"行而"攑"废。（赵纪彬：《释权》，《困知二录》第 260 页）

　　这个说法实际上是认定《论语》"可与共学"章的正文是包含"唐棣之华"以下六句的。其内在逻辑是：因为它们本来就在一章，所以，让人有理由推想，孔子对"权道"的认识（"先反而后至于大顺"）是从黄花木这种植物现象（花反而后合）中受到了启发。然而，在前面，为了证明"唐棣之华"以下六句与"未可与权"以上六句是一章，赵氏的说辞是：因为"唐棣之华"这几句诗包含了孔子对"权道"认识的要害。这是典型的循环论证。[①] 赵氏指责朱子"由于反对汉人'反经合道'的权说，硬将全章分割为二，强指'唐棣'以下廿七字与

---

① 在《〈论语〉"权"字义疏》一文中，赵氏还试图从训诂角度论证"反"与"权"的关联："反"字实表示用手推翻加在上面的压力，挡在前面的阻力，为"行道"铺平道路的意思。这样看来，"反"字和"曲指成拳"（"攑"），延长而为"秤锤"，缘"衡"（"秤杆"）左右进退，称物以得其平的"权"字实为异流而同源，亦即"反"与"权"都是从"手"的劳动力量或技艺孳乳而来。（《困知二录》第 267 页）赵氏从训诂入手，却弃《部首》等字书而不用，自为新说，先将"反"字解为"用手推翻加在上面的压力，挡在前面的阻力"，而后又据此得到"反"字和"权"字异流而同源的结论。其说牵强，难以服人。

'权'无关"①(《高拱权说辨证》,《困知二录》第287页)。朱子是否存在这样的问题,我们下面还要细论,基于以上分析,也许我们可以对赵氏提出类似的指控:由于接受汉人"反经合道"的权说,赵于是坚信"唐棣"以下廿七字与"权"有关,且与"未可与权"以上廿四字当作一章。

一旦认定"可与共学"章包含"唐棣之华,偏其反而",论者就在"反"字上大做文章,进而推衍出"权道"就是"先反而后至于大顺"的观点。如何晏云:"(唐棣之华)逸《诗》也。唐棣,移也,华反而后合。赋此诗,以言权道反而后至大顺也。"([梁]皇侃撰,高尚榘校点:《论语义疏》卷五,中华书局,2013年,第232页)皇侃从其说:"引明权之逸《诗》以证权也。《唐棣》,逸《诗》也。华,花也。夫树木之花,皆先合而后开,唐棣之花,则先开而后合。譬如正道,则行之有次,而权之为用,先反后至于大顺,故云'偏其反而'也。言偏者,明唯其道偏与常反也。"(《论语义疏》卷五,第232页)邢昺无异辞:"此逸诗也。唐棣,移也,其华偏然,反而后合。赋此诗者,以言权道亦先反常而后至于大顺也。"([魏]何晏注,[宋]邢昺疏:《论语注疏》卷九,北京大学出版社,1999年,第123页)

论者将"权道"理解为"反常而合于道",在很大程度上,是受到《公羊传》的影响。在解释《春秋》经"(桓公十有一年)九月,宋人执郑祭仲"这句经文时,《公羊传》谓"权者,

---

① 赵氏原文作"程朱由于……",这样说是不准确的,因为,程子并没有提出应当分章的看法,后来朱子才指出应当分章,并对程子因袭传统的做法表示了遗憾,详下正文所论。

反于经而后有善者"（公羊寿传、徐彦疏：《春秋公羊传注疏》卷五，北京大学出版社，1999年，第98页）。《公羊传》的这个说法，对汉魏南北朝人解释"权"字产生了很大启发。例如，前揭许慎（约58～约147）《说文》有关"权"的训诂就将"反常"之义附在后面："权，黄花木，从木，雚声。一曰反常。"王弼（226～249）则用以解释《易传》。《易·系辞下》第六章，备论九卦（履、谦、复、恒、损、益、困、井、巽）之事，在论到九卦之一的"巽"时，有"巽以行权"之说。王弼为它做注时即采《公羊》之说："权'反经而合道'，必合乎巽顺，而后可以行权也。"（[魏]王弼注，[唐]孔颖达疏：《周易正义》卷八，北京大学出版社，1999年，第314页）而皇侃（488～545）在解释《论语》"可与共学"章的"权"时，兼收《公羊传》和王弼之说："权者，反常而合于道者也。自非通变达理，则所不能。故虽可共立于正事，而未可便与之为权也。故王弼云：'权者道之变，变无常体，神而明之，存乎其人，不可豫设，尤至难者也。'"（《论语义疏》卷五，第231页）

或许是因为有《公羊传》"权为反经"之说在前，所以，皇侃在为《论语》"可与共学"章做注时，就理所当然地以为包含"偏其反而"的后半章是"引明权之逸《诗》以证权"。可是，如果注者一开始没有这种前见（prejudice），他不会注意不到"偏其反而"以下几句（岂不尔思？室是远而。子曰：未之思也夫！何远之有？）在内容上跟"未可与权"以上六句明显不相干。

如程颐认为，"唐棣之华"是说兄弟失和："唐棣之华，乃今郁李。取郁李看，便可以见《诗》兴兄弟之意。"（《论语精义》卷第五上,《朱子全书》第七册,第344页)范祖禹认为此诗是思贤而不亲:"此孔子所不取之《诗》也。唐棣之华美矣,以其反而莫之爱。贤人可思矣,以其高远而不能亲,是亦不好贤而已矣。孔子删《诗》,其所以不取者,盖此之类与?"(《论语精义》卷五上,《朱子全书》第七册,第346页)朱子认为此诗是表达诗人有所思:"问'唐棣之华,偏其反而'。曰:'此自是一篇诗,与今《常棣》之诗别。常,音裳。《尔雅》:棣,栘,似白杨,江东呼夫栘。常棣,棣,子如樱桃可食。自是两般物。此逸诗,不知当时诗人思个甚底。东坡谓'思贤不得之诗',看来未必是思贤。但夫子大概只是取下面两句云:'人但不思,思则何远之有!'初不与上面说权处是一段。"(《朱子语类》卷三十七,第995页)

另一方面,如果一开始"唐棣之华"以下六句就与"未可与权"以上六句不在一章,也就是说,注者将独立面对"唐棣之华"这六句,那么,他也不大可能会联想到《公羊传》的"反经"之"权"说。换言之,注者用"反经合道"来解释"未可与权"的"权"字,通行本的这种合章结构,客观上也起了一定的作用。

朱子看出了这一点。他在评论程子对"可与共学"章的注解时,一方面肯定程子对"反经合道"说的摒弃,另一方面亦替前人分疏,指出,反经之说实由章句不明所致。

> 先儒误以此章连下文"偏其反而"为一章,故有反经合道之说。(《论语集注》卷五,《四书章句集注》,北京:中华书局,1987年,第116页)

柒　朱子《论语集注》"可与共学"章的章句问题

或问二十九章（引者按："可与共学"章）之说。曰：程子、杨氏至矣，而程子论权非反经之意，则非先儒所及也。然原先儒之为是说，盖由以下章合于此章而有唐棣偏反之云，遂误以为此说耳。（《论语或问》卷九，《朱子全书》第六册，第776页）

汉儒有反经之说，只缘将《论语》下文"偏其反而"误作一章解，故其说相承曼衍。且看《集义》中诸儒之说，莫不连下文。独是范纯夫不如此说，苏氏亦不如此说，自以"唐棣之华"为下截。（《朱子语类》卷三十七，北京：中华书局，1986年，第994页）

"唐棣之华"而下，自是一段。缘汉儒合上文为一章，故误认"偏其反而"为"反经合道"，所以错了。（《语类》卷三十七，第996页）

此事还引出朱子关于章句之学重要性的一段感慨：

夫章句之差，初若小失，而其说之弊，遂至于此，章句之学，其亦岂可忽哉！程子虽知先儒之失，而未及究所以失者乃在于此，故论此章之意虽得之深，而亦不免于通下章以为说也。诸家论权，皆祖程子之说，而谢氏为尤密，然皆并下章为说，故皆有所不通。（《论语或问》卷九，《朱子全书》第六册，第776～777页）

章句之学不可忽，这是朱子从《论语》"可与共学"章诠释公案得到的一个教训。朱子的反省不可谓不深，即便是对素来崇仰的程子，他也不为尊者讳，而是本着实事求是的精神指出其局限所在。朱子对程子及其门人"可与共学"章诠释的检讨，反映了朱子超越一般理学家解经之处，呈现了朱子并蓄理学（宋学）与汉学的开阔胸襟。

"可与共学"章是否如朱子所云当分作两章？文献不足，不敢遽下结论。但是，论者认为朱子分章不当，亦未能举出有力的文献证据，其论证反而陷入自我循环。有理由相信，注者以"反经合道"来解"权"是受到了通行本这种合章结构的影响。不把"权为反经"的观念搁置一旁，就不可能做到客观中立地讨论这一章的分章问题。

二

关于朱子《集注》"可与共学"章的"错简"问题，赵氏的论证相对复杂，既有考据，亦有义理，前者他主要采用了清儒成果，后者则基于他个人对孔子关于认识发展程序的理解。我们先来研究他的考据工作。

赵在考据上主要借鉴了清儒翟灏（1712～1788）之说，文中节引了翟灏《论语考异》[1]，为方便研究，兹将《论语考

---

[1] 赵氏引文作：韩、李《笔解》曰："学而之道，岂犹不能立耶？吾谓正文传写错倒，当云'可与共学，未可与立；可与适道，未可与权。'"《毛诗·绵篇》，《正义》引《论语》曰："可与适道，未可与权。"《说苑·权谋》篇……《牟子理惑论》……《三国志·魏武帝纪》《注》……《北周书·宇文护传论》并作"可与适道，未可与权"。《文选》王元长策秀才文，"将以既道，而权亦逾"，去"可立"句。《唐文粹》冯用之《权论》引孔子曰"可与共学，未可与立；可与立，未可与适道；可与适道，未可与权"，与《笔解》正合。（赵纪彬：《〈论语〉"权"字义疏》，《困知二录》第264页）

柒 朱子《论语集注》"可与共学"章的章句问题

异》原文具录如下：

> 韩、李《笔解》曰："学而之道，岂犹不能立耶？吾谓正文传写错倒，当云'可与共学，未可与立；可与适道，未可与权'。"《毛诗·绵篇》，《正义》引《论语》曰："可与适道，未可与权。"《说苑·权谋篇》、牟子《理惑》，引《论语》孔子曰："可与适道，未可与权。"《三国志·魏武帝纪》《注》引虞溥《江表传》："孔融曰：可与适道，未可与权。"《北周书·宇文护传》："论曰：仲尼有言：'可与适道，未可与权。'"《文选·王元长策秀才文》："将以既道，而权亦逾。"去"可立"句。《唐文粹》冯用之《权论》引孔子曰："可与共学，未可与立；可与立，未可与适道；可与适道，未可与权。"与《笔解》正合。《淮南子·泛论训》："孔子曰：'可与共学矣，而未可以适道也；可以适道，未可以权也。'""与"俱作"以"。《盐铁论·尊道章》："孔子曰：'可与共学，未可与权。'"《潜夫论·明忠篇》："孔子曰'可与权。'"（翟灏：《四书考异》，《皇清经解》卷四百五十九，上海：上海书店，1988年影印本，第10～11页）

赵文复引阮元之说，以证翟说不孤。

翟灏此说，乃清代解经家所共信。例如，阮元在其《〈论语〉校勘记》中曾说："（韩、李）《笔解》云：正文传写错倒，当云'可与共学，未可与立；可与适道，未可与权。'① 按：《诗·绵·正义》及《说苑·权谋篇》《三国志·魏武帝纪·注》《北周书·宇文护传·论》并引'可与适道，未可与权'，与《笔解》说合。按：此亦翟灏之说。"（赵纪彬：《〈论语〉"权"字义疏》，《困知二录》第264页）

将阮说与翟说比较可知，后者远为详尽，且阮氏明言，其说有取于翟氏。因此，我们只需着重讨论翟说。翟氏一共提到十一条材料：1. 韩（愈）、李（翱）撰：《论语笔解》，2. ［汉］毛亨传，［汉］郑玄笺，［唐］孔颖达疏：《毛诗正义·绵篇》，3. ［汉］刘向撰：《说苑·权谋篇》，4.《牟子理惑》，5.《三国志·魏书·武帝纪》裴松之注引虞溥《江表传》，6. ［唐］令狐德棻等撰：《周书·宇文护传·论》，7. ［梁］萧统编，［唐］李善注：《文选·王元长策秀才文》，8. ［唐］冯用之《权论》，9. ［汉］刘安等撰：《淮南子·泛论训》，10. ［汉］桓宽撰：《盐铁论·尊道章》，11. ［汉］王符撰：《潜夫论·明忠篇》。其中，第一条是前人成说，后十条是他个人找到的新材料。惟其所引多系节选，令读者难窥全豹，下面我们在分析时，将原文尽可能完整地抄出。

（一）《论语笔解》

《论语笔解》旧云韩愈所作，然书中亦收李翱之说，学界遂统称韩、李《笔解》。此书指摘汉魏旧注甚多，"可与共学"

---

① 参见阮元：《十三经注疏校勘记·论语》卷五，第9页上，续修四库全书本《经部·群经总义类》，第239页。

章即其例。

> 孔注（引者按：此指《笔解》所录孔安国注：虽能之道，未必能有所立；虽有所立，未必能权量轻重[①]）犹（引者按：似当作"尤"）失其义。夫学而之道者，岂不能立耶！权者，经权之权，岂轻重之权耶！吾谓正文传写错倒，当云"可与共学，未可与立；可与适道，未可与权"。如此，则理通矣。（四库全书本《论语笔解》卷上，第18页下～19页上）

可以看到，《笔解》认为此章"正文传写错倒"，主要是基于对"适道""立""权"等概念的理解，并非有什么文献根据。凭一己之见就断定经文错倒，进而要求改经，这是解经的大忌，不足为训。

在《论语》学史上，《笔解》被目为"疑注改经"的代表作，说详：唐明贵：《〈论语〉学的形成、发展与中衰——汉魏六朝隋唐〈论语〉学研究》，第四章"中衰时期的论语学"，第三节"以疑经改注名世的《论语笔解》"，南开大学博士论文，2004年，第133～140页。此文后以《论韩愈、李翱之〈论语笔解〉》发表于《孔子研究》2005年第6期，第98～106页。据唐氏统计，《笔解》共摘录孔安国注43条，驳34条；录包咸注19条，驳18条；录马融注14条，驳13条；录郑

[①]《笔解》称此注为"孔曰"，《十三经注疏·论语注疏》无此语（北大版《论语注疏》，第122页），皇侃《论语集解义疏》亦无"孔曰"二字，且文字小异，略云："虽能之道，未必能以有所成立也。虽能有所立，未必能权量其轻重之极也。"（中华书局版《论语义疏》，第231～232页）未知《笔解》所据。

玄注11条，驳10条；录王肃注3条，驳2条；录周氏注2条，驳1条（《论韩愈、李翱之〈论语笔解〉》第101页）。《笔解》对汉魏旧注的批驳可谓不遗余力。遗憾的是，《笔解》所疑"可与共学"章"经文错倒"，迄今尚未受到《笔解》研究者的检讨，而是因袭清儒之说，继续给予肯定，如唐明贵即云："可见韩愈并不是随意为之，而是有所本的。"（第106页）唐继添基本上重复了唐明贵的成果："从这我们可以看出，其实韩愈改易经文并非是随意妄改，而是有典籍可寻绎的"（唐继添：《〈论语笔解〉解经特色研究》，《时代文学》，2010年第5期，第224页）。李伏清、彭文桂2013年11月发表于《河南师范大学学报》第40卷第6期的论文《韩愈经学思想探析——以〈论语笔解〉为中心》提及《笔解》有变换经文次序的做法，仅举了《论语·卫灵公篇》一个例子，既没有引到"可与共学"章，也没有对韩愈的做法进行评价（前揭文，第6页）。

另一方面，就义理而论，旧注谓"虽能之道，未必能有所立；虽有所立，未必能权量轻重"，亦能自圆，《笔解》所责"学而之道，岂不能立"，有将"之道"与"立"简单等同之嫌。且《笔解》将经文改作"可与共学，未可与立；可与适道，未可与权"，与原文的顶针句式相比，少了中间一截，即："可与立，未可与适道"。可是，如果补上这一截，意思就变成：虽然各自都已经有所成立了，却未必能一起之道。于理不通。后面我们还要专门就义理讨论，这里就不再展开。

总之，关于"错简"，韩、李《论语笔解》实际上只是提出了一个假说，真正为这个假说提供文献证据的是翟灏。清儒

柒 朱子《论语集注》"可与共学"章的章句问题

长于考据，于此也可见一斑。

（二）《毛诗正义·绵篇》

细绎原文，《毛诗正义·绵篇》引到《论语》"可与适道，未可与权"之说，是用来解释周太王（古公亶父）为避狄人侵扰而迁岐的做法的合理性。其说如下：

《曲礼下》曰："国君死社稷。"《公羊传》曰："国灭，君死之，正也。"则诸侯为人侵伐，当以死守之。而公刘与大王皆避难迁徙者，《礼》之所言谓国正法，公刘、大王则权时之宜。《论语》曰："可与适道，未可与权。"《公羊传》曰："权者，反经合义。"权者，称也，称其轻重，度其利害而为之。公刘遭夏人之乱而被迫逐，若顾恋疆宇，或至灭亡，所以避诸夏而入戎狄也。大王为狄人所攻，必求土地，不得其地，攻将不止。战以求胜，则人多杀伤，故又弃戎狄而适岐阳，所以成三分之业，建七百之基。虽于《礼》为非，而其义则是。此乃贤者达节，不可以常礼格之。《王制》称："古者量地以制邑，度地以居民。地邑民居，必参相得，故曰：无旷土，无游民。"而公刘、大王得择地而迁，又无天子之命，诸侯得举国擅徙者，《王制》所云，平世大法。法不恒定，世有盛衰，王政既乱，威不肃下，迫逐良善，无所控告，戎狄内侵，莫之抗御，故不待天子之命，可以权宜避之。以其政乱，故有空土，公刘、大王得择地而迁焉。且古者有附庸闲田，或可先是闲处也。既往迁之，人居成国。后有明主，因而听之也。(毛亨传,郑玄笺,孔颖达疏:《毛诗正义》,卷十六(十六之二),北京:北京大学出版社,1999年,第982～983页)

周太王(古公亶父)为避狄人侵扰而迁岐,据毛亨的《传》,是《绵》第一章第二节"古公亶父,陶复陶穴,未有家室"所咏之事。① 按照《礼记·曲礼下》:"国君死社稷,大夫死众,士死制。"也就是说,国君要与国家共存亡。因此,如果国家为异族入侵,国君应当与社稷共存亡,这就是《正义》所说"诸侯为人侵伐,当以死守之"。可是,周太王实际上没有这样做,而是选择了迁徙(逃跑)。《正义》为这种行为辩护,提出:《曲礼下》所说是通常的做法(正法),而太王所为是在特殊形势下经过权衡轻重利害之后做出的明智选择(权时之宜)。

不难看出,《毛诗正义》引《论语》"可与适道,未可与权"以及《公羊传》"权者,反经合义",是为了给周太王的做法寻找经典依据,其要点是说:周太王的做法虽然与经相悖,却与大义相符,所谓"虽于《礼》为非,而其义则是"。《正义》还对"权"字做了一个明确规定:"权者,称也,称

---

① 《正义》云:古公,豳公也。古,言久也。亶父,字。或殷以名言,质也。古公处豳,狄人侵之。事之以皮币,不得免焉。事之以犬马,不得免焉。事之以珠玉,不得免焉。乃属其耆老而告之曰:"狄人之所欲者,吾土地也。吾闻之君子,不以其所养人而害人。二三子何患无君?"去之。逾梁山,邑于岐山之下。豳人曰:"仁人之君,不可失也。"从之如归市。陶其土而复之,陶其壤而穴之。室内曰家。未有寝庙,亦未敢有家室。(《毛诗正义》卷第十六(十六之二),第980页)

其轻重,度其利害而为之。"对照韩、李《笔解》可知,《毛诗正义》对"权"的这种理解正是后者所反对的"轻重之权"说。如果我们接受《毛诗正义·绵篇》对"权"的解释,那么,我们又怎么能支持韩、李《论语笔解》对《孔注》的异议?

另一方面,在文本上,《毛诗正义·绵篇》对《论语》"可与共学"章的引用本来就是节引,它无法说明《论语》原文就是如此。

总之,《毛诗正义·绵篇》这条材料为《论语笔解》不能提供多少正面证据,反而对《论语笔解》的义理构成否定之势。

(三)《说苑·权谋篇》

刘向《说苑·权谋篇》,顾名思义,是讲权谋的。其中也引到孔子曰"可与适道,未可与权也",原文如下:

> 圣王之举事,必先谛之于谋虑,而后考之于蓍龟。白屋之士,皆关其谋;刍荛之役,咸尽其心。故万举而无遗筹失策。《传》曰:"众人之智,可以测天。兼听独断,惟在一人。"此大谋之术也。谋有二端:上谋知命,其次知事。知命者,预见存亡祸福之原,早知盛衰废兴之始,防事之未萌,避难于无形。若此人者,居乱世则不害于其身,在乎太平之世则必得天下之权。彼知事者亦尚矣。见事而知得失成败之分,而究其所终极,故无败业废功。孔子曰:"可与适道,未可与权也。"夫非知命知事者,孰能

行权谋之术？夫权谋有正有邪，君子之权谋正，小人之权谋邪。夫正者，其权谋公，故其为百姓尽心也诚；彼邪者，好私尚利，故其为百姓也诈。夫诈则乱，诚则平。是故，尧之九臣诚而兴于朝，其四臣诈而诛于野。诚者隆至后世，诈者当身而灭。知命知事而能于权谋者，必察诚诈之原而以处身焉，则是亦权谋之术也。（[汉]刘向撰，赵善诒疏证：《说苑疏证》卷十三《权谋》，上海：华东师范大学出版社，1985年，第345～346页）

文中反复论及"谋"，还将"谋"分为两个层次：上谋知命，其次知事。知命者有预见之能，知事者不能预见，但一旦见事也能"知得失成败"。刘向相信，知命者在太平之世一定能得"天下之权"。这里的"权"似有"权柄""权势"之意。然后文又言及"权谋之术"，似乎又将"权"理解为"权谋之术"。在引了孔子曰"可与适道，未可与权也"那句话后，紧接着，刘向又说："夫非知命知事者，孰能行权谋之术？"言下之意，"未可与权"即"未能行权谋之术"。基本上，刘向是把"权"理解为"谋"的同义词。后面，他又从公私角度对"权谋之术"做了正邪区分。这些讲法，不能不说，都已经非《论语》所能范围，属于刘向个人的发挥。

而在文本上，《权谋篇》与《毛诗正义·绵篇》一样，都不是对《论语》"可与共学"章的完整引用（否则，引文就应该从"可与共学"开始），所以，没有办法证明，《论语》"可与共学"章的原文就是这样两句"可与适道，未可与共学"。

（四）《牟子理惑》

成书于汉魏时期的《牟子理惑》采用问答体，书中，牟子旁征博引，回答问者对佛教的各种责难。在回答有关沙门是否不合孝道的问题时，牟子引了孔子的话"可与适道，未可与权"，原文如下：

问曰："《孝经》言'身体发肤受之父母，不敢毁伤'。曾子临没，'启予手启予足'。今沙门剃头，何其违圣人之语，不合孝子之道也。吾子常好论是非、平曲直，而反善之乎？"牟子曰："夫讪圣贤不仁，平不中不智也。不仁不智，何以树德？德将不树，顽嚚之俦也，论何容易乎？昔齐人乘舡渡江，其父堕水，其子攘臂捽头颠倒，使水从口出，而父命得苏。夫捽头颠倒，不孝莫大，然以全父之身。若拱手修孝子之常，父命绝于水矣。孔子曰：'可与适道，未可与权'，所谓时宜施者也。且《孝经》曰：'先王有至德要道。'而泰伯祝发文身，自从吴越之俗，违于身体发肤之义，然孔子称之'其可谓至德矣'。仲尼不以其祝发毁之也。由是而观：苟有大德，不拘于小。沙门捐家财弃妻子，不听音视色，可谓让之至也，何违圣语，不合孝乎？豫让吞炭漆身，聂政剺面自刑，伯姬蹈火，高行截容，君子以为勇而死义，不闻讥其自毁没也。沙门剔除须发，而比之于四人，不已远乎？"（《理惑论》，《弘明集》卷一，四部丛刊本，第5～6页）

为了反驳问者关于沙门剃头不合孝子之道的观点，牟子先讲了一个故事：为了救落水的父亲，一个孝子可以对他父亲做出平时大不敬的事情，然后引了孔子"可与适道，未可与权"那句话，以说明在行孝问题上，同样可以灵活处理。随后，他又举了泰伯个案，作为"（孝子之于）身体发肤不敢毁伤"的反例。最后，他将沙门剃除须发之事与历史上四个著名的英勇就义者进行比较，认为，前者在程度上远不及后者，既然后者被人称颂，那么，沙门就不应该因为剃头而受非议。

可以看到，牟子引用孔子语录，主要是借此强调"权"（权衡轻重）的重要，而不是着眼于"适道"与"权"之间的关系。

与前面几则材料一样，没有证据表明，牟子是对《论语》原文的完整引用，因此，不排除这种可能："可与适道，未可与权"是"可与适道，未可与立；可与立，未可与权"的一种缩略形式。

（五）《三国志·魏书·武帝纪》裴松之注引虞溥《江表传》

《江表传》为西晋人虞溥所作。虞溥，字允源，高平昌邑（今山东巨野南）人，《晋书》卷八十二有传。其书早佚，今所见者多为裴松之《三国志》注所引。《江表传》曾引"可与适道，未可与权"这句话，裴松之为《武帝纪》"（建安十八年）五月丙申，天子使御史大夫郗虑持节策命公为魏公"条所做的注引了这条材料：

《续汉书》曰：（郗）虑字鸿豫，山阳高平人。少受业于郑玄，建安初为侍中。虞溥《江表传》曰：献帝尝特见虑及少府孔融，问融曰："鸿豫何所优长？"融曰："可与适道，未可与权。"虑举笏曰："融昔宰北海，政散民流，其权安在也！"遂与融互相长短，以至不睦。公以书和解之。虑从光禄勋迁为大夫。（陈寿：《三国志》卷一《魏书·武帝纪第一》，北京：中华书局，1959年，第39～40页）

孔融用来评论郗虑的那句话"可与适道，未可与权"，其出典无疑是《论语》"可与共学"章，但问题是，它并非是对那一章的完整引述，因此，我们没办法确定，在《论语》原文中，"可与适道"后面紧接着就是"未可与权"，还是孔融在引用时略去了"可与适道"后面"未可与立；可与立"七个字。又，从郗虑不甘示弱的反唇相讥来看，他不认为孔融更懂得"权"，所谓"其权安在"，其根据则是孔融主政北海期间治理不佳，所谓"融昔宰北海，政散民流"。"其权安在"中的"权"似是指"权谋"或"相机行事"的智慧。郗虑对"权"的这个用法，与《论语》原文"未可与权"的"权"字主要做"权量轻重利害"解，已自不同。

需要指出的是，《武帝纪》裴松之注引到《论语》"可与适道，未可与权"的地方并不止翟灏所说的这一处，另有一处，其文如下：

《魏书》载庚申《令》曰：议者或以军吏虽有功能，德行不足堪任郡国之选，所谓"可与适道，未可与权"。管仲曰："使贤者食于能则上尊，斗士食于功则卒轻于死，二者设于国则天下治。"未闻无能之人，不斗之士，并受禄赏，而可以立功兴国者也。故明君不官无功之臣，不赏不战之士；治平尚德行，有事赏功能。论者之言，一似管窥虎欤！（《魏书·武帝纪第一》，《三国志》卷一，第23页）

按：这个注是裴松之为正文提到的《严败军令》（又称《败军令》）而做的："（建安八年五月）己酉，《令》曰：《司马法》'将军死绥'，故赵括之母，乞不坐括。是古之将者，军破于外，而家受罪于内也。自命将征行，但赏功而不罚罪，非国典也。其令诸将出征，败军者抵罪，失利者免官爵。"（《魏书·武帝纪第一》，《三国志》卷一，第24页）

注中所云"庚申《令》"，即同年所颁的《重功德令》（又名《论吏士行能令》）。从上下文来看，"可与适道，未可与权"是曹操所针对的议者之说，其含义应与前文"军吏虽有功能，德行不足堪任郡国之选"相表里，即："未可与权"是指"不足堪任郡国之选"，易言之，所谓"与权"是指"授予权柄"。这个意思与《论语》孔子原意已相去甚远，无论我们对孔子所说的"未可与权"怎样解释，都不能想象可以将它比附为"不足堪任郡国之选"。引用者这样理解和使用原文，其理解水平和对原文的忠实程度，都不能不让人打上一个问号。

再看下文所引管仲语"使贤者食于能则上尊，斗士食于功则卒轻于死，二者设于国则天下治"，原话出自《管子·法法篇》："使贤者食于能，斗士食于功。贤者食于能，则上尊而民从；斗士食于功，则卒轻患而傲敌。上尊而民从，卒轻患而傲敌。二者设于国，则天下治而主安矣。"（黎翔凤撰，梁运华整理:《管子校注》卷六《法法第十六》,中华书局,2004年,第296页)两相对照,很容易发现,曹操在引用时对《管子》原文做了压缩合并处理,已非原貌。从这些情况来看,将《重功德令》作为《论语》"可与共学"章复原的依据,显然是成问题的。

(六)《北周书·宇文护传·论》

宇文护(515~572,字萨保)是北周文帝宇文泰长兄宇文颢的第三子,北周权臣,曾创下三年废三帝的纪录,后为北周武帝宇文邕所杀。《周书》卷十一有传。传末有史臣之论,其中引到孔子曰"可与适道,未可与权"。

史臣曰:仲尼有言:"可与适道,未可与权。"夫道者,率礼之谓也;权者,反经之谓也。率礼由乎正理,易以成佐世之功;反经系乎非常,难以定匡时之业。故得其人则治,伊尹放太甲,周旦相孺子是也;不得其人则乱,新都迁汉鼎,晋氏倾魏族是也。是以先王明上下之序,圣人重君臣之分。委质同于股肱,受爵均其休戚。当其亲受顾托,位居宰衡,虽复承利剑,临沸鼎,不足以慑其虑;据帝图,君海内,不足以回其心。若斯人者,固以功与山岳争其高,名与穹壤齐其久矣。有周受命之始,宇文护实预艰难。及太祖崩殂,诸子冲幼,群公怀等夷之志,天下有去就之心。卒能变魏为周,俾危获乂者,护之力也。向使加之以礼让,继之以忠贞,桐宫有悔过之期,未央终天年之数,则前史所载,焉足以道哉。然护寡于学术,昵近群小，威福在己，征伐自出。有人臣无君之心，为人主不堪之事。忠孝大节也，违之而不疑；废弑至逆也，行之而无悔。终于身首横分，妻孥为戮，不亦宜乎。(《晋荡公护》，[唐]令狐德棻等撰:《周书》，卷十一列传第三，北京：中华书局，1971年，第181～182页)

史臣开头就引了孔子的话"可与适道，未可与权"，从后面的解释来看，史臣是把这句话理解为：孔子是在说人应当率礼，而不应当反经，因为"率礼"易以"成佐世之功"，而"反经"则难以"定匡时之业"。所谓"率礼"，应用到君臣关系上，就是要求臣忠君、尊君，而宇文护恰恰是一个反面典型。他是"有人臣无君之心，为人主不堪之事"，完全违背了上下之序、君臣之分。史臣假设，如果宇文护"加之以礼让，继之以忠贞"，就不会落到最后身首异处、妻儿遭殃的下场。总之，在史臣看来，宇文护的结局正应了古人有关"可与适道，未可与权"的教训。

可以看到，史臣对孔子原话做了新的发挥，将"适道"和"权"理解为彼此相反的行为。这种理解不仅没有领会孔子原意，而且对《公羊传》以来有关"权者，反经合义"的观念也做了断章取义的处理。从作者把《公羊传》"权者，反于经而后有善者也"截作"权者，反经之谓也"这一点来看，作者对经典原文的引用实在难称谨严。有鉴于此，这条材料之不宜用来校正《论语》"可与共学"章经文，毋宁是一个合情合理的要求。

（七）《文选·王元长策秀才文》

王元长，即［南朝齐］王融（476～493），史称其"少而神明警惠，博涉有文才"（《王融传》，萧子显：《南齐书》，卷四十七，列传第二十八）。《昭明文选》收入了王融所撰《策秀才文》数首，其中永明十一年（493）《策秀才文五首》之四有"将以既道而权"这样的话，李善在为这句话做注时引了《论语》"可与共学"章。原文如下：

又问：朕闻上智利民，不述于礼；大贤强国，罔图惟旧。（李善注：《史记》，商君说秦孝公曰：圣人苟可以强国，不法其故；苟可以利民，不循其礼。）岂非疗饥不期于鼎食，拯溺无待于规行？（李善注：《毛诗》曰：泌之洋洋，可以乐饥。郑玄曰：泌水洋洋，然饥者见之，可饮以饥。□，音义与疗同。《家语》曰：子路南游于楚，列鼎而食。《抱朴子》曰：规行矩步，不可以救火拯溺也。）是以三王异道而共昌，五霸殊风而并列。（李善注：《淮南子》曰：五帝异道而德覆天下，三王殊事而名施后世。《左氏传》，宾媚人曰：五伯之霸也，勤而抚之，以役王命。杜预曰：夏伯昆吾，商伯大彭、豕韦，周伯齐桓、晋文。《战国策》，赵王谓赵文曰：三代不同服而王，五伯不同俗而政。）今农战不修，文儒是竞。（李善注：《商君书》曰：国待农战而安，君待农战而尊。《论衡》曰：上书白记者，文儒也。夫文儒之力过儒生，况文史也。）弃本殉末，厥弊兹多。（李善注：《汉书》，诏曰：农，天下之大本也，而人或不务本而事末，故生不遂。李奇曰：本，农也；末，贾也。）昔宋臣以礼乐为残贼，汉主比文章于郑卫。（李善注：宋臣，墨翟也。《孙卿子》曰：乐也者，和之不可变者也；礼也者，理之不可易者也。墨子非之，几遇刑也。墨子贱礼乐而贵勇力，贪则为盗，富则为贼，治世反是。《汉书》曰：宣帝数从王褒等，所幸宫观，辄为歌颂，议者多以为淫靡不急。上曰：辞赋大者与《诗》同义，小者辩丽可嘉，譬如女工有绮縠，音乐有郑、卫也。）岂欲非圣无法，将以既道而权？（李善注：《孝经》曰：非圣人者无法。《论语》，子曰：可与学，未可与适道；可与适道，未可与立；可与立，未可与权。《公羊传》曰：权者何？权者，反于经然后有善者也。）今欲专士女于耕桑，习乡闾以弓骑。（李善注：《孝经·钩命决》曰：耕桑得利，究年受福。《史记》曰：赵武灵王胡服以习骑射。）五都复而事庠序，四民富而归文学。（李善注：《汉书》曰：王莽于五都立均官，更名雒阳、邯郸、临淄、宛、成都五都市长，皆为五均司市师。又曰：平帝立学官，乡曰庠，聚曰序。《管子》曰：士、农、工、商四民者，国之石民也。）其道奚若？尔无面从。（李善注：《尚书》曰：予违汝弼，汝无面从。）（[梁]萧统编，[唐]李善注：《文选》，卷三十六，上海：上海古籍出版社，1984年，第1656~1657页）

策文一开篇就抛出一个说法——"上智利民，不述于礼"，即：如果对人民有利，不一定非要循礼。这个说法，根据李善的注，出自《史记》所载商君对秦孝公所说的话。对礼（乐）的这种立场带有明显的非儒倾向。事实上，下文对这一立场做了进一步说明。策文作者对当时"农战不修，文儒是竞"的风气很为不满，批评它是"弃本殉末"。他自己的主张是：应大力发展农战（专士女于耕桑，习乡间以弓骑），待到政治稳定、人民富裕之后，才开展文教事业（五都复而事庠序，四民富而归文学）。策文作者在批评当时社会风气时发出了这样的质问："岂欲非圣无法，将以既道而权？"意思是：现在的人难道想否定圣人之教，采用与经相反的权道吗？

"既道而权"，按照李善注，这是用了《论语》"可与共学"章的典故。李善所引《论语》文本作："子曰：可与学，未可与适道；可与适道，未可与立；可与立，未可与权。"将它跟通行本对照，除了第一句"可与学"比通行本少了一个"共"字外，其余五句完全相同。不知翟灏《考异》所云"《文选·王元长策秀才文》：'将以既道，而权亦逾'，去'可立'句"本之何书？

（八）冯用之《权论》

唐人冯用之（生卒不详，盛年在玄宗朝）《权论》[①]，极论权变之用，文中引到孔子"可与共学"章以证行权之难，其说如下：

[①]《唐文粹》收入此文，标题作《权论下》，赵纪彬书中有时亦沿用之（《困知二录》第286页）。经查，并无《权论上》。清人所编《全唐文》亦收《权论》，内容与《唐文粹》所载《权论下》同。可知《权论下》中的"下"字当是编者姚铉偶误，今径为改正。又，《唐文萃》同卷收入冯用之《机论上》，但亦无《机论下》。或姚铉在选入冯用之两文时，以《机论》为上，《权论》为下欤？

孔子曰："可与共学，未可与立；可与立，未可与适道；可与适道，未可与权"，得非权之难耶！（［宋］姚铉编：《唐文粹》，卷三十七，四部丛刊本）

这条材料是到目前为止《论语考异》所举证据中唯一对"可与共学"章加以全文引用的，其价值自然要高于前面那些仅做节引者。不过，全文引用并不能保证所引一定无误，特别是在它与通行本不同的情况下，引文的准确性更需要认真鉴定。

从理论上看，"可与适道，未可与权"这种排序方式，与通行本"可与立，未可与权"相比，突出了"行权"是比"适道"要更难把握的一种高阶智慧，事实上，前揭引文"得非权之难耶"就表达了这样的意思。

通观全文，"（行）权"要高于或难于"（适）道"，是《权论》着力论述的要旨。《权论》一开头就称赞"权"有大用："大哉！鼓天下之动，成天下之务，反于常而致治，违于道而合利，非权其孰能与于此乎？"这里明确谈到"权"的作用是"反于常而致治，违于道而合利"，"反常"与"违道"构成"权"的标志性特征。后文再次强调"权"在行事之始与道相离相逆的特点："至哉，始离而终合，始逆而终顺，始非而终是，始失而终得，权之旨也。"在冯用之看来，一般人只晓得唯道德礼仪是从，而圣人才了解道德礼仪也有不适用的时候，那时就必须用到"权"："圣人知道德有不可为之时，礼义有不可施之时，刑名有不可威之时，由是济之以权也。"

冯用之对"权"的这种理解，显然承袭了《公羊传》"反经合道"的传统。而对另一些学者而言,"权"只是权衡轻重,与"经"本不相违,后来宋儒力陈此义。[1]

由上所论,如果说冯用之因为对"权"的先入之见而在引用"可与共学"章时有意无意地做了裁剪或拼接,应该不是毫无来由的臆测。无论如何,经过以上分析,《权论》这条材料的参考价值不能不打上很大的折扣。

(九)《淮南子·泛论训》

《淮南子·泛论训》,按注者高诱的说法,是所谓"博说世间古今得失,以道为化,大归于一,故曰泛论"(何宁:《淮南子集释》卷十三,中华书局,1998年,第911页),其中也引到《论语》"可与共学"章,其文如下:

> 夫君臣之接,屈膝卑拜,以相尊礼也;至其迫于患也,则举足蹴其体,天下莫能非也。是故忠之所在,礼不足以难之也。孝子之事亲,和颜卑体,奉带运履,至其溺也,则捽其发而拯;非敢骄侮,以救其死也。故溺则捽父,祝则名君,势不得不然也。此权之所设也。故孔子曰:"可以共学矣,而未可以适道也;可与适道,未可以立也;可以立,未可与权。"权者,圣人之所独见也。故忤而后合者,谓之知权;合而后舛(忤)者,谓之不知权;不知权者,善反丑矣。(《淮南子集释》卷十三,第

---

[1] 此以程子之说为代表,参见朱子《集注》所引:程子曰:"汉儒以反经合道为权,故有权变、权术之论,皆非也。权只是经也。自汉以下,无人识权字。"(《论语集注》卷五,《四书章句集注》第116页)

956～957页）

结果多少有些令人感到意外：引文并非如翟灏《考异》所说的那样"孔子曰：'可与共学矣，而未可以适道也；可以适道，未可以权也。'‘与’俱作‘以’"，而是"孔子曰：'可以共学矣，而未可以适道也；可与适道，未可以立也；可以立，未可与权'"。与通行本比较，句序相同，唯用字小异。又，刘文典撰《淮南鸿烈集解》本亦作："孔子曰：'可以共学矣，而未可以适道也；可与适道，未可以立也；可以立，未可与权。'"（刘文典撰，冯逸、乔华点校：《淮南鸿烈集解》，中华书局，1959年，第444页）

未知翟灏何本？或一时误记欤？然则，此条材料不能用以支持韩、李《笔解》"经文倒误"之说，明矣。

（十）《盐铁论·尊道章》

《盐铁论》一书，系桓宽据汉昭帝时召开的盐铁会议记录"推衍"整理而成，书中记述了贤良文学与御史大夫桑弘羊就盐铁专营、酒类专卖和平准均输等问题展开的一系列辩论。其中《遵（尊）道章》，双方主要就是否要尊（遵）先王之道、圣人之道进行辩论。丞相史在辩论中引到《论语》"可与共学"章，其说如下：

丞相史曰："说西施之美无益于容，道尧、舜之德无益于治。今文学不言所为治，而言以治之无功，犹不言耕田之方，美富人之囷仓也。夫欲粟者务时，欲治者因世。故商君昭然独见存亡不可与世俗同者,为其沮功而多近也。庸人安其故,而愚者果所闻。故舟车之治,使民三年而后安之。商君之法立,然后民信之。孔子曰:'可与共学,未可与权。'文学可令扶绳循刻,非所与论道术之外也。"(《遵道第二十三》,王利器:《盐铁论校注》卷五,北京:中华书局,1992年,第292页)

可以看到,丞相史引用《论语》这句话,是为了说明文学之士"非所与论道术之外",也就是说,丞相史是把"未可与权"的意思理解为"非所与论道术之外"。姑且不论这种理解是否符合孔子原意,单从引文的形式来看,这明显是节引,即将《论语》原话掐头去尾而成。翟灏以此作为证据支持"经文倒误"说,不仅缺乏说服力,而且对自身还构成否定。因为,按照他的逻辑,《论语》"可与共学"章原文应以这里的"可与共学,未可与权"为准。这也反过来说明,翟灏根据后世引文来判定《论语》原文的逻辑是有问题的。

(十一)《潜夫论·明忠篇》

《潜夫论·明忠篇》,顾名思义,主要是讲臣子忠道的,其中提到了孔子"可与权"这句话,原文如下:

夫术之为道也,精微而神,言之不足,而行有余;有余,故能兼四海而照幽冥。权之为势也,健悍以大,不待贵贱,操之者重;重,故能夺主威而顺当世。是以明君未尝示人术而借下权也。孔子曰:"可与权。"是故,圣人显诸仁,藏诸用,神而化之,使民宜之,然后致其治而成其功。功业效于民,美誉传于世,然后君乃得称明,臣乃得称忠。此所谓明据下作,忠依上成,二人同心,其利断金也。(《明忠第三十一》,[汉]王符著,[清]汪继培笺,彭铎校正:《潜夫论笺校正》,北京:中华书局,1985年,第364~365页)

依文意,此处所引"可与权",前面应该加上一个"未"字。因为,上文明明说到"明君未尝示人术而借下权"①。这里的"权"字,意为"权柄",因为后文写道:

夫明据下起,忠依上成。二人同心,则利断金。能知此者,两誉俱具。要在于明操法术,自握权秉而已矣。所谓术者,使下不得欺也;所谓权者,使势不得乱也。术诚明,则虽万里之外,幽冥之内,不得不求效;权诚用,则远近亲疏,贵贱贤愚,无不归心矣。周室之末则不然,离其术而舍其权,怠于己而恃于人。是以公卿不思忠,百僚不尽力,君王孤蔽于上,兆黎冤乱于下,故遂衰微侵夺而不振也。(《明忠第三十一》,《潜夫论笺校正》第357页)

这里,王符说得很清楚:要做到主明臣忠,关键在于"明

---

① 为本书做校注的汪继培与彭铎亦持此见。汪继培《笺》云:孙侍御据《论语》"可"上补"未"字。彭铎写的校者按云:此引以证"未尝借下权",当有"未"字。(《潜夫论笺校正·明忠第三十一》第365页)

柒 朱子《论语集注》"可与共学"章的章句问题　183

操法术，自握权秉"。依汪继培，"秉"通"柄"①，"权秉"也就是"权柄"。

可以看到，为了论证明君"未尝借下权"这个道理，王符节引了《论语》"可与共学"章的"未可与权"，可谓断章取义、生拉硬配。翟灏以此作为材料反过来验证《论语》文本之正误，本末倒置，弃之可矣。

结　语

以上，我们对翟灏书中所列十一条材料一一做了分析，结果发现，第一条（即韩、李《论语笔解》）完全没有提供文献证据，翟灏自己找的十条材料中，有四条（此即：第七条《王元长策秀才文》，第九条《淮南子·泛论训》，第十条《盐铁论·遵道章》，第十一条《潜夫论·明忠篇》），与他的说法不相干甚至是反证。另外六条，只有一条是对《论语》"可与共学"章的完整引述，其余五条（即：第二条《毛诗正义·绵篇》，第三条《说苑·权谋篇》，第四条《牟子理惑》，第五条《三国志·魏书·武帝纪》，第六条《周书·宇文护传·论》）都是节引。在校勘学上，节引不宜用作校正底本，是一个常识。而唯一对"可与共学"章加以完整引述的材料（此即第八条冯用之《权论》），又被发现，引用者存在先入之见，极

---

① 《笺》云：《主道篇》云："谨执其柄而固握之。"《淮南子要略》云："主术者明，摄权操柄，以制群下。""秉"与"柄"同。哀十七年《左传》："国子实执齐柄"，《史记·蔡泽传·索隐》引作"秉"，服虔曰："秉，权柄也。"《说文》云："柄，或从秉。"（《潜夫论笺校正·明忠第三十一》第358页）

有可能对他引用原文造成干扰。总之,翟灏《论语考异》所列文献貌似甚众,但泥沙俱下[①],其证据着实有限,据此很难形成定论说:朱子《论语集注》"可与共学"章存在"错简"问题。

其实,《笔解》之疑及清儒之证,前人早有所辩。《论语集释》的撰者程树德(1877～1944)在转述各种考异之说后加按语云:

韩、李《笔解》以此章为错简,证之《说苑》及《唐文粹》所引,皆与之暗合,似可从。然余考《淮南子·泛论训》引孔子曰:"'可以共学矣,而未可以适道也;可与适道,未可以立也;可以立,未可与权。'权者,圣人之所独见也,故忤而后合者谓之知权,合而后舛(忤)者,谓之不知权;不知权者,善反丑矣。"高诱注云:"适,之也。道,仁义之善道。立,立功、立德、立言。权,因事制宜。权量轻重,无常形势,能合丑反善,合于宜适,故圣人独见之也。"此汉儒相传经训如此,《笔解》之说,不足据也。或曰:然则《说苑》《周书》等所引非耶?曰:否。古人引书,常隐括大意,不必尽系原文。且唐以前书无刻板,著书全凭记忆,时或颠倒错误。如《文选·王元长策秀才文》"将以既道而权",《盐铁论·遵道章》"孔子曰:'可与共学,未可与权'",亦属此例,岂

[①] 与翟灏同时代的阮元在其《论语校勘记》中就只提到四条材料,略去了六条翟灏书中所列文献,或对翟灏之疏早有觉察欤?

柒　朱子《论语集注》"可与共学"章的章句问题

可据此而改经文耶？本章文理固自可通①，韩、李此条已开宋儒轻改经文之风，更不足为训也。(《子罕下》，程树德:《论语集释》卷十八，北京：中华书局，1990年，第626页)

程氏持论平正，令人信服。程氏在文中没有提及翟灏《论语考异》，但他应该知道翟氏之说，因为他所引的阮元《校勘记》当中就有阮氏按语"此亦翟灏之说"。从他提到的材料来看，除了阮元所列的四条之外，还包括阮书没有提到的五条：《牟子理惑》《策秀才文》《唐文粹》《淮南子·泛论训》《盐铁论·遵道章》，而这些材料尽见翟书。所以，虽然他没有点名，但实际上已对翟说做了全面批驳。程书出版于1990年，赵纪彬的论文写于1981～1982年，他未能吸收程说，情有可原。其实，不必非要看到程书，赵纪彬应该也能发现翟灏所举《淮南子·泛论训》那条材料的疏漏，因为他在《高拱权说辨证》一文中就引用了《淮南子·泛论训》论"权"的那段文字："权者，圣人之所独见也，故忤而后合者谓之知权，合而后忤者，谓之不知权。不知权者，善反丑矣。"(《困知二录》

---

① 程氏之说确为持平之论，历来为此章注解者，其说畅达，观之可知，如晋人张凭云："此言学者渐进之阶级之次耳。始志于学，求发其蒙，而未审所适也。既向道矣，而信道未笃，则所立未固也。又既固，又未达变通之权也。明知反而合道，则日劝之业，亹亹之功，其几乎此矣。"(《论语义疏》卷五，第232页)又，朱子《集注》引伊川之说云："可与共学，知所以求之也。可与适道，知所往也。可与立者，笃志固执而不变也。权，称锤也，所以称物而知轻重者也。可与权，谓能权轻重，使合义也。"(《论语集注》卷五，《四书章句集注》第116页)

第290页）而"孔子曰：可以共学矣，而未可以适道也；可与适道，未可以立也；可以立，未可与权"这段引文就在"权者……善反丑矣"这段话前面。很难相信，赵氏在引用时看不到它。这里，我们无意苛责古人（赵先生已于1982年作古），只是想说，这类错误其实是完全可以避免的，而在30年后，如果我们这些后来者还不纠正这样的错误，那就更不应该了。岳天雷的文章写于2011年[1]，却无视程书，仍将赵氏20世纪80年代提出的观点奉为"创见"[2]，这不能不让人感到遗憾。

最后，我们对赵纪彬为"错简"说提供的义理论证做一个简单回应。因为，这种义理论证，跟韩、李《笔解》断定"正文传写错倒"的论证一样，在校勘学上属于所谓"理校法"，其价值本来就不及文本校勘，最高妙也最危险，不到不得已不轻易用之。[3]

赵氏称：

---

[1] 此文副标题为"为纪念赵先生逝世30周年而作"，赵逝世于1982年。又，文首注明"收稿日期：2011—10—29"，因此推算其写作时间为2011年。

[2] 岳文称：赵先生凭借深厚的文献考据功力和精湛的理论分析，对《集解》《集注》的错简和《集注》断章问题的考定，对孔子权说特点的概括、历史地位的判定及其理论内涵的阐发，不仅前后逻辑一贯、义理圆融，能够自圆其说，成一家之言，而且也是对宋儒成说的突破，从而把孔子权说研究提升到了一个新高度。（岳天雷：《赵纪彬"权说"研究述评——为纪念赵先生逝世30周年而作》，《河南大学学报》，2012年第2期，第12页）

[3] 陈垣云："段玉裁曰：'校书之难，非照本改字不讹不漏之难也，定是非之难也'，所谓理校法也。遇无古本可据，或数本互异，而无所适从之时，则须用此法，此法须通识为之，否则卤莽灭裂，以不误为误，而纠纷愈甚矣。故最高妙者此法，最危险者亦此法。"（参见所著：《校勘学释例》卷六，第四十三《校法四例》，北京：中华书局，1959年，第148页）

柒　朱子《论语集注》"可与共学"章的章句问题

宋人刘敞、程颐、张栻、朱熹等都说，《论语》的这一章，所谓学、道、立、权四字，是指认识深浅的四等人，或认识发展的四阶段。依照他们自己的这个说法，则这一章和《为政》篇的《吾十有五》章孔子自述所说的认识发展程序显相抵触。这样的矛盾，在逻辑上，不能找出理由。《为政》篇记孔子自述云："吾十有五，而志于学；三十而立；四十而不惑；五十而知天命，六十而耳顺；七十而从心所欲不逾矩。"似此，孔子自述其认识发展阶段，是从"学"到"立"，而不是如《集解》《集注》的经文从"学"到"道"；反之，却与翟灏所引唐人的八条正文，无不相合。在孔子的这章自述中，我认为所谓"知天命"似乎相当于"适道"。因为"知命"与"知道"，本来可以互训，例如宋人刘敞的《公是先生弟子记》曾说"所谓'命'者，'道'而已矣；……'知道'者，其'知命'也"。至于"而已顺"和"从心所欲不逾矩"，则当为"行权"的最高认识阶段。（赵纪彬：《〈论语〉"权"字义疏》，《困知二录》第 264～265 页）

赵氏的这个论证有很多问题。首先，宋儒对"学、道、立、权"的理解，是否可以概括为认识发展的四阶段？其次，即便"可与共学"章是在陈述认识发展的四阶段，它是否就一定要和"吾十有五"章所说的孔子自身认识发展程序一致？再次，"吾十有五"章所述的孔子自身认识发展程序是否可以概括为"学、立、道、权"，尤其是，"知天命"是否就相当于"适道"，"而已顺""从心所欲不逾矩"就相当于"权"？等等，这些都是值得讨论的。在所有这些问题上，赵氏都没有考虑到相反的意见。笔者认为，关键的一点是，"可与共学"章与"吾十有五"章不具有可比性，前者是说相与共事之人有不同层级，后者是孔子自述个人的精神历程。

行文至此，关于朱子《集注》"可与共学"章的章句问题，相信已经得到澄清，论者所谓"错简""断章"之议可以寝矣。当然，本文并非主张，对于朱子的解经著作，不可以章句之学蠡测之。相反，笔者认为，对于任何严肃的解经者来说，章句之学都不可忽。朱子清楚地意识到了这一点。我们欢迎对朱子的解经著作做严格的章句审查，如果审查结果不利于朱子，那也无须为其讳，就像朱子本人在"可与共学"章对程子注解所做的那样。只是，在本文处理的这个案例中，碰巧朱子通过了审查。

捌

太极与 The Absolute

在今天，从事中国哲学研究，很难避免中西比较，甚至可以这样说：现代意义上的中国哲学研究，实质上就是一种比较哲学工作。但比较不是简单地找出相似或相同，更不是为比较而比较。比较是现代从事中国哲学研究者的一种客观情势或命运，以至于有学者称之为"本体论的事实"（杨国荣语）。

在从事中国哲学研究时，西方哲学早已成为诠释学所说的前见或成见（prejudice），反之亦然。这是事情的一个方面。另一个方面则是，比较是有深浅的，从而是有高下优劣之分的。比较的深度是指对被比较双方达到一个很高的认识程度，而对双方差异的毫厘之辨是其标志之一。在某种程度上，此一过程有似悖论：促使比较的动机是基于某种相似性联想，但随着研究的深入，却逐渐发现，被比较的两者似近实异、貌合神离，无形之中消解了产生比较动机的前提。生物学家告诉我们，如果仔细观察，每一片叶子都是不同的。当然，找出一对看上去相差很大的事物的相似或共同，这种工作也有它的意

---

* 本文前身系提交给德国耶拿大学与魏玛古典基金会主办的"Die drei Lehren"国际学术研讨会（2014 年 11 月 26～29 日，德国魏玛）的英文报告 A Comparative Study on Zhu Xi and Hegel：Focusing on taiji（Great Ultimate）。中文稿据此扩充而成，宣读于"理念与方法：反思近代以来的中国哲学研究"学术研讨会（上海师范大学，2014 年 12 月 12～15 日）。需要说明的是，因笔者出国访学，通联不畅，造成本文重复刊登于《社会科学家》2015 年第 8 期与《哲学动态》2015 年第 10 期，在此，谨向两家期刊致以由衷的歉意。

义。这种因异而后求同，与因同而后见异，虽然方向相反，却性质相同：都是推翻了原先持有的比较动机或作为比较起点的那份认知。

如此说来，比较所能修成的正果是加深了对中西哲学差异的了解，亦即：经与西方哲学比照、对勘，研究者获得了对中国哲学自身性质的更好理解与描述。在这个意义上，不妨说，在中西哲学比较上，西方哲学充当了中国哲学的"镜"与"灯"（借用M.H.艾布拉姆斯的比喻），反之亦然。

对于以上所说，可能会提出这样一种批评：为什么比较一定要以追寻所谓"本义""真相"为目的？且不说是否能够达到这种"本义"或"真相"，即便能之，它也不应该是比较所唯一可为之事，为什么不能经由比较，中西思想的碰撞、互释产生一种新的思想？比如，冯友兰以实在论（realism）解说中国哲学尤其是理学，遂产生其新理学。就算被证明（也许准确的说法是，有人提出了很有竞争力的不同观点）：冯友兰用实在论解朱熹，牟宗三用康德解儒学，是一种滥用（misuse），也不应当影响冯友兰、牟宗三自身理论的价值。人类的思想难道不正是这样发展的吗？想想宋明理学，如果没有对佛教哲学的吸收、借鉴、运用，它会是我们现在看到的这个样子吗？清儒批评朱子以"理"解《论语》"克己复礼为仁"章为大乖原意，然而，朱子的诠释相对于恪守训诂的汉学家法来说，不正是所谓的创造性诠释吗？同样，如果今天有人吸收、借鉴、运用海德格尔哲学，提出一套对中国哲学的"生存论解释"，又有何不可、有何不妥呢？

对此，笔者的回答是：诚然，比较之动机、旨趣容有两途，但任何一途都有"法"可循，不存在"法外之徒"。对于解释的部分，当然可以对它提出是否合乎原意这样的问题，而且不难得到结论；对于自创的部分，则可以从逻辑的方面看它自洽与否，从已经存在或理论上可以设想出来的可能的与之竞争的观点看它是否更合理更少破绽。

易言之，论诠释则有信伪之分，论理论则有优劣之别。最要不得的是那种"蝙蝠"式研究：要是你用信伪的标准来讨论它，它会说自己从事的是理论创造；若是你用理论创造性的标准来衡量它，它又处处都是中国哲学认为如何如何，如果你认为这些"认为"有问题，那也是中国哲学的问题，而不是他的问题。总之，这种"蝙蝠"式研究就用这种方式成功地使自己免于负责。对于这种不负责任的研究，我们要打出它的原形，逼它认责。比如，如果一个研究是在讨论朱子，那么，我们就看它对朱子的描述、理解是否都有文本依据，它对朱子文本的引用是否忠实、完整，是否任何一个了解古代汉语文法者都能从其所引的相关文本中推演出它的理解，如果存在合乎逻辑、文法、习惯的其他理解，作者就必须向读者证明自己的理解有足够的优越性。

如果一个研究只是借朱子叙述自己的理论，那么，我们就要看这理论是要解决什么问题，是否已经完成其任务，对于此一问题，作者提供的方案是否优于已有的与可能有的备选方案，等等。

本文将运用以上所说的"循名责实"之法去分析一个个案——现代学者贺麟（1902～1992）对朱子太极与黑格尔绝对理念的比较研究。笔者的结论是：贺麟有关太极与

Absolute 的比附是一个不成功的尝试，之所以说它不成功，是因为，至少站在中国哲学的角度看，他对比较的一方——朱子哲学的理解是成问题的。

一

当代德国汉学家郎宓榭（Michael Lackner）1990 年曾发表了一篇题为"朱熹是黑格尔之前的黑格尔吗？"的文章，直率地批评了一些现代中国学者滥用朱子学术语去套黑格尔从而得出朱熹是黑格尔之前的黑格尔这样的荒唐结论。在该文基础上，郎氏又进一步写成"部分西方哲学术语在中文运用中的嬗变"一文，对中文作者滥用西方哲学术语的现象做了更广泛的考察，被他用作靶子分析的例文是中国学者冒从虎发表于 1985 年的"朱熹与黑格尔理学之间同异浅析"。在细致剖析冒文之后，郎氏发现，不仅朱熹被强加到黑格尔之中，黑格尔也使得人们不可能毫无偏见地阅读朱熹。（郎宓榭：《郎宓榭汉学文集》，复旦大学出版社，2013 年，第 142 页）

郎文在一个地方曾顺带提及贺麟 1930 年发表的作品"朱熹与黑格尔太极说之比较观"，但奇怪的是，不知出于何种原因，他基本没有讨论贺麟以太极来解读黑格尔的问题。[①] 须知，郎氏自己已提及，贺文是中文世界第一篇对朱熹与黑格尔进行比较的论文，说贺麟开了朱熹与黑格尔比较的先河，应不为

[①] 不过，从郎氏在评论冒从虎论文时顺及贺麟翻译《小逻辑》的欠缺（主要是关于"概念"一段）这一点来看，他对贺麟译介的水平颇不以为然。

过，事实上，被郎氏严厉批评的冒从虎就是出自贺麟门下。如果要正本清源，就应该从分析贺文开始。对于郎文，读者在阅读时难免会生出这样的遗憾。笔者希望本文能够完成郎氏的未竟之业。在开始这样做之前，笔者先对郎氏提出一条小小的异议，那就是：就郎氏关注的"西方哲学术语在中文运用中的嬗变"这一问题而言，其原因并不完全在于中文作者滥用西方哲学术语，在早期，恰恰相反，主要在于中文作者用"格义"的方式去理解西方哲学，即：中文作者使用他们熟悉的中国哲学术语去解说西方哲学名词，比如，被郎氏所批评的冒从虎，就使用了"黑格尔理学"这样的提法，以及我们下面要详谈的贺麟，贺麟实际上是用"太极"去疏解黑格尔的绝对精神或绝对理念（the Absolute Idea），"黑格尔太极说"这样的标题即是明证。①

与那些言必称"本体""存在"的后来者不同，在贺麟这里，是一个中国哲学范畴——"太极"，而不是一个西方哲学术语，比如，逻各斯，理念，成了他心目中的"学术界的通用货币"。贺麟说：

---

① 晚近刘笑敢教授提出现代中国哲学研究存在所谓"反向格义"，即：以西方哲学的概念和理论框架来研究中国传统的哲学思想（参见所著：《反向格义与中国哲学研究的困境》，载《南京大学学报》，2006年第2期），在那时还没有成为问题。其实，"格义"与"反向格义"是一体两面，都是笔者所批评的糟糕的中西哲学比较方式。当前，对"反向格义"或所谓"以西释中"的反省已不乏见，而基于某种文化主体性诉求，在当今学界，尤其是西学界，"格义"或"以中释西"的现象又有所抬头，如有的译者将柏拉图《法律篇》改译为《法义》，《国家篇》或《理想国》改译为《王制》，因此，对20世纪初贺麟等人在中西哲学比较时以"格义"为主的得失加以检讨，可说是来得其时。

太极乃思想上的根本概念，哲学上的主要范畴。鲁一士说得最好：哲学上的许多范畴，可以说是学术界通用的货币，没有一个哲学家可以不用的。所以谈哲学一深究到形而上学的道体，是不能不用太极一范畴的。……（贺麟：《黑格尔学述》译序，《黑格尔哲学讲演集》，《贺麟全集》第5卷，上海：上海人民出版社，2011年，第622～623页）

贺文是登在当时天津出版的《大公报》第149期（1930年11月6日）"文学副刊"上的。换言之，贺麟的这篇文章是要向中国读者介绍外国哲学，而不是反过来。因为不是面向专业人士，如果直接使用新造的翻译名词，恐怕很难让他们明白。

虽然使用的是"太极"这个在当时中国知识人那里耳熟能详的名词，但贺麟并不完全照搬这个词的固有含义，而是试图以它为媒介去说明一种新的思想：西方形而上学关于本体的理论。贺麟说：

黑格尔的本体或太极，就是绝对理念（absolute idee）。（贺麟：《朱熹与黑格尔太极说之比较观》，《黑格尔哲学讲演集》，《贺麟全集》第5卷，第596页）

贺麟自己就分析出朱熹的太极有三种含义：一是理（principle）。这种意义的太极，具有极抽象、超时空（transcendent）、无血肉、无人格等特征（贺麟：《朱熹与黑格尔太极说之比较观》，《黑格尔哲学讲演集》，《贺麟全集》第5卷，第596页），是朱熹哲学的最高范畴，亦即宋明理学家所说的道体。它由格物致知而来。二是内心境界（贺麟：《朱熹与黑格尔太极说之比较观》，《黑格尔哲学讲演集》，《贺麟全集》第5卷，第598页），由涵养用敬而来。三是神仙境界，这是对抽象化的太极的一种具体化（贺麟：《朱熹与黑格尔太极说之比较观》，《黑格尔哲学讲演集》，《贺麟全集》第5卷，第604页）。可以看到，所谓形而上学本体意义，只是朱熹太极的一种用法，也就是说，在朱熹那里，太极除了作为形上之本体，还有其他几种含义，而且贺麟还认为，太极作为心灵境界的含义在朱熹那里特别重要，他为此花了大量篇幅（贺麟：《朱熹与黑格尔太极说之比较观》，《黑格尔哲学讲演集》，《贺麟全集》第5卷，第598～604页）。

从"本体或太极"这样的措辞可以看出，贺麟是将"太极"理解为"本体"的同义词。这种理解在宽泛的意义上，不能说错。因为，在朱熹、吕祖谦编的宋代理学读本《近思录》那里，有关太极的论述是放在首卷"道体"名下的。"道体"云者，即"道之本体"的简称。然而，理学乃至整个中国哲学所说的"本体"，与古希腊以来西方形而上学当中所讨论的being（即被中文翻成"本体"的那个概念）并不就是一回事，虽然ontology的通行汉译是"本体论"，但早有学者提出异议，更确切的翻译应该是"存在论""存有论"或"是论"。[①]

从贺麟的用法来看，"太极"也好，"本体"也好，似乎都

[①] 参看刘立群：《"本体论"译名辩正》（《哲学研究》，1992年第12期），杨学功：《从Ontology译名之争看哲学术语的翻译原则》，均载宋继杰编：《BEING与西方哲学传统》，保定：河北大学出版社，2002年。

不过是对哲学最高范畴的一种描述。^①在这个意义上，说"黑格尔的太极"如何如何，就跟说"黑格尔的本体"如何如何，没有多少分别。同样的道理，说"朱熹的本体"如何如何，跟说"朱熹的太极"如何如何，也差不多一个意思。

也许，在名称上我们不需要花费太多时间，只要使用时明白其所指即可。真正要解决的问题是，朱熹的太极说与黑格尔的太极说，或者朱熹的本体论与黑格尔的本体论，究竟有何异同。

尽管贺麟详细列举了朱熹的太极说与黑格尔的太极说的差异，但他坚持两者有一个共同之处，那就是：无论朱熹还是黑格尔，都可以划归为绝对论者。他说：

……严格说来，朱学虽算不得绝对唯心论，但确是一种绝对论（Absolutism）。（贺麟：《黑格尔学述》译序，《黑格尔哲学讲演集》，《贺麟全集》第5卷，第622页）

何以朱学是一种绝对论呢？这与贺麟对太极的理解有关，他说：

英文的Absolute即绝对无上之意，中文的太极也是绝对无上之意。朱子与陆象山书解释太极说："圣人之

---

① 比如，贺麟提出：(朱子的)这个太极就是"道理之极至"，就是"总天地万物之理"，而"这个理就是朱子形而上学的本体（宋儒称为道体），就是最高范畴"。（贺麟：《朱熹与黑格尔太极说之比较观》，《黑格尔哲学讲演集》，《贺麟全集》第5卷，第596页）

意，正以其究竟至极，无名可名，故特谓之太极，犹曰'举天下之至极无以加此'云耳。"（贺麟：《黑格尔学述》译序，《黑格尔哲学讲演集》，《贺麟全集》第5卷，第620页）

很明显，贺麟之所以认为"中文的太极也是绝对无上之意"，是根据他所引朱子有关太极的说法。朱子之说出自《答陆子静（十一月八日）》，原文如下：

且复《大传》之太极者，何也？即两仪、四象、八卦之理具于三者之先，而缊于三者之内者也。圣人之意，正以其究竟至极，无名可名，故特谓之太极，犹曰"举天下之至极无以加此"云耳，初不以其中而命之也。至于"北极"之"极"、"屋极"之"极"、"皇极"之"极"、"民极"之"极"，诸儒虽有解为中者，盖以此物之极常在此物之中，非指"极"字而训之以中也。极者，至极而已。以有形者言之，则其四方八面合辏将来，到此筑底，更无去处；从此推出，四方八面都无向背，一切停匀，故谓之极耳。后人以其居中而能应四外，故指其处而以中言之，非以其义为可训中也。至于太极，则又初无形象方所之可言，但以此理至极而谓之极耳。今乃以中名之，则是所谓理有未明而不能尽乎人言之意者一也。(《文集》卷三十六，《朱子全书》第21册，第1567页）

朱子反复申述，太极之得名，系以其有究竟至极之义，以驳陆九渊训极为中之说。而在贺麟看来，至极的意思就是绝对无上。在没有比较的情况下，贺麟的这种理解也说得过去，既然朱子有"举天下之至极无以加此"这样的话。可是，贺麟进而主张，对朱子太极一词的最好英译就是 The Absolute（贺麟：《黑格尔学述》译序，《黑格尔哲学讲演集》，《贺麟全集》第5卷，第620页），这就有问题了。因为，说太极有绝对无上之意，不等于说，我们就可以用绝对无上（The Absolute）来翻译太极。毕竟，在字面上，与"极"对应的英文字是 ultimate 或 extreme。何以贺麟一定要弃这些现成的表示"极"的英文字而不用呢？在为《黑格尔学述》所写的《译序》中，贺麟陈述了自己的理由。以下我们就来检视之。

二

在贺麟之前，关于太极，学界已有很多译名。贺麟列举了七八种。包括：

（1）The Absolute，主要是翟理士（Herbert Allen Giles, 1845～1935）所用，见其所译《庄子》（*ChuangTzu: Mystic, Moralist, and Social Reformer*）。[①]

（2）The Greate Extreme，见传教士 Canon Mc-Clatchie（1813～1885）所译《易传》（Translation of the Confucian

---

① "太极"一词见《庄子·大宗师》："夫道，有情有信，无为无形；可传而不可受，可得而不可见；自本自根，未有天地，自古以固存；神鬼神帝，生天生地；在太极之先而不为高，在六极之下而不为深，先天地生而不为久，长于上古而不为老。"

with Notes and Appendix）（1876）。[1]

（3）The Great Extreme 或 The Grand Terminus，里雅格（James Legge）《中国经典》（*The Chinese Classics*）所用。[2]

（4）Grand Extrème，法国传教士高尔（Le P. Stanislas Le Gall）所撰朱子之书用到（*Le Philosophe Tchou Hi Sa Doctrine, Son Influence*）（1894）。

（5）The Supreme Ultimate，卜道成（J.Percy Bruce，1861～1834）所用，见所著：*Chu Hsi and His Masters: an Introduction to Chu Hsi and the Sung School of Chinese Philosophy*.（1923）。

（6）The Difinite or the Conditioned，传教士丁韪良（William Alexander Parsons Martin，1827～1916）所用，见其《翰林集》（*The Chinese: Their Education, Philosophy, and Letters*）（Shanghai and London，1880; new ed., New York，1881）。

（7）Das Urgrund（无本），德国学者策克（E.V.Zenker）于其《中国哲学史》（*Geschichte der Chinesischen Philosophie*）（Reichenberg，1926）中所用。

---

[1]《易传·系辞上》第十一章有"太极"之说："易有太极，是生两仪，两仪生四象，四象生八卦。"

[2] 贺说不确，里雅格在其五卷本的《中国经典》中并没有译到"太极"一词，因为《中国经典》没有收入包含"太极"的《易经》。不过，里雅格在翻译《尚书》时涉及"皇极"一词，后者被传统注释者看作太极的同义词，但里雅格采取朱子的看法，认为皇极是指君德为楷模，所以，他把"皇"译为"君"（prince），把"极"译为"完美之极"（the utmost point; the extreme of excellence; perfection），他明确反对将"极"训作"中"（the centre or mean）的理解。参见：The Great Plan 9, *The Shoo King*, Part v, in James Legge, *Chinese Classics*, Vol. Ⅲ., Part Ⅱ, London: Trübner & co., 1865, p.328。

（8）Das Erhabene Aeusserste（崇高的极端），另一德国学者哈克曼（Henrich Hackmann）所撰《中国哲学史》（*Chinesische Philosophie*）（Muenchen，1927）。

以上诸译，除了翟理士的 The Absolute 之外，贺麟都不满意。盖贺麟以为：

> 以"极端"（extreme）释"极"字根本就不对。因为极字虽含有极端之意，但同时又可训中，如皇极屋极之极皆作中字解。陆象山与朱子辩论，坚持"太极"应释作"大中"，不可又释作无极。朱子亦承认，太极可训大中，但坚以为又须释为无极。所以，若译太极为"大极端"，则失掉原来之"中"的意思了。且以力倡执中守中用中中庸的儒家的理学首领朱熹，今为他所认作形上的道体，叫作"大极端"，也未免可笑。（贺麟：《黑格尔学述》译序，《黑格尔哲学讲演集》，《贺麟全集》第5卷，第621页。着重号为引者后加）

贺麟还提出，解释不可以直接当作翻译，比如，我们固然可以说柏拉图哲学中的理念（Idea）是太极（Supreme Ultimate），但我们不会将"太极"作为"理念"一词的理想译法。又，"太极"一词由两个字构成，可是没必要将这两个字一个一个翻译出来。"太极"在朱熹哲学中的地位相当于"The Absolute"在黑格尔哲学中的地位。（贺麟：《黑格尔学述》译序，《黑格尔哲学讲演集》，《贺麟全集》第5卷，第622页）

贺麟所陈述的以上理由，论证效力不同，最后一条是同义反复。关于"太极"究竟是做一个词翻译，还是应该将每个字都翻出来，取决于怎么理解太极。柏拉图的理念与朱熹的太极不同，前者不包含"极"字，而后者包含，不能用 Supreme Ultimate 翻译"理念"，不代表不能用它翻译"太极"。至于能不能用"极端"来理解"极"，由于贺麟所引证的是朱子与陆九渊的无极太极之辨，这就需要研究具体文本才能判定。以下我们来仔细研究朱陆当时的通信。

三

朱子认为：

> 至于"北极"之极，"屋极"之极，"皇极"之极，"民极"之极，诸儒虽有解为中者，盖以此物之极常在此物之中，非指极字而训之以中也。极者，至极而已。（《答陆子静（十一月八日）》，《文集》卷三十六，《朱子全书》第 21 册，第 1567 页）

又说：

> "极"是名此理之至极，"中"是状此理之不偏。……若"皇极"之极，"民极"之极，乃为标准之意，犹曰"立于此而示于彼，使其有所向望而取正焉"耳，非以其

中而命之也。……《大传》《洪范》《诗》《礼》皆言极而已，未尝谓极为中也，先儒以此极处常在物之中央，而为四方之所面向而取正，故因以中释之，盖亦未为甚失，而后人遂直以极为中，则又不识先儒之本意矣。(《答陆子静（来书云浙间后生赆书见规）》，《文集》卷三十六，《朱子全书》第21册，第1570页）

从这些材料来看，很清楚：朱子根本不同意用"中"来解释"极"，坚持"极"就是"至极"的意思。朱子还解释了为什么本当作"至极"解释的"极"会被先儒说为"中"，那是因为事物之极常在事物之中的缘故。

至此，不能不说贺麟对朱子的理解"失之毫厘而谬以千里"。贺麟拒绝将 Great Ultimate 或 Supreme Ultimate 作为"太极"的英译，从朱子文本这里得不到支持。事实上，英语世界现在通行的关于太极的翻译就是 Great Ultimate 与 Supreme Ultimate 这两种。

如陈荣捷对《易传》"易有太极"这段话的翻译就是这样：

Therefore in the system of Change there is the Great Ultimate. It generates the Two Modes (yin and yang). The Four Forms generate the Eight Trigrams. (Appended Remarks, chapter 11, in *A Source Book in Chinese Philosophy*, by Wing-tsit Chan, NJ.: Princeton University Press, 1969, p.267)

而卜德在英译冯友兰中国哲学史时则用 The Supreme，其中说道：

> The Supreme Ultimate is very much like what Plato called the Idea of the Good, or what Aristotle called God. (Fung Yu-lan, *A History of Chinese Philosophy*, trans. by Derk Bodde, Vol.2, Princeton University Press, 1953, p.537)

或许有人会认为，贺麟以 The Absolute 译"太极"可能不妥，但朱熹的"太极"相当于黑格尔的绝对精神（Absolute Idee），这一点则依然可以成立。

那么，朱熹所说的"至极"之"太极"是否跟黑格尔的绝对精神一样具有超验（transcendental）的意味呢？事实上，如前所述，贺麟自己亦意识到，就超验这一点而言，朱熹的太极不如黑格尔的绝对理念或绝对精神那么绝对，因为朱子的理（太极）老是被气纠缠着。朱子有时认心与理为一，有时又析心与理为二，而黑格尔则肯定地抱认识一元论，认心即理，理即心，心外无理。所以黑格尔的学说是绝对唯心论，而朱子则似唯心论又似唯实在论，似一元论又似二元论。（贺麟：《朱熹与黑格尔太极说之比较观》，《黑格尔哲学讲演集》，《贺麟全集》第 5 卷，第 597 页）

其实，用唯心论还是唯物论定位朱熹，总有不能相应之处。像朱子这样的中国哲学家，是很难用"唯……"来概括的。朱子哲学当中的理气关系问题非常复杂，一元论或二元论都嫌简单，归根结底，中国哲学家所发展的宇宙、人生之思，与古希腊以来西方形上学传统是两个系统的学问。越是深入研究朱子，对这一点就会感受越深。正如陈荣捷评论的那样，无论将朱子与柏拉图相比，还是与亚里士多德相比，终觉扞格，西方哲学通常的那些对立并不适用于中国哲学。[①]

以上，我们对贺麟有关"太极"一词的哲学翻译的得失做了讨论。从以上讨论我们判定，用 The Absolute 与太极互训，是一个有害的做法，应该毫不犹豫地予以抛弃。笔者翻起这段旧案，无意苛责前人，只是想从中反省比较哲学研究的方法论问题，以为今后更好地从事中西比较以及中国哲学研究之借鉴。笔者时常提醒自己，比较哲学是一种需要加倍小心的工作，对于任何化约（simplification）与共性断言（similarity claim），我们都应抱以足够的警惕，才不至自误误人。

---

① Wing-tsit Chan, *A Source Book in Chinese Philosophy*, p.641.

玖

《大学问》再考

引 言

　　1997年，时为华东师范大学研究生的笔者写成《〈大学问〉来历说考异——兼论其非王阳明晚年定论》（以下简称《考异》）一文，首次对《大学问》这篇被视为王阳明重要思想资料的来历问题提出怀疑。后经修改，发表于《哲学门》第1卷第2册（2000年6月）。翌年，《哲学门》刊出吴震《驳〈《大学问》来历说考异〉》（以下简称吴文），提出"《考异》之立论有诸多可疑之处"（第213页）。2007年，《湖南社会科学》登载任文利《王阳明〈大学问〉来历考》（以下简称任文），针对《考异》所疑，为钱德洪提供的《大学问》来历说辩护。

　　由于笔者写完《考异》后不久即入北大攻博，而博士论文以元代吴澄为题，主要兴趣转到朱子学，博士毕业后，又先后承担了元代儒学史的写作和"宋代新儒学话语的形成与结构"课题的研究，故一直无暇对吴、任二文做出回应。

　　一晃十几年过去，近因编选个人新儒学论文集，翻出旧作，重拾《大学问》，对照吴、任两位先生的批评，重新思考了相关问题。适值笔者在京都大学人文科学研究所做为期一年的访问学人，无教学会议之劳，而京大的阳明学藏书向称丰富，天时地利一时凑泊，遂得从容搜讨。

　　经过此番覆考，笔者认为，诚如批评者所指出的，《考异》

的确存在未备之处，不过，总体上，《考异》的结论依然能够成立。在检讨旧作的过程中，笔者查阅了大量资料，无意之中，对阳明及其后学的史实与文献有不少发现，尤值得向学界报告。此《再考》之所由作也。

文章分四部分，第一部分，鉴于一些论者的误读，对《考异》主旨做了重申；第二部分，结合相关批评，检讨了《考异》对两个重要线索的查证；第三部分，讨论了批评《考异》者为钱德洪所提供的辩护，分析其中存在的问题；第四部分，也是篇幅最长的一个部分，对嘉靖四十五年（1566）以前《大学问》的刻本做了广泛与深入的调查，不仅纠正了前人的一些错误说法，还对沈宠、王杏、宋仪望、孟津等以往不太为人注意的阳明后学的情况做了发掘，也系统梳理了聂豹与《大学古本》的渊源。通过指出以下事实：在钱德洪于嘉靖四十五年（1566）将《大学问》收入《文录续编》之前，王阳明几大弟子（邹守益、王畿、薛侃、聂豹、欧阳德等人）都不同程度地参与了《大学问》的刊刻或在思想上有意识地取资过《大学问》，为《考异》对钱德洪《大学问》来历之说的质疑提供了有力支持。

一 对《考异》主旨的重申

鉴于批评者对《考异》的主旨做了有意无意的误读，因此，有必要在一开始予以重申。

正如《〈大学问〉来历说考异》这个标题所示，《考异》的主旨是对钱德洪有关《大学问》来历的说法提出质疑，而不是对《大学问》本身有什么怀疑；《考异》只说"《大学问》不是王阳明的晚年定论"（第137页），"《大学问》所反映的王阳明的思想不是他的最后结论"（第145页），却从来没有说《大学问》不是王阳明的著作，《大学问》所反映的不是王阳明的观点。

吴文在驳《考异》时，基于错误的推导，对《考异》的观点做了不合实际的刻画：

> 《考异》虽然没有明确道出，《大学问》实是钱德洪之伪作，但是既然根本不存在"面授《大学问》之事"，那么事实上，上面这句话等于宣判了《大学问》是"钱德洪的杜撰"。（第215页）[①]

[①] 必须说，将《大学问》的真实性与钱德洪有关《大学问》来历之说的真实性等同视之，这样的倾向，并不只存在于吴文这里，这就是为什么笔者觉得有必要开篇即重申《考异》主旨的原因。笔者注意到，另一位作者在自己的书中表示，根据薛侃的《阳明先生则言》、孟津的《良知同然录》以及刘思源的《大学古今通考》这三种史料，"我们完全有理由相信《大学问》以及绪山所言的真实性"（参见钱明：《儒学正脉——王守仁传》，杭州：浙江人民出版社，2006年，第165页）。按：三史料中的《大学古今通考》，成书于万历三十六年（戊申，1608）（参见《四库全书总目提要》卷三十七"《大学古今通考》十二卷"条："明刘斯源编。斯源字宪仲，临颍人。是书成于万历戊申。首列朱子《大学》改本，次列《礼记》古本，次列魏石经本，次列二程本，而以宋、元、明诸儒说《大学》者附焉。以诸说并陈，无所去取，故名《通考》。然《礼记》传自戴圣，郑玄不过依《经》作《注》，指为郑玄之本，已为未安。至政和石刻出自丰坊伪撰，其政和年号以宋为魏，贾逵姓名以汉为魏，前人驳之悉矣。斯源犹珍重而信之耶？"按：是书，明万历间刊本有万历三十六年戊申唐士元后序，参见《中国子学名著集成》第15册，台北：中国子学名著集成编印基金会，1978年，第627~632页），如何可以证明钱德洪嘉靖四十五年（丙寅，1566）的说法为真？此且不论，关键的问题在于，证得《大学问》不伪，与钱德洪之说可信，原非一事。

不存在王阳明行前向钱德洪面授《大学问》之事，只是否定了《大学问》不可能产生于彼时彼地，而并非否定《大学问》的存在或《大学问》纯属钱德洪杜撰，因为完全存在这样的可能：《大学问》的成书是在其他场合。

吴文产生这样的联想，也许是看到《考异》这样的话："根本不存在什么王阳明临行前面授《大学问》之事，这一切不过是钱德洪的杜撰而已。"（第144页）如果说这里的"这一切"一语有可能让人误以为它包含《大学问》本身在内，但如果不是只看这一句，稍微读一下前后文，哪怕再看一眼文章标题，都不难明白：《考异》说的"杜撰"是指"钱德洪关于《大学问》来历的说法"。所谓"钱德洪关于《大学问》来历的说法是杜撰"，《考异》要表达的意思是，这个说法不可信、不足为凭："钱德洪关于《大学问》来历的说法并不可信"（第137页），"今本《王阳明全集》中关于《大学问》来历的说明于事于理皆有未合之处，不足为凭"（第145页）。

吴文后面也似乎意识到，将自己做的这个推论加之于《考异》，有些牵强："然而，细按《考异》之意，他似乎不愿遽下如此结论。"（第215页）可是，出于某种思维惯性，他在下意识里还是以为，《考异》的重点是说《大学问》是钱德洪的杜撰。

吴文云："据笔者臆测，《考异》想说的也许是：从内容上来看，《大学问》本身确是阳明之作，只是嘉靖六年八月，阳明在临行出征之前，是否将《大学问》面授于钱绪山，这事值得怀疑。故极有可能《大学问》是后来绪山在重编《文录续编》之际'拼凑'而成的文字（原注：以上是笔者揣摩《考异》之意而做的推测而已。笔者觉得，与其用'杜撰'一词，还不如用'拼凑'一词，更能符合《考异》上下文的真实意思）。"（第215页）按：从作者对"拼凑"一词所做的注可以看出，他认定《考异》想说的就是："《大学问》是后来绪山在重编《文录续编》之际'杜撰'出来的文字"，而他则嫌"杜撰"一词不如"拼凑"来得准确，故易为后者。

正是由于吴文将《考异》的核心观点假想为：《大学问》是钱德洪后来在编《文录续编》时拼凑而成的文字，因此，他把反驳的重点放在寻找《大学问》在《文录续编》之前就已经明文存在的证据上。其中的逻辑是：既然之前就有若干刻本，那就说明《大学问》不是钱德洪嘉靖四十五年（1566）在编《文录续编》时拼凑出来的东西，《考异》的怀疑也就不能成立。

然而，问题是：说"《大学问》是钱德洪的杜撰"或"《大学问》是钱德洪拼凑而成的"，这都不是《考异》的意思。就此而言，批评者一上来就弄错了方向，其结果不仅没有驳倒《考异》，反而为后者加了分。因为，《大学问》在钱德洪于嘉靖四十五年（1566）收入《文录续编》之前就"早已流行世间了"（第215页），这个事实非但丝毫无补于证明《大学问》是嘉靖六年（1527）八月王阳明出征思、田前授予钱德洪，反而使钱德洪的说法露出新的破绽：如果《大学问》是王阳明行前授予钱德洪笔录，也就是说，这是《大学问》唯一官方版本，而钱又奉师命按下不表，那么，外间流传的诸多《大学问》刻本（其文字与钱本并无不同）又是从何而来呢？

二 对《考异》两个线索查证的检讨

《考异》之所以不信钱德洪提供的《大学问》来历之说，是因为，它既于事无征，又与理相违。"事"的方面，《考异》主要做了两方面查考：一是查阅了邹守益（谦之）文集，因为钱提到《大学问》曾被邹守益附刻于《大学古本》；二是查阅了当时相关的大学古本的刻本，主要是王文禄的《大学古本旁释》。

查阅邹守益文集的结果，《考异》发现：邹守益文集只提到一种叫作《古本大学问》的东西，却没有交代这个《古本大学问》的由来。对此，《考异》有如下表示："现在我们既找不到《古本大学问》来做核对，而在邹谦之文集中也没有发现有关证据说明《古本大学问》是王阳明出征思、田前所授，所以，不能指望从邹谦之这个线索获得《大学问》来历问题的最终解决。"（第138页）

在这一点上，批评者们都未能取得突破：既没有找到《古本大学问》来做比对，也没有发现什么材料能够揭示《古本大学问》的由来。不过，任文比吴文有所进步，发现了《考异》的一个错误。（第4页）那就是：《考异》误将邹守益当作了《古本大学问》的刻者，而实际上，邹只是为之作《跋》者，刻者为其友人。这个错误之所以发生，是由于《考异》在引《东廓集》卷七《复毛古庵式之》"近刻《古本大学问》，附以鄙见，

谨寄上求教"时遗漏了前面"友人"二字。（第138页）

不无遗憾的是，任文指出拙文引文疏漏，自身在引用时却也出现了不应有的失误，一再将"友人近刻《古本大学问》"中的《古本大学问》引作"《古本大学或问》"，且以此为据对《与德洪》书当中的"《大学或问》"加以印证。（第4页）实际上，邹守益对《大学问》的称谓并不统一，既有用《古本大学问》的（见《跋〈古本大学问〉》《复毛古庵式之》），也有用《大学古本或问》的："《大学古本或问》[①]，友人近刻之，

[①] 关于《大学古本或问》，我们注意到，新刊《邹守益集》的标点有所不同："《大学》古本、《或问》。"（第533页）如此标点，突出了《大学古本》与《或问》是两篇文献。事实上，邹守益为之做跋的刻本的确是《大学古本》与《古本大学问》(《或问》) 合刻，否则，邹守益不会忽而说跋《古本大学问》(《跋〈古本大学问〉》，《邹守益集》卷一七，第800页)，忽而又说跋《大学古本》："近跋《大学古本》，颇述此意。"(《复李谷平宪长》，《邹守益集》卷一〇，第506页。标点有所改动，原文作"近跋《大学》古本")不过，既然这两个文献是被合刻在一起的，写在一个书名号里也无妨，只要我们明白它们是两个文献就好，本文即采用此种标点方式。将《大学古本》与《或问》分开标示，见仁见智，但是将"古本"两个字放在《大学》的书名号之外，此则不妥，因"大学古本"是一专有名词，对阳明学来说尤其重要。了解王阳明思想学术的人都知道，阳明与朱子的一个重要分歧就是阳明不信用朱子的《大学章句》本，认为那是经过朱子以及程子改易的本子，主张恢复未改之前的本子，也就是他说的"古本"。遗憾的是，《邹守益集》的标点者对"大学古本"这个概念缺乏应有的敏感，标点时一再将"古本"两个字置于书名号之外，除了这个例子，此外，还把《复毛古庵式之》书中的"友人近刻《古本大学问》"的《古本大学问》标作"古本《大学问》"。（第510页）标点者大概是看到阳明文集中有《大学问》这个篇名，因此先入为主，而做出了这种标点。这种标点于义未安，因为它容易给人造成一种错误的印象：这是《大学问》的一个古本，而阳明文集所收的那个《大学问》则是今本。其实，标点者如果了解《答毛古庵式之》书中的《古本大学问》跟《与董生兆明》书中提到的《大学古本或问》是一个东西，就不会犯这个错误了。

附以鄙见，寄上求正"（《与董生兆明》，《东廓集》卷五），但从来没有用过《古本大学或问》这样的名称。与钱德洪的用法（包括《大学问》《大学或问》）相比，可以发现，邹守益使用的称谓始终有"古本"两字。在一定程度上，有之比无之，要更为准确。《大学或问》那样的名称尤其不妥，因为，众所周知，朱子的《四书或问》之一就是《大学或问》。在朱子之后，再用此名，会造成不必要的误解。

邹守益为《古本大学问》作《跋》，同时又积极流布此书，说他是这个刻本的有力推手，应不为过。甚至可以推想，也许是邹守益的同僚或下属承担了刊刻的具体事务（得到邹守益的授意或鼓励），可能在前面还做了一个《序》，最后由邹守益作《跋》。在某种意义上，不妨说，这个刻本是邹守益推出的。将它与邹守益的名字联系在一起，毋宁是很自然的联想。但是，如果亲眼看过这个刻本，或读过邹守益文集，就不难获知：邹守益只是为之作《跋》，并没有亲自刊刻它。

就笔者关心的问题而言，任文的这个发现，恰恰对钱德洪有关《大学问》来历的说法构成不利。因为，钱德洪曾说"是篇（引者按：《大学问》）邹子谦之尝附刻于《古本大学》"。现在既然了解邹守益根本没有刻过《古本大学》，这就说明，钱德洪其实没有见过该书，他对邹守益在《古本大学》刊刻过程中扮演的角色并不知悉。

至于吴文，在讨论《考异》有关邹守益这个部分时，则表示，单凭揣摩《跋〈古本大学问〉》的文意就能断定邹守益所刻即今本《大学问》："我们只要细按邹东廓《跋〈古本大学问〉》中之语意，便不难发现，东廓所刻即今本《大学问》。"（第213页）可是，如果作者真地细按了邹东廓的《跋〈古本大学问〉》，他应该不难发现：《古本大学问》并非邹氏所刻，也就不会说出"东廓所刻即今本《大学问》"这样的话了。

以上是有关邹守益这个线索的情况。下面，我们再来看《考异》对王文禄《大学古本旁释》的考察。

《考异》经过分析，认为："王文禄到刻梓《大学古本旁释》之时，都一直未见到全本的《大学问》。"（第139页）对此，吴文未发表意见，而任文则提出："实际情形恰恰相反，王文禄重刻时所见到的正是《大学问》全本。"（第5页）那么，实际情形到底如何呢？

查《百陵学山》本《大学古本 附旁释及问》[①]，其内容依次为：(1)《几先》（《大学中庸古本几先》）；(2)《序》（《大学古本序》）；(3)《问》（《大学古本问》）；(4)《旁释》（正文行右有释文的《大学古本》）。

上段所谓"几先"，指预先洞察细微。王文禄先引《天顺日录》有关明英宗辩驳宋儒对《论语》"夷狄之有君不如诸夏之亡也"和"攻乎异端斯害也已"两章解释的记载，然后评论说："海盐小臣王文禄曰：仰唯我圣祖接帝尧执中之传而克明峻德，《大学》《中庸》身体之矣，其纠宋儒之谬，用阐至理之

[①] 商务印书馆《丛书集成初编》所选，扉页题签云："《百陵学山》及《函海》皆收有此书，《百陵》善本，故据以影印。"（上海：商务印书馆，1937年初版）《丛书集成初编》据以影印的《百陵学山》系上海涵芬楼景明刻本（题签云明隆庆刻本，但书中目录后又有万历十二年的小跋，则实为万历本）。《函海》第十九函收有《大学古本》一卷，首王守仁序，次李调元序，次大学古本旁注。（清嘉庆十四年重刊道光五年补刊罗邑万卷楼藏版）

微，殆为《学》《庸》复古本之几先云。"（《大学中庸古本几先》第 2 页。《百陵学山》第一册，民国上海商务印书馆影印元明善本丛书本，第 17～18 页）

《大学古本问》卷末有王文禄跋，交代此书由来甚悉：

> 海盐后学王生文禄曰：嘉靖丁亥（引者按：嘉靖六年，1527）秋，先康毅君（引者按：王文禄父王朝辅）率禄渡江，扣阳明洞，闻王龙溪先生讲《大学》，得《古本旁释》，止前《序》。后增四问答。禄今重梓，增《答格物问》。标眉若压经，敢移附榜。经文"未之有也"，下接"此谓知本"二句，文气太急，必有缺文。癸亥（引者按：嘉靖四十二年，1563）冬，淡泉郑公曰："潘朴溪示蔡邕《石经大学》，'止至善'下接'古之欲明明德'，后忘之。"甲子（引者按：嘉靖四十三年，1564）春，南禺丰公游海上，口授《大学》，曰："家藏曹魏正始《石经》如是。"遂谨录成，文体与《中庸》同，首尾脉络贯通，甚全也。《十三经注疏》已乱于唐，况补传分章又创于宋，阳明老先生深悯支离，急欲复古，姑取《注疏》中《大学》耳，使获睹《石经》而表彰之，则尤大有功于孔门，岂不为圣学之重光哉！是后学之切思也。（王文禄：《大学古本 附旁释及问》，第 17～18 页。《百陵学山》第一册，第民国上海商务印书馆影印元明善本丛书本，37～38 页）

以上所引王文禄跋中提及"禄今重梓"，据《大学古本 附旁释及问》的《百陵学山》，卷首有写于隆庆二年的《引》："《学山》自《大学古本石经》始，以《千字文》为编，凡数十种，进未已也。可以超宋而跨《学海》云。是非稗官小说家之比。于是乎引于端。隆庆戊辰夏五，吾双子王完题。"(《百陵学山》第一册，第5页）目录之后又有说明云："右《学山》目录，编次《千字文》，渐至百号，原丘陵改百陵，对百川甚切帖，且学山对说海亦宜。首表圣祖玉音，尊皇也。继《大学》《中庸》，尊经也。邱，宣圣讳，改百，尊圣也。览必能知之。万历甲申夏五癸巳灯前书。"(《百陵学山》第一册，第16页）

跋中所谓"标眉若压经，敢移附傍"，意为：如果在书名（题签）上直接标示出"序""问""旁释"字样，那对经（《大学》）似乎有所不敬，故而斗胆把它们移到附傍。事实上，在《百陵学山》的目录上，此书就著录为《大学古本》。有论者将此书称为《大学古本旁释》，还有人在介绍《百陵学山》目录时将此书写作《大学古本旁释一卷古本问一卷》，严格说来，这都是不准确的，中华书局1985年重印此书时，将其题作《大学古本 附旁释及问》，已相对比较严谨，但仍有问题，因为按次序，问在旁释之前，且前面还有一个序。"标眉"两句，论者多不得其解。如陈来先生将"标眉"两字与上文连读，并解之曰："跋中所说'增格物问'即《大学问》，指王文禄重刻《旁释》时以《大学问》附刻于《大学古本》之版眉。"(《有无之境》第352～353页）按：此解于义未安，如"标眉"与上文连读，则下文"若压经"不成句矣；又，王文禄所增"答格物问"非《大学问》，其所云"四问答"乃《大学问》。"附刻于《大学古本》之版眉"云云，亦欠妥，盖"版眉"系指版心上方，无论《大学问》还是《答格物问》，其篇幅之长，都不可能置于《大学古本》版眉。《考异》从《有无之境》转引王文禄跋，虽对陈先生有关"四问答"乃《大学问》之说有所保留，但断句却袭陈先生之误。(《考异》第138～139页) 任文指出了《考异》及陈著断句之误，但对"标眉若压经，敢移附傍"的解释却缺乏根据，任文云："王文禄起先见到的《大学古本旁释》，其'旁释'文字是标语（引者按：'语'字当为'于'字之误）页眉的，王文禄认为这样有'压经'的嫌疑，所以，重刻时将旁释文字附于经文之旁。"（第5页）按：任文从何处得知"王文禄起先见到的《大学古本旁释》，其'旁释'文字是标于页眉的"，实际上，所谓《旁释》，顾名思义，即释文附在经文之旁，阳明《大学古本序》说得很清楚："吾惧学之日远于至善也，去分章，而复旧本，旁为之释，以引其义，庶几复见圣人之心，而求之者有其要。"（第2页，《百陵学山》第一册，第20页）释文附在经文之旁，不但《百陵学山》所收《大学古本旁释》如此排版，《函海》所收《大学古本旁注》亦然，须知，《函海》本并非抄自《学山》本。关于《函海》《学山》两本差异，陈来先生考之甚详（参见《有无之境》第353～356页）。又，"将旁释文字附于经文之旁"云云，似是将下文"经文"两字一起连读，若然，则给下文造成破句。

经文"未之有也"，指朱子《大学章句集注》视为经一章的末尾几句话："其本乱而末治者否矣，其所厚者薄，而其所薄者厚，未之有也。"

跋中所谓"未之有也"，下接"此谓知本"二句，指王阳明《大学古本》接"此谓知本，此谓知之至也"两句，参见王文禄《大学古本（附旁释及问）》，"旁释"第2页。朱子《大学章句集注》则接"康诰曰：'克明德。'"等诸传。

"文气太急，必有缺文"云云，王文禄为丰坊伪造《政和石经大学》所诳，故有此语，其《百陵学山》即收有所谓《大学石经古本》，他还为之作了旁释。丰坊伪造的《大学石经古本》对《大学》文句重新做了排列，既不同于朱子《大学章句》，也不同于阳明《大学古本》。其序如下："首'《大学》之道'四句，次'古之欲明明德'一节，又次'物有本末'四句，又次《绵蛮》诗，又次'知止'节，又次'邦畿'节，又次'听讼'节，又次'自天子'二节，又次'物格而后知至'节，又次'此谓知本'二句，又次'所谓诚其意'章，又次'所谓修身'章，'食而不知其味'下有'颜渊问仁，子曰：非礼勿视，非礼勿听，非礼勿言，非礼勿动'二十二字，次'所谓齐其家'章，次'所谓治国'章首节，次'一家仁'节，次'如保赤子'节，次'故治国'五节，次'所谓平天下'首三节，次《秦誓》四节，次'节彼南山'节，次'是故君子先慎乎德'四节，次'殷之未丧师'节，次《楚书》节，次'是故言悖'节，次《康诰》'惟命'节，次舅犯节，次'仁者以财'二节，次'生财'节，次孟献子二节，次'是故君子有大道'节，次'尧舜帅天下'节，次明德亲民二章，次'穆穆文王'三节，终焉。"（王文禄：《大学石经古本》，序引，第1～2页，《百陵学山》第一册，民国上海商务印书馆影印元明善本丛书本，第54～55页）

跋中提到的"淡泉郑公"，指郑晓（1499～1566，字窒甫，号淡泉，谥端简，海盐人）谙熟掌故，博洽多闻，著有《吾学篇》《征吾录》《古言》《今言》多种，《明史》卷199有传。郑晓对王阳明恢复《大学》古本的做法甚为拥护。丰坊伪造所谓政和石经，郑晓亦为所惑。

跋中提到的"潘朴溪"，指潘潢（字荐叔，号朴溪，谥简肃，婺源人）正德十六年进士，历官乐清令、福建提学、户部尚书、南京兵部尚书，嘉靖三十四年（1555）卒，有文学，著有《潘朴溪先生文集》。

跋中所云"南禺奉公"，指丰南禺，即丰坊（1492～1563），初名坊，后更名道生，号南禺外史，鄞县人（编者注：鄞县现为鄞州区）。正德十四年（1519）以解元举于乡，嘉靖二年（1523）进士，博学工文，曾伪造包括《石经大学》在内的一批"古书"。关于丰坊造伪《石经大学》的详情，可参看王泛森：《明代后期的造伪与思想争论——丰坊与〈大学〉石经》（《新史学》六卷四期，1995年12月，第1～18页。收入所著：《晚明清初思想十论》，复旦大学出版社，2004年）。王氏此文在基本材料方面多取资于林庆彰《丰坊与姚士粦》（东吴大学硕士论文，1978年）。

跋中所引丰坊语"家藏曹魏正始《石经》"云云，系王文禄后改，丰坊原文皆称"政和石经"。参见王氏《大学石经古本序引》："又有《石经大学》与《古本大学》不同。魏政和中，召诸儒虞松等考正《五经》，卫凯、邯郸淳、钟会等以古文小篆八分刻之于石，始行《礼记》，而《大学》《中庸》传焉。……每诵阳明公《戴记大学古本》，疑文气欠贯，心未安，后得丰南禺《正和石经大学》，质之甚合也。"（第1～4页，《百陵学山》第一册，第55～57页）盖丰坊造伪，诡称得自家藏曹魏政和石经。实则，曹魏之年号有正始而无正（政）和，或以为，此处为丰坊故意留的破绽。

从以上叙述来看，《大学问》（亦即王文禄所云"四问答"）是王父后来所得。然具体为何时？语焉不详。又，"今重梓"云云，是相对于其父所得刻本而言，还是相对于其父所刻之本而言？若是后者，则王父先已有《大学古本》之刻矣，具体又是何时？"今"者又是何年？① 如此等等，王跋皆无交代，今亦无从考索。

"四问答"之说不知起自何人，然实为误记，盖《大学问》自有六条问答。推其由来，当是因见全文分四段，每段皆问答之语，遂以为四问答。实则第一段即包含了三问答，观者不察耳。任文但见王文禄本所载"四问答"与今本《大学问》文字相同，既不考"四问答"之名是否副实，亦不管王文禄本分段与今本不同，即断定"王文禄重刻时所见到的正是《大学问》全本"（第5页），未免轻率。分段固然没有改变文字内容，但在版本学上，分段方式常常被用以判断是否为同一刻本的依据。任文没有意识到这些问题，还为"四问答"说寻找根据："实则百陵学山本《大学古本问》亦同为'六问答'，只是将前三个问答合并为一段，而三问、三答之语俱在，与今本无异，故而为'四问答'。而所以为'四问答'亦非无谓，分别对应于《大学》首章的四个部分，……如此，则有关《大学》首章诠释首尾完整。"（第5页）按照任文这个逻辑，《大学问》叫

---

① 钱明将王文禄重梓《大学古本旁释》之年断为隆庆二年："……海盐后学王文禄于嘉靖六年秋与其父康毅君过江扣阳明洞天，闻王龙溪讲《大学》，得阳明《古本大学旁释》（正德十三年刊）而归，并于隆庆二年重刻（参见《百陵学山》天号《古本大学旁释跋》）。"（所著：《王阳明散佚诗汇编及考释》，《浙江学刊》，2002年第6期）这是把王文禄跋中所说的"今"视为《百陵学山》卷首《百陵学山引》所署"隆庆戊辰"。然而，收入《百陵学山》（隆庆二年尚称《丘陵学山》，编号从天字到师字，《百陵学山》系万历十二年王文禄所改，新增数十种，编号从天字到罪字）之年，并不代表刊刻于是年，有可能更早。但最早不会早于嘉靖四十三年，因王文禄跋《大学古本问》提及嘉靖四十三年丰坊口授《石经大学》一事。

作《大学首章问》才对。其实，对应于首章四个部分，并不要求因此就将六条问答说成四条。任文此辩，失之牵强矣。

王文禄把《大学问》本文叫作"四问答"，又在《大学古本问》名下，增加了一个"答格物问"（详其出处，乃节选今本《传习录》中卷《答罗整庵少宰书》而成）。这些做法都反映出其人对阳明义理知之甚浅，却又好为点窜。不过，从他于《大学问》后增一"答格物问"的续貂之举来看，他应该见到了薛侃、王畿编的《阳明先生则言》，因为，在后者那里，《大学问》后一篇即《答格物问》。否则，不会这么巧，既把《答罗整庵少宰书》节选出来改题作《答格物问》，同时，又把它和《大学问》放在一起。必须说，王文禄水平不高而又好自作主张的特点，在他根据《则言》重刻《大学问》与《答格物问》这件事上体现得非常明显。首先，他把在《则言》那里叫作《大学问》的现成文章却冠以"四问答"这么个与实不副的名字；其次，他对《则言》所选《答格物问》又做了进一步删减，最后篇幅仅为后者的四分之一不到。如果说王文禄增加《答格物问》，是为了让读者能够更好地了解王阳明恢复《大学古本》的初衷，其情不无可恕，饶令如此，其选材眼光也实在让人不敢恭维。王文禄选的《答格物问》如下："夫理无内外，性无内外，故学无内外。讲习讨论，未尝非内也；反观内省，未尝遗外也。夫谓学必资于外求，是以己性为有外也，是义外也，用智者也；谓反观内省为求之于内，是以己性为有内也，是有我也，自私者也：是皆不知性之无内外也。故曰：精义入神，以致用也；利用安身，以崇德也；性之德也，合内外之道也。此可以知格物之学矣。格物者，《大学》之实下手处，彻首彻尾，自始学至圣人，只此工夫而已，非但入门之际有此一段也。夫正心诚意、致知格物，皆所以修身；而格物者，其所用力，日可见之地。故格物者，格其心之物也，格其意之物也，格其知之物也；正心者，正其物之心也；诚意者，诚其物之意也；致知者，致其物之知也。此岂有内外彼此之分哉？理一而已：以其理之凝聚而言则谓之性；以其凝聚之主宰而言则谓之心；以其主宰之发动而言则谓之意；以其发动之明觉而言则谓之知；以其明觉之感应而言则谓之物。故就物而言谓之格，就知而言谓之致，就意而言谓之诚，就心而言谓之正。正者，正此也；诚者，诚此也；致者，致此也；格者，格此也。皆所谓穷理以尽性也。天下无性外之理，无性外之物。学之不明，皆由世之儒者认理为外，认物为外，而不知'义外'之说，孟子盖尝辟之，乃至袭陷其内而不觉，岂非亦有似是而难明者欤？不可以不察也。"（王文禄：《大学古本（附旁释及问）》，第15～17页）这段文字也许可以反映王阳明有关格物的看法，但对揭示王阳明何以恢复《大学》古本却并不要紧，能满足那个要求的，是王阳明直接回应罗钦顺对其复《大学》古本之批评的那段文字，《则言》本保留了这些话："来教谓某'《大学》古本之复，以人之为学但当求之于内，而程、朱"格物"之说不免求之于外，遂去朱子之分章，而削其所补之传'。非敢然也。学岂有内外乎？《大学》古本乃孔门相传旧本耳。朱子疑其有所脱误而改正补缉之，在某则谓其本无脱误，悉从其旧而已矣。失在于过信孔子则有之，非故去朱子之分章而削其传也。夫学贵得之心，求之于心而非也，虽其言之出于孔子，不敢以为是也，而况其未及孔子者乎？求之于心而是也，虽其言之出于庸常，不敢以为非也，而况其出于孔子者乎？且旧本之传数千载矣，今读其文词，则明白而可通，论其工夫，又易简而可入。亦何所按据而断其此段之必在于彼，彼段之必在于此，与此之如何而缺，彼之如何而补？而遂改正补缉之，无乃重于背朱而轻于叛孔已乎？"（《阳明先生则言》卷下，第16～17页，《续修四库全书》937册，第391～392页）。关于《则言》，本文第四部分还会详细讨论，兹不赘。

其实，就《考异》的关心而言，考察王文禄的《大学古本旁释》（严格说，应是《大学古本 附旁释及问》）意义并不大，因为，即便王文禄在刻《大学古本问》时见到了《大学问》全本，也只能证明《大学问》确实存在，却无济于钱德洪有关《大学问》来历之说。

三 对批评者所提供的辩护的讨论

《考异》之所以说钱德洪所提供的《大学问》来历说与常理相悖，是根据如下逻辑："如果真有嘉靖六年（1527）八月笔录《大学问》之事"，"笔录者钱德洪在编辑王阳明《文集》时（引者按：指嘉靖十四年（1535）在姑苏编辑阳明《文录》之时）不会将这篇号称'师门教典'的文字不收"。（第140页）真实的情况是，钱德洪在编阳明文集时未收《大学问》。这就不能不让人疑惑："既然钱德洪等人自阳明殁后不遗余力地搜罗遗文遗言，那么，何以迟至嘉靖四十五年（1566）刻《文录续编》时才将此篇收入？"（第140页）对此，钱德洪提供了如下解释："录既就，（师）以书贻洪曰：'《大学或问》

数条，非不愿共学之士尽闻斯义，顾恐藉寇兵而赍盗粮，是以未欲轻出。'盖当时尚有持异说以混正学者，师故云然。"（《大学问·跋》，《王阳明全集》卷26"续编一"，第973页）

这个解释不能让《考异》满意，《考异》认为，"此处所说的王阳明的担心却显得似乎没有道理：（1）《大学或问》数条正可以说服人们信用古本《大学》，其作用只会释人之疑，又岂会予人口实？（2）与阳明以前之行事亦不合：王阳明生前积极倡导恢复古本《大学》，将《古本大学》刊行于世，并为之旁释，为之两度作序，何以不担心那些释与序会'藉寇兵而赍盗粮'，却只担心《大学或问》数条？"（第140～141页）总之，如果王阳明是担心刊印《大学问》是"搬石头砸自己的脚"，这样的担心不免有些奇怪。

再看钱德洪的补充说明："当时尚有持异说以混正学者。"这个补充在一定程度上恰好是对前引阳明之说的一个否定，因为，它无异于说：王阳明所担心的不是《大学问》会给反对者提供援助（"藉寇兵而赍盗粮"），而是会让那些不怀好意的"同盟军"得到可乘之机，浑水摸鱼。那么，当时"持异说以混正学者"又是何人呢？这种人至少要符合两个条件：第一，他表面上跟阳明一样，也反对程、朱的格物说，信用《大学》古本；第二，他真正的主张跟阳明的格物说相去甚远，正所谓貌合神离。没有这些特征，是很难用"混"字来形容的。考嘉靖六年（即钱德洪所说《大学问》授受之年）前后的明代思想学术界，符合这两个特征的，可谓遍寻不得。[①] 环视当日学林，

[①] 据陈来先生言，正德末信用《大学》古本的学者，还有湛若水与方献夫，参见所著：《有无之境》，第112页注1。无论怎么说，这两个人都不可能被王阳明视为"持异说以混正学者"。

质疑反对阳明《大学古本》说以及作为其理论内核的新格物说者众，赞同其说者寡。若说王阳明不以那些反对者为虑，反而因为担心那些赞同者会浑水摸鱼从而自缄其口，这既不合情理，也与事实相违。因为，事实上，王阳明为了争取更多的支持者，不遗余力地宣传、辩白自己的理论，从徐爱开始，一直到湛若水（甘泉）、罗钦顺（整庵），再到顾华玉（东桥），莫不如是。①

吴文对《考异》提出的质疑不予理会，将钱德洪之说照单全收，并加以这样的理解："这是因为阳明深知自己的大学观与当时已经取得官学地位的朱子学的见解大异其趣，同时阳明也担心《大学问》为当时的学术风气所不容。关于这一点，绪山尝有一言，讲的大概是实情：'盖当时尚有持异说（按指朱子学）以混正学者，师故云然。'"（第217页）

这种理解不仅未能对"混"字之意做出必要的交代，更严重的问题是，把钱德洪所言"持异说以混正学者"的"异说"直指为朱子学大大不妥。王阳明自信其对格物的解释比朱子更为合理，容或有之；但要说他自视为正学，而把朱子斥为异说，那就未免言之过甚了。毕竟，作为后起之学，阳明首先是要被承认自己也是正学，还不至于膨胀到以正统自居而将当时的主流派斥为异说的地步。

总之，吴文之解难以服人。任文即不采其说。任文指出，当时的情况是，阳明弟子已满天下，学界早已不是朱子学所能控制，所以，阳明有所忌惮的不是朱子学者，而是担心其门人

---

① 详可参看陈来：《有无之境》"格物之辩"一节，第124～139页。

假借良知之学创为异说:"经过多年居越讲学,是时阳明弟子已满天下,他最为担心的是门下弟子假借'良知'学之名义而创为异端之说,此即钱德洪所说的'持异说以混正学'之意,'异说'不应当指朱子学。如此去理解,王阳明之'恐藉寇兵而赍盗粮''俟其有风机之动'方可以讲得通。也正因为如此,钱德洪于跋语中继'持异说以混正学'而言者即为'吾党各以己见立说'之种种现象。"(第3页)任文的这个说法亦不确。如果说,钱德洪跋《大学问》之时阳明门人已经各自树立("各以己见立说"),那么,在阳明说"恐藉寇兵而赍盗粮"之时,这个现象并不严重,因此,以阳明死后四十年的情况来解释阳明生前的心理,未免有时空穿越之嫌。而且,如果阳明因为担心弟子假借良知学创为异说,未雨绸缪,将《大学问》按下不出,以免"恐藉寇兵而赍盗粮",那么,在门人"各以己见立说"之时,也就是阳明担心的事成为现实之际,钱德洪这时候将《大学问》公布,不更是"恐藉寇兵而赍盗粮"了吗?任说之不通,显而易见。

以上是对钱德洪提供的说辞的分析。由于钱德洪同时出示了一件证物,这就是收录于《文录续编》的《与德洪》书,因此,《考异》又对这个关键证据做了考察。《考异》经过调查分析,发现钱德洪的这件证物颇多疑点。为便讨论,兹将《与德洪》一书全文照录:

《大学或问》数条,非不愿共学之士尽闻斯义,顾恐藉寇兵而赍盗粮,是以未欲轻出。且愿诸公与海内同志口相授受,俟其有风机之动,然后刻之非晚也。此意尝与谦之面论，当能相悉也。江、广两途，须至杭城始决。若从西道，又得与谦之一话于金、焦之间。冗甚，不及写书，幸转致其略。(《全集》卷27"续编二"，第1015页)

《考异》认为，这封《与德洪》书大有蹊跷。最大的问题是，从时间上看，这封信当写于"嘉靖六年八月之后，九月十一日之前"(第141页)[1]，然而，这段时间，钱德洪一直都在阳明身边，"王阳明对他凡事悉可面论，何以会有贻书之举？"(第141页)。

在《考异》之前，陈来先生对《与德洪》书已曾质疑："阳明作此书时尚未启程"，"是书作于丁亥秋"，"天泉证道之后，德洪与王汝中送阳明直至严滩，如何有贻书之说？且德洪既自越中偕行至严滩，阳明至杭州之前自不必通书，凡事悉可面论"。(《有无之境》第333页)

任文则认为，王阳明贻书钱德洪这一点"似有费解之处，然其中亦当有辩"(第3页)。首先，他根据《传习录》和《讣告同门》两个文献在提及王畿与钱德洪送王阳明严滩一事时皆用了"追送"一词而提出："既云'追送'，似不当如陈来先生所理解为'送阳明直至严滩'，而实情应当为王阳明至严滩之前，钱、王二人并未随行相送，故而有'追送'严滩之说。如果这样理解无误，则至杭城（尚在至严滩之前）前致书钱德洪就没有什么不合情理的了。"(第3页)其次，他认为，退一步说，即便在此期间钱德洪一直未离王阳明左右，王阳明

---

[1] 具体考证见《考异》第141页，此处从略。

贻书钱德洪这样的事也并非不可想象，实有先例可循，比如，钱德洪《刻文录叙说》以及《年谱》嘉靖六年（1527）四月条都提到阳明"命德洪编次，复遗书"之事。

然而，任文所做的这两个辩解都不成立。首先，实情是，王阳明至严滩之前，钱、王二人一路偕行，此点为钱德洪亲口所言，确凿无疑："（师）起征思、田，洪、畿随师渡江"（《年谱附录一》，《全集》卷三十六，第1328页）。故"追送严滩"正是陈来先生理解的"送阳明直至严滩"，而非任文想象的那样：钱、王二人先未随行，之后才追到严滩送别。①

其次，任文的设想（即：同在越中，王阳明为了郑重其事，而手书一封给钱德洪），在理论上并非不可能，但具体到这封信上，却不适用。因为，该信末尾有这样一段："冗甚，不及写书，幸转致其略"，这显然是托收信人转达之意。如果这里要转达的对象，像任文所理解的那样，是指邹守益②，那么，这段话就意味着，王阳明不仅是要对钱德洪，同时也是要对邹守益摆明自己对于《大学问》刊刻的态度。然而，如果王阳明是要郑重其事地对钱德洪和邹守益两个人交代此事，那么，

---

① 如果任文不以钱德洪的有关说法为限，同时也能注意到另一当事人王畿提供的材料，就不会在钱德洪所用的这个"追送"一词上大做文章了。王畿在日后为钱德洪所撰的行状当中忆及当年送行之事，说道："夫子赴两广，予与君送至严滩"（王畿：《刑部陕西司员外郎特诏进阶朝列大夫致仕绪山钱君行状》，《龙溪王先生全集》卷二十，第5页。着重号为引者后加）。

② 任文认定王阳明贻书钱德洪而同时及于邹，暂不说这种看法要面对一系列问题（详下正文），单论其根据，就不无可议，任文云："如视之为与谦之书，则信末所云'冗甚，不及写书，幸转致其略'，'其'指谁而言，就完全无着落处了。"（第3页）按："其"字未必主要指谁而言，在这里它用来指代这封信，也完全说得通。

他一定会给每个人都写上一封内容相近的信，如果只写一封，也肯定会同时写上两个人的名字，就像他到了思、田之后，给留在越中的钱德洪、王畿写信，都是"与钱德洪、王汝中"[①]，而不会随随便便让其中一个给另一个传话，因为那样就失去了写信的意义。之所以写信，就是考虑到口说无凭，有书为证。总之，如果王阳明是为了说明自己在这件事上的态度而专门给钱德洪留了一封手书（这种书更接近于一种书契，而非往复意义上的书简），其信末一定不会出现那样一段话。那段话的存在，让这封信失去了书契的意义，而只能是一份普通的书简。

无论如何，邹守益在其中的出现，使这封《与德洪》书变得扑朔迷离：如果是王阳明给钱德洪的手书，何以会要钱德洪"转致"邹守益？既题为"与德洪"，何以无"德洪"半字却一再及于"谦之"？

正是从后一个疑问出发，陈来先生提出："此书之语明是与邹谦之书。"（《有无之境》第333页）而任文则为之力争："从文辞上看"，"视之为与德洪书亦未见有不通之处"，"文中两及'谦之'，似嫌突兀，但考虑到王阳明写信给钱德洪必有其当事者知悉的语境，这一点是可以解释的"。（第3页）甚至设想出这样一种语境："钱、王二人在讨论《大学问》是否公开时，钱已明确提出建议由邹刊刻，故王'贻书'而及邹。"（第3页）辩至于此，可谓无所不用其极矣。其实，并非我们存心要对《与德洪》书的真实性质疑，退一步，就算我们相信其真实不虚，信中说"此意尝与谦之面论"，这句话要落实起来亦困难重重。

[①] 这样的信计有三通：丁亥（嘉靖六年）一通，戊子（嘉靖七年）两通，见《王阳明全集》卷六"文录三 书三"，第223～224页。

结合上下文，"此意"无疑是指："《大学或问》数条""未欲轻出""且愿诸公与海内同志口相授受，俟其有风机之动，然后刻之非晚也"云云。王阳明与邹守益面论之际，原话不必如此，但一定包含此中透露的基本信息，即：王阳明认为刊刻《大学问》的时机还不成熟。显然，必定是邹守益曾向他提出刊刻《大学问》的请求，王阳明才会做出这样的表示。任文根据邹、王二人无缘面论这一点提出"此意"当非指"由《大学问》刊刻引发者"："'此意尝与谦之面论'中'此意'，当非指由《大学问》刊刻引发者，邹、王二人似无此机缘面论此事，当是'面论'他事时曾表达的相类似的意见。"（第3页）把"此意"解为"'面论'他事时曾表达的相类似的意见"，未免缴绕辞费。更重要的是，何以见得"邹、王二人似无此机缘面论此事"，任文没有说明，实际上，邹、王并不缺乏面论此事的机缘，王阳明从越中出发到思、田的路上还跟邹守益见了一面。此点按诸阳明的行程可知。阳明起征思、田，从家乡绍兴（越城）出发到思恩、田州，路上走了两个多月，其详如下：九月壬午（九日）发越中，甲申（十一日）渡钱塘到杭州，在杭州游吴山（今杭州上城区）、月岩（杭州城南凤凰山圣果寺附近），二十二日至严滩（浙江省桐庐县西富春山下富春江畔），游严子陵钓台，有《过钓台诗》，时德洪、汝中同行，随后就此分别。此据王畿说："夫子赴两广，予与君送至严滩。夫子复申其说……二人唯唯而别。"（参见王畿：《刑部陕西司员外郎特诏进阶朝列大夫致仕绪山钱君行状》，《龙溪王先生全集》卷二十，第5～6页。《王畿集》第586页）丙申至衢州，舟次西安（衢州府治所在），雨中诸生出候，有诗赠之。戊戌过常山。十月,舟发广信,经贵溪、余干,至南昌,在南浦驿(在府城广润门外滨江)大会同志,东廓(邹守益)、南野(欧阳德)、狮泉(刘邦采)、洛村(黄弘纲)、善山(黄廷仁)、药湖(魏良器)等皆在。此据王畿说:"(先生)过江右,东廓、南野、狮泉、洛村、善山、药湖诸同志二三百人,候于南浦请益。"(参见王畿:《刑部陕西司员外郎特诏进阶朝列大夫致仕绪山钱君行状》,《龙溪王先生全集》卷二十,第6页,《王畿集》第586页。)令人不解的是,王阳明《年谱》"嘉靖二年十月"条唯记父老军民拜谒,却于同门请益只字未提"明日至南浦,父老军民俱顶香林立"(参见《王阳明全集》卷三十五,《年谱三》第1308页),阳明至吉安,大会士友于螺川驿(驿在吉安县北十里,南临赣江)。经南康、南安,过庾岭,入广东,经韶州府、广州府,十一月十八日至肇庆,乙未至梧州,二十日梧州开府。随后赴南宁。

在起征思、田之前,王阳明与邹守益见面的机会就更多了。邹守益在嘉靖十三年(1534)所作的《阳明先生文录序》中曾有这样的总结:"以益之不类,再见于虔,再别于南昌,三至于会稽。"(《邹守益集》卷二,第39页)按:邹守益这里只是略举大概而言,要了解他与王阳明的见面次数,自不能以此为准。对于邹守益的这段自述,论者即意见不一(详见张卫红:《邹东廓年谱》,北京大学出版社,2013年,第14~20页)。当然,有机会不等于说就一定变成了现实。下面我们就具体来看看邹、王二人面论《大学问》刊刻一事的可能性有多大。

陈来先生曾设想过这样一种可能:"疑(阳明)行至江西后与德洪另有一书,与此书语同,而此书则为与邹谦之书无疑。"

(《有无之境》第333页。着重号为引者后加)也就是说,《与德洪》书内容不伪,但其时间要靠后。那么,陈先生的这个猜想是否能够成立呢?首先需要明确,陈先生说"与此书同",这个"同"只能是部分的同,即那封信可以有以下内容:"《大学或问》数条,非不愿共学之士尽闻斯义,顾恐藉寇兵而赍盗粮,是以未欲轻出。且愿诸公与海内同志口相授受,俟其有风机之动,然后刻之非晚也。此意尝与谦之面论,当能相悉也",但不能出现"江、广两途,须至杭城始决。若从西道,又得与谦之一话于金、焦之间"这段话,因为这明显属于行至杭城之前所书。其次,如果王阳明是到江西之后给钱德洪写的信,信中又有"此意尝与谦之面论"这样的话,再联系到王阳明与邹守益在江西刚刚见过面,那么,做出如下的推测毋宁是很自然的:正是在这次见面时他们交换了有关刊刻《大学问》的意见。

然而,嘉靖六年(1527)十月的南浦之会(也是邹、王二人的最后一面)有这样几个特点:一是时间紧,因王阳明是在奉旨平乱途中,虽无须日夜兼程,但像平日那样从容论学,已无可能;二是人数多,单是王门同志就有两三百,此外还有父老军民各色人等,王阳明之疲于应接,可以想见。正是这样一些特点决定了王阳明不可能有机会与邹守益单独交谈,而王阳明不愿《大学问》轻出的这种隐微心思,更不可能当众道出。因此,指望这次会面能把《与德洪》书的"面论"问题解决,怕是一厢情愿。既然面论一节无从下落,陈先生设想的这种可能,也就难以成立。

那么,邹、王面论有没有可能发生在更早的时候(比如嘉靖初年)呢?如上所述,王阳明要跟邹守益商量《大学问》

刊刻这样的话题，须是二人从容相对之际。而嘉靖初年邹守益两至越城拜谒阳明，正好符合这个条件。嘉靖二年（癸未，1523）春，邹守益来越问学，停留时间甚长，期间随侍阳明左右，阳明对其印象颇佳，别后怀之不已。次年（嘉靖三年甲申，1524），邹守益在京以言获罪，谪判广德，赴任途中，专程取道于越，拜会阳明。这两次见面，双方都有促膝长谈的机会，尤其后一次，两人分别前还曾有过"一宵心话"，阳明有诗纪之："珍重江船冒暑行，一宵心话更分明。须从根本求生死，莫向支流辨浊清。久奈世儒横臆说，竞搜物理外人情。良知底用安排得？此物由来自混成。"（《次谦之韵》，《王阳明全集》卷二十，第785页）

阳明文集编者将此诗置于浮峰诸作之前，令读者很自然地以为是同期（嘉靖二年癸未）之作，张卫红《邹东廓年谱》即作此解，同时，她还把邹守益的《赠阳明先生》亦系于此。（第51页）实则，邹氏此诗与阳明次韵皆为嘉靖三年（甲申，1524）八月所作。此处略为小考。首先，从韵脚上看，阳明的《次谦之韵》当是对守益的《赠阳明先生》的酬答之作，因两诗的二、四、六、八句都用了相同的字，分别是：明、清、情、成。故此二诗作于同一时期无疑。其次，守益的《赠阳明先生》首句云"短棹三年冲盛暑"，明确交代时为盛暑，阳明《次谦之韵》亦云"珍重江船冒暑行"。而嘉靖二年守益于浮峰作别阳明，尚在春间，《传习录下》载："癸未（引者按：嘉靖二年）春，邹谦之来越问学，居数日，送别于浮峰。"（《王阳明全集》卷三，第117页）阳明《夜宿浮峰次谦之韵》诗中"日日春山不厌寻"句（《王阳明全集》卷二十，第785页）

亦可证。浮峰之别最迟不会超过五月,因守益五月甲申即已到京,官复原职,《明世宗实录》卷二七"嘉靖二年五月"条:"甲申(引者按:本月庚午朔,可推甲申为十五日),复除翰林院编修邹守益原职。"(台湾"中央研究院"历史语言研究所校印本,第759页)再次,嘉靖三年(1524)邹守益谪判广德,赴任之前,先至越城拜见阳明,其时正在暑期。邹氏《祭王改斋文》云:"比国论之将摇兮,独忧愤而不食,曰是宗祧之大礼兮,讵忍忘泰陵之德?虽得请以南归兮,宁伏阙以即戮。奚虎豹之啍啍兮,竟骈首以就狱。时予舣舟于潞河(引者按:潞河在通州)兮,亟遣讯于桁扬。辱手书以驰报兮,曰心安而无伤。……放吾缆以徐行兮,将迟子于阙里(引者按:曲阜)。……忽凶闻之日至兮,予悼首而不信,……及姑苏而得实兮,肠一夕而九回。"(《邹守益集》卷二〇,第945页)又,所撰《改斋王君墓志铭》云:"嘉靖甲申(引者按:嘉靖三年)秋七月二十五日,改斋王君以谏卒于位"(《邹守益集》卷二一,第973页)。王思(字宜学,号改斋,江西泰和人,以参与大礼议,左顺门哭谏,受杖刑,寻殁。《明史》卷192有传)于七月二十五日卒,守益南下途中闻讣,其时尚未抵姑苏,则守益到越城,当在八月间,宜其别阳明诗称"冲盛暑"。

从《次谦之韵》这首诗来看,当日王阳明与邹守益谈了不少问题,包括:(1)"大礼议"问题。这个问题在当时非常敏感,邹守益就是因为上书反对而被下狱贬官。鉴于这种形势,王阳明用语比较隐晦,"须从根本求生死,莫向支流辨浊清",但意思是清楚的,他是劝邹守益要从根本上看问题,不要在议礼这些枝节问题上一定要分出个是非清浊。(2)与《大学》古本相关的格物问题。阳明认为朱子为《大学》补格物传的做法实不足取，主张回到古本。阳明与朱子在《大学》版本上的分歧，其背后是他们有关格物理论的差异。阳明认为朱子那种格物理论是"搜物理"而"外人情"。（3）良知学问题。最后两句论良知不用安排，由来人人自足。众所周知，阳明自正德十六年辛巳（1521）揭良知说以来，其思想就基本统一到致良知上，开口闭口不离致良知，观嘉靖五年丙戌（1526）阳明与邹守益书可知：五通书信无一封不谈良知。①

如果嘉靖初（癸未或甲申）王阳明曾与邹守益面论《大学问》刊刻事宜，那么，《与德洪》书的"此意尝与谦之面论"便有了下落。但如此一来，又有新的问题产生：邹守益的行为（他为附刻了《大学古本问》的《大学古本》作跋并积极传播）岂非有背师命之嫌？

任文提供了一个说法，似乎可以使邹守益免于这种指责，他考定邹守益所跋《古本大学问》刊刻年代为癸巳（嘉靖十二年，1533）甲午（嘉靖十三年，1534）之际，并就此评论道："（这个刊刻年代）据王阳明丁亥授《大学问》则已有六七年的时间了，弟子（引者按：指邹守益）可谓能严守师

---

① 如丙戌第一书（比遭家多难）云："比遭家多难，工夫极费力，因见得良知两字比旧愈加真切。"（《王阳明全集》第201页）第二书（承示《谕俗礼要》）云："然良知之在人心，则万古如一日。苟顺吾心之良知以致之，则所谓'不知足而为屦，我知其不为蒉矣'（引者按：此用《孟子》典故，出自《告子上》）。"（第202页）第三书（教札时及）云："某近来却见得良知两字日益真切简易，朝夕与朋辈讲习，只是发挥此两字不出。"（第204页）第四书（正之归）云："赖天知灵，偶有悟于良知之学，然后悔其向之所为者……所幸良知在我，操得其要，譬犹舟之得舵。"（第206页）第五书（张、陈二生来）云："若致良知之功明，则此语亦自无害。"（第206页）

训。"（第4页）

如果没有钱德洪的做法在一边可资比较，说邹守益"严守师训"亦无不可。然而，事情看起来却是：在严守师训方面，钱德洪要比邹守益有过之而无不及。至迟不晚于嘉靖十三年（1534）春青原再会之时就已经刊印，并在邹守益的大力推介下广为同门所知的《大学问》，并没有被收入钱德洪主持编纂，闻人诠于嘉靖十四年（1535）在姑苏刊刻的阳明文录。须知，钱德洪在编文录时并没有避开邹守益，相反，还邀后者作序，这个序就置于姑苏本文录卷首。我们无法想象，嘉靖十二年（1533）前后为《大学古本问》作跋并分送友朋的邹守益在答应钱德洪为阳明文录作序之时，会只字不提这个新刊的《大学古本问》。从钱德洪后来在跋《大学问》时提到"是篇邹子谦之尝附刻于《大学古本》"（《王阳明全集》卷26，第973页）这一点来看，他无疑是知道这个《大学古本问》的存在的。既然知道《大学古本问》的存在，却又不把它收进阳明文录，站在钱德洪的角度，对此最合理的解释只能是，因为他要严守师训。对照之下，还能说邹守益"严守师训"吗？钱德洪编纂姑苏版阳明文录未收《大学问》这个事实正衬托出热心推广《大学古本问》（《大学问》）的邹守益的不守师训。不仅如此，在其后，《大学问》已经被王门同志一再刊刻的情况下（详下文），钱德洪依然不为所动，直到嘉靖四十五年（此时距离嘉靖六年已经过去近四十年）才迟迟置于《文录续编》之首。要说"严守师训"，还有谁比钱德洪更当之无愧呢？

然而，换一个角度思考，如果同门之中不只邹守益参与流布了《大学问》，而且其他几大公认有影响力的同门（如王畿、薛侃、聂豹、欧阳德等）在传播《大学问》方面都比钱德洪要早，那又说明了什么？是不是让人有足够的理由怀疑：也许根本就不存在钱德洪所说的那样一个师训？下面，我们就来考察嘉靖四十五年（1566）之前出现的《大学问》刻本情况。

四　对嘉靖四十五年以前《大学问》刻本的调查

关于《大学问》的刻本，任文主要考察了邹守益跋本和王文禄《大学古本旁释》，余皆未及。吴文则提到，在《大学问》被钱德洪收入嘉靖四十五年（1566）刊刻的《文录续编》之前，至少有三种文献收过《大学问》，即：薛侃、王畿编的《传习则言》，（闾）东序刻本《阳明先生文录》，沈宠刻的《传习录》。（第213～214页）实情究竟如何？让我们一一检视。

（一）《传习则言》

吴文云："（阳）明弟子薛侃（号中离）、王畿（号龙溪）编有《传习则言》。此书被《百陵学山》第三册、《学海类编》子类等收入，是较易看到的本子。该书共分上下两卷，上卷摘录阳明语录，下卷采《训蒙大意》《古本大学序》以及《大学问》等。卷首有嘉靖十六年（1537）薛侃序，较《东廓先生文集》之刊刻还早一年。经过初步比较，可以相信《传习则言》所收的《大学问》与今本《大学问》(《全集》卷二十六)当为同一篇文字。"（第 213 ~ 214 页）

查《百陵学山》《学海类编》，确有《传习则言》者，然揆其实，不过一卷而已:《百陵学山》第三册第 51 ~ 64 页;《学海类编》子类第 1 ~ 8 页。详其内容，则为《传习录》之节略。何来"分上下两卷，上卷摘录阳明语录，下卷采《训蒙大意》《古本大学序》以及《大学问》等。卷首有嘉靖十六年薛侃序"？

实际上，符合这些特征的，是薛侃与王畿所编《阳明先生则言》。两卷本《则言》，卷上为语录 165 条，卷下为杂著 17 篇。这些文字，是薛、王从赣版《传习录》、广德版《文录》以及姑苏版《别录》诸刻当中摘选出来的，很多标题为编者重拟。①《大学问》即收在下卷第四篇，紧接《大学古本序》

---

① 如《训蒙大意示教读刘伯颂等》被《则言》简写作《训蒙大意》(卷下)，原文在《全书》卷二，即《传习录中》最后一篇。与《全书》本相比，《则言》本省去了最后一段"凡吾所以教，其意实在于此。恐时俗不察，视以为迂，且吾亦将去，故特叮咛以告。尔诸教读，其务体吾意，永以为训;毋辄因时俗之言，改废其绳墨，庶成蒙以养正之功矣。念之念之！"以及后面所附的《教约》。又，《示弟立志说（乙亥）》被《则言》简写作《立志说》(卷下)，原文在《全书》本卷七"文录四序、记、说"，属姑苏本《文录》所收。与《全书》本相比，《则言》本省去了开头一段"予弟守文来学，告之以立志。守文因请次第其语，使得时时观省;且请浅近其辞，则易于通晓也。因书以与之"。此外，由于《则言》是选段，故不再拘泥于文体，而是混编在一起，如《大学古本序》(此为戊寅本)，原文在《全书》本卷七"文录四序、记、说"，与前揭《示弟立志说（乙亥）》在同一卷，亦为姑苏本《文录》所收，姑苏本的排列次序是:《大学古本序（戊寅）》在《示弟立志说（乙亥）》之前，这是因为姑苏本是按体类的方式编排的，《文录》(正录)卷四为"序、记、说"，"序"类文字排在"记"之前。

之后。

关于《则言》刊刻的时间，其在嘉靖十六年（1537）底，明白无疑，盖卷首薛侃序落款云"嘉定丁酉冬十二月朔门人薛侃序"。这里顺便指出，薛侃的《则言序》存在不同版本，不同版本字句差异甚大，但诸版落款基本一致，除了京都大学附属图书馆所藏息野福夫写本《阳明先生则言》（一函两册，书末有明治二十二年息野福夫识）落款"十二月"作"腊月"外，余皆无异。据笔者调查，《则言序》至少有三种版本，按年代先后依次是：嘉靖十六年薛侃序《阳明先生则言》本（北京图书馆、安徽省图书馆藏，上海古籍出版社据以影印"续修四库丛书"937册，内收《阳明先生则言》）；嘉靖十六年薛侃序、钱中选校正《阳明先生则言》本（清华大学图书馆、台湾"中央图书馆"有藏，《中国子学名著集成》第39册所收《则言》即用此本。日本内阁文库所藏，系以钱中选校正本为底本之和刻本）；嘉靖四十四年钱大壮序、谷中虚跋《阳明先生则言》本（南京图书馆等藏，民国四年刊二十卷《薛中离先生全书》本，亦即今本《薛侃集》所用底本，卷五所收《阳明先生则言序》与此同）。《王阳明全集（新编本）》卷五十三收录了薛侃《阳明先生则言序》，系用嘉靖四十四年钱大壮序、谷中虚跋《阳明先生则言》本，但将版本信息错误地写成明嘉靖十八年谷中虚刊本（浙江古籍出版社，2010年，第2196～2197页）。以上所述三种版本，大体上，年代越后增益越多，嘉靖四十四年本比嘉靖十六年原刻本要多出一倍以上文字。笔者认为，嘉靖十六年本当为原本，钱中选校正本对序文做了润饰，而《薛中离先生全书》本做了更多加工，已失其真。《则言序》的不同版本问题，前此论者似乎都未留意，今本《薛侃集》整理者如是，永富青地亦然，后者在介绍《阳明先生则言》时，没有意识到，其所引序文，实为钱中选校正本而非嘉靖十六年薛侃原本（参见所著：《王守仁著作の文献学的研究》，东京汲古书院，2007年，第70～71页）。另外，庐陵人萧弘鲁（1473～1556，字进明，号苍石，正德二年举于乡，历官福建仙游令、广东儋州、浙江金华府同知）曾刻《阳明先生则言》（参见邹守益：《明故金华府同知进阶朝列大夫苍石萧君墓志铭》，《邹守益集》第1033～1034页）。本条材料系钱明所发现（参见所著：《薛侃：阳明学后期发展的领军人物》，《贵州大学学报》，2014年第6期，第60页），但钱明将萧弘鲁误记为石弘鲁，又将其刊刻《阳明先生则言》的时间地点断为：嘉靖十九年至三十六年间庐陵，亦不无可议。盖邹《铭》云："（萧君）归十有七年，丙辰，年八十有三，以四月七日无疾而卒。"（第1033页）丙辰为嘉靖三十五年（1556），故被钱氏作为下限的嘉靖三十六年，显然是对嘉靖三十五年的误记。又，邹《铭》云："（萧君）尝刻《仙志》《儋志》《同归录》《定婚六礼》《东坡寓儋集》《阳明先生则言》，所著有《寓仙集》。"（第1034页）其中《仙志》《儋志》当为《仙游志》《儋州志》之省称，《同归录》当指邹《铭》所云"既上南宫不售，与年友舒子芬、黄子国用订文会于南雍，众梓以传"者（第1034页），《东坡寓儋集》《定婚六礼》皆与儋州有关（据邹《铭》，萧氏在儋州"议婚厚葬，以变夷风"）。又，《寓仙集》，顾名思义，即其在仙时所作文字，是集刻于仙游，明朱澍《题萧苍石大尹文集后》曰："苍石崇古正学，施于有政，仙游之民爱之如父母，不知汉之所谓循吏者何如耶？爱其德，思其人，愈久而愈不忘，将求其仿佛形似焉而不可得，况于其所立之言乎？是之谓不朽，信之。言浑朴岂弟，肖其为人，而封事数篇卓有实用，其辩九鲤何仙说梦之诞，真足以破千古之惑"（《天马山房遗稿》卷二，文渊阁四库全书本）。综此可知，邹《铭》所言诸书，大抵在其任官之时，《阳明先生则言》概莫能外，此亦符合古人刻书实情。《则言》之序写于嘉靖十六年，故不可能早于此年刊刻，故笔者认为，萧氏之刻《则言》最有可能在其致仕前最后一届职事——金华府同知任上，亦即嘉靖十六年至嘉靖十九年（庚子）之间，盖邹《铭》云"庚子，致其事以归"（第1033页），又，《（雍正）浙江通志》卷二十八云："金华县儒学……嘉靖十七年，同知萧弘鲁、知县姚资修"（文渊阁四库全书本）。或薛侃所序《阳明先生则言》即交由萧氏所刻，亦未可知。

至于饶宗颐撰《薛中离年谱》，将《则言》系于嘉靖十四年（1535）条下，失考所致。（参见《薛侃集》附录五《薛中离年谱》，上海古籍出版社，2014年，第537页）饶《谱》引了《则言序》（按：《薛侃集》编校者将引文径自略去，加按语云"文见本书卷五"，第537页。故饶氏引文详略已不得而知。查今本《薛侃集》卷五所收《阳明先生则言序》，亦有落款，第209页），却不知为何没有看到序的落款，其所见者得非序之全本乎？饶《谱》云："考先生《与闻北江书》有云：《文录》《别录》之多，士友不易得，即采诸友札记再刻一本。又摘《后录》中要言别为二册，庶自便览。所谓摘要二册，当即《则言》也，惟编辑年月未详。以其书采自《文录》

观之，当在《文录》刊行之后，姑附系于此。"（《薛侃集》第538页）按：今本《薛侃集》卷九收有《答闻北江书》，殆即饶氏所云《与闻北江书》，饶氏所引不全，原文为："小弟不幸，近闻期（引者按："期"字疑为"兄"字之误，盖嘉靖十六年薛侃仲兄杰卒，此据《薛氏族谱》，转引自饶宗颐《薛中离年谱》，《薛侃集》第541页）丧，亦即欲归，因与龙溪议，《传习录》前本还多蚤年之语，后本已拆入书类，而《文录》《别录》之多，士友不易得，即采诸友杂记，再刻一本。又摘后录中要言为二册，庶自便览，亦可广传。"（《薛侃集》第323～324页）即令饶氏未睹《则言序》落款，由此书亦可推知其年矣。钱明曾提及饶氏所论《则言》刊刻时间问题，却似为尊者讳，但引"以其书采自《文录》观之，当在《文录》刊行之后"云云，而未著明其误（参见所著：《薛侃：阳明学后期发展的领军人物》，《贵州大学学报》，2014年第6期，第60页）。

（二）东序刻本《阳明先生文录》

吴文云："东序刻本《阳明先生文录》卷三收入了《大学问》。"（第214页）

按：所谓东序刻本《阳明先生文录》是指嘉靖二十九年（庚戌，1550）闾东在陕西重刻的阳明文集，因卷首有闾氏序而得名。

刊刻缘起，闾序述之甚悉，盖闾氏之所以重刻阳明文集，乃出于弥补王门同志未能将《文录》《传习录》《则言》合并以观的遗憾。其具体做法是：取姑苏版《阳明文录》加以损益，同时附刻以《传习录》与《则言》。在当时，闾本可谓阳明著作之全录。①

然而，今天所存的闾刻本，仅有正文，当年附录的《传习录》及《则言》皆已无存。②查京都大学文学部所藏东序刻本《阳明先生文录》，为《文录》五卷《外集》九卷《别录》十卷，何来卷三收入《大学问》之事？

（三）沈宠刻《传习录》

吴文称，沈宠所刻《传习录》附录了《大学问》。实际上，《传习录》的沈宠刻本，今已无传，吴文此说系由推论而来。吴文主要根据以下两段材料：1. 欧阳德《答沈思畏侍御（二）》："《传习录》后，附以《或问》及《定论》，于学者极有益，甚好甚好！"（《欧阳南野先生文集》卷五，第6页）；2. 朱衡（号镇山）《重刻传习录序》云："侍御古林沈君学先生之学者也，按闽之暇，取《传习录》《大学问》《朱子晚年定论》，手订付梓。"（《朱镇山先生集》卷十五，台湾"中央图书馆"藏明万历十九年汪道昆序刻本）按：吴氏撰此文时，今本《欧阳德集》尚未出版，前揭文在《欧阳德集》卷五（凤凰出版社，2007年，第169页）。又，朱序已收入《王阳明全

---

① 参见闾序："《阳明先生文录》旧刻于姑苏，《传习录》刻于赣，继又有薛子者刻其《则言》，然相传不多得同志者，未得合并以观全书，每有余憾。东按西秦，历关、陇，见西土人士俊髦群然，皆忠信之质也，因相与论良知之学，尽取先生《文录》，附以《传习录》并《则言》，共若干卷刻之，愿与同志者共焉。……爰命工锓于天水，天水盖庖羲氏所自起地，因以溯心学渊源云。嘉靖庚戌秋八月。"（闾东：《重刻阳明先生文集序》，《王阳明全集》卷四十一"序说·序跋"，第1592页）

② 此据永富青地的报告，参见所著：《闾东本〈阳明先生文录〉の价值》一文（《东洋の思想と宗教》第16号，早稻田大学，1999年3月，后收入所著：《王守仁著作の文献学的研究》，第133～156页）。

集（新编本）》，见第 6 册，卷五十三"附录三"（浙江古籍出版社，2010 年，第 2201 页）。关于沈刻的时间，吴文考为"约在 1549 至 1551 年之间"。（第 214 页）此考有误。

按：沈宠，字思畏，号古林，宣城人，师事乡人贡安国（受轩），又师欧阳德、王畿，检《王畿集》，涉沈宠处有六条之多：1.《水西同志会籍》："嘉靖丁巳岁，值予赴会之期，思畏、国贤、时一、允升、纯甫辈迓琴溪道中（卷二，第 35 页）;2.《与沈思畏（黄山之游）》（卷十二，第 321～322 页）；3.《与沈思畏（远辱吊慰）》（卷十二，第 322 页）；4.《别言赠沈思畏》（卷十六，第 454～455 页）；5.《文林郎项城县知县补之戚君墓志铭》："嘉靖乙未，予为南职方，因偕玄略、周顺之、沈思畏、梅纯甫辈受业于予。"（卷二十，第 621 页）6.《沈母崔孺人墓志铭》："宣城沈君思畏携其子懋学，访予稽山草堂，一日出友人周子顺之所为其孺人崔氏《状》，乞铭于予。"（卷二十，第 632 页）顺便指出，沈母乃指沈懋学之母，而非沈宠之母，观文中"谨事沈君""相敬相与三十年""其教二子也，严过于君""长子懋敬""（次子）懋学，性多傲，过为惩责，孺人怜之"诸语可知。又，王畿与沈家两代皆有交谊，沈之次子懋学（又名宗颜，字君典，号少林）少时曾随父学于王畿，万历五年举进士第一，王畿曾有两书与之——《与沈宗颜（顷见题名）》《与沈宗颜（前有启候）》（卷十二），寄望甚切，而宗颜回信却攻其讲学甚烈。

《明儒学案》卷二十五有其小传。略云：沈宠，字思畏，号古林，宣城人。登嘉靖丁酉（引者按：嘉靖十六年）乡书。官至广西参议。师事受轩。受轩学于南野、龙溪而返，谓古林曰："王门之学在南畿，盍往从之？"于是古林又师南野、龙溪。在闽建养正书院，在蕲黄建崇正书院。近溪立开元之会于宣州，古林与梅宛溪主其席。疾革，有问其胸次如何，曰："已无物矣。"（黄宗羲：《明儒学案》卷二十五《南中王门学案一》"前言"，《黄宗羲全集》第七册，浙江古籍出版社，1985年，第672页）按：黄宗羲言沈宠在蕲黄建崇正书院，然考光绪十年刊《黄州府志》云："（蕲州）崇正书院在北门外，明嘉靖间顾阙建"（卷九之下，第19页。成文出版社影印本，第350页），说又不同。章学诚《嘉庆湖北通志检存稿》卷二则谓"（顾）问亦九疏乞归，筑崇正书院，与罗洪先讲明理学"，又云"初，（顾）问主阳明书院，立教严峻；（顾）阙主崇正书院，生徒数百，方技杂流亦不拒也"（民国刘氏嘉业堂刻章氏遗书本），则崇正书院为顾氏兄弟所营。疑黄宗羲说不确，例同其云沈宠在闽建养正书院，实则养正书院为聂豹所建，沈宠参与修复而已。详后文。

考沈宠在闽刻《传习录》之由，本为养正书院来学者"以示之的"[①]，而养正书院于嘉靖三十年（辛亥，1551）九月才重

[①] 王畿《别言赠沈思畏》："前年，（思畏）以御史清戎入闽，予赠以《传习录》。思畏于戎事之暇，开养正书院，檄八闽之彦数百人群而教之；刻《传习》诸录，以示之的，泛泛乎多所兴起。又知思畏之能教也。"（万历四十三年张汝霖校刊本《龙溪王先生全集》卷十六，第15页）观此可知，沈宠之刻《传习录》乃出于养正书院教学需要。顺便指出，王畿《别言赠沈思畏》一文写于嘉靖三十二年（癸丑，1553），因文中提道："今兹转官湖南，行有日矣。适于赴会宛陵（引者按：宛陵为宣城古称），与之寝处十余日，见思畏之学益有所进"（王畿：《别言赠沈思畏》，《龙溪王先生全集》卷十六，第15页。《王畿集》，南京：凤凰出版社，2007年，卷十六，第455页），即沈宠转官湖南之年，查万士和《广西布政司左参议古林沈君墓表》，沈宠从福建转官湖南，是在癸丑："戊申，擢监察御史，清戎福建。癸丑，升湖广江防签事"（《万文恭公摘集》卷九，第9页。四库存目丛书，集部109册，第391页），则《别言赠沈思畏》的写作年代很容易查明。

修一新交付使用。养正书院为聂豹嘉靖七年（戊子，1528）巡按福建时所建，嘉靖二十九年（庚戌，1550）冬，朱衡（字士南，号镇山，嘉靖十一年进士，《明史》卷223有传）督学福建倡议重修，得到巡按曾佩与清戎沈宠支持，遂于嘉靖三十年（辛亥，1551）八月动工，九月焕然一新，士众翩翩来学，事详聂豹所撰《重修养正书院记》："福建会城有养正书院，……予实主其议也，时予待罪八闽。……嘉靖庚戌仲冬，按察副使镇山朱君衡，以督学至，乃议兴复书院事，请于巡按元山曾君佩、清戎古林沈君宠，咸韪其议，而各出帑赎以成之，檄福州知府翁君五伦董其事。始于辛亥八月，再越月，而书院一新，士亦翩翩来学也。曾君属督学戒书币，走数千里来京师，索予为记。"（《聂豹集》卷五，第128～129页）顺便指出，《聂豹集》的整理者由于不了解沈宠担任的"清戎"一职，而将"乃议兴复书院事，请于巡按元山曾君佩、清戎古林沈君宠，咸韪其议"这段话误断为"乃议兴复书院事，请于巡按。元山曾君佩清，戎古林沈君宠咸韪其议"，造成破句。清戎，又称清军，是明代为了防范、解决军伍空虚和军籍管理混乱，而对军伍实行清理、勾补的一项制度，设有专门的清军御史和清军军官。详可参看：曹国庆《试论明代的清军制度》（《史学集刊》，1994年第3期），刘永晋《明代的清军制度》（华东师范大学硕士论文，2008年）。故沈宠刊刻《传习录》的时间不会在嘉靖二十九年至三十年（1550～1551）之间，而只能在嘉靖三十年（1551）九月之后。

　　查《欧阳德集》，有《答沈思畏侍御》书三通，皆沈氏为福建清戎时往复。吴文所引者特其一端，另有一些信息值得表出。

其一，沈宠为这个《传习录》刻本写过序，欧阳德在信中与他讨论了序文得失，见第一书。略云："《传习录》得广布，甚幸。序文发挥明白，且平正通达，非苟作者矣。朋友中欲易'投戈'二字，亦知思畏本诸'操戈'而反用之，不宜亦无害。第以其疑于投戈息马之云未刷者，得易之尤善。所论曰：'每悠悠，亦若无甚大恶者，然德不神明，则知斋戒功夫尚未能耳'，诚然诚然。夫警惕是良知，悠悠即非良知。非良知即是昏昧，昏昧即是恶。今既云'悠悠'矣，岂得谓'无大恶'耶？又云：'费尽气力，病痛愈多，却不如侍师侧时，虽若不甚费力，意思反觉妥帖也'，此似是厌困勉而乐顺易，以能无病为心体，而不以能觉多病为功夫。即是一念，亦是悠悠。纵令时时妥帖，未必真洒然无累之本心也。然费力亦是病，盖古之欲明其明德者，其志意诚切，真如恶恶臭，如好好色。故虽用力困勉，人一己百、人十己千，皆心之所自慊，未尝费力。故凡费力撑支，只是此志未能诚切之故。费力撑支，其病小；所以费力，由未能诚切，其病大，最宜精察也。书末所云，当时传闻之误，或亦疑似臆度之词耳。然其人亦云失不在思畏。但鄙意却恐思畏自反无失，未免少动，故以消除客气致无虞之徼耳。"（《欧阳德集》卷五，第168页。原文标点很多错误，今径为改正，不一一说明，下同）沈刻《传习录》今已无传，其序不可得见，由欧阳德此书可窥一二。

其二，沈宠曾要求欧阳德派人来闽中讲学，欧阳德向他推荐了邹守益。沈宠不止一次向欧阳德提出派人来闽讲学的要求，在第一封回信中，欧阳德做了婉拒，建议他充分发动本地力量,略云:"闽士向未知学,今得思畏导之,朱宪副督之,但数与提掇良知,功夫自当有进进不懈者。承欲此中择一人往彼主会,思之不甚稳便,且亦未有可往之人。鄙意,思畏当身任此事,方便说法,其二司及太守中,往年尝与共学者,时一叩其操志用力视旧何如,因托之分教一方,未必无一倡群和之助也。"(《欧阳德集》卷五,第168页)似乎沈宠第二次来信中仍然坚邀,因此,欧阳德在第二封回信中做了让步,把邹守益推荐给他:"承欲择一人,往彼中登坛说法,恐须东廓一行,他人不能任此也。"(《欧阳德集》卷五,第169页)查邹守益文集及其传记文字,皆未发现其往闽中讲学之事,看来欧阳德之议并未实行。不过,《邹守益集》存有与沈宠书一通,无系年,略云:"'爵位系人,道义系我。彼能废弃我爵位,安能因循我道义?'即此'因循'二字,正是病根,不猛自斩艾,则主宰安得精健?泛应安能有统纪耶?允蹈实践之旨甚善,然须除此病根,方有结果。"(卷一三,第648页)不管邹守益最后是否成行,这个情况都表明,沈宠与阳明门人集团(欧阳德、王畿、邹守益等人)关系密切,是地地道道的王门同志。

其三,第三书为欧阳德与沈宠论学之书,书中具引了沈氏来函,有八条之多,皆关致良知如何实际用力,从中可以看出,沈宠虽政事匆冗,却用工不懈,体贴亦非泛泛。黄宗羲《明儒学案》卷二十五"南中王门学案一"收录了沈宠,但只有小传,无其论学语,欧阳德此书正可补黄氏学案之阙。

以上是笔者对吴文提到的刻本所做的核实。在此之外,笔者还进一步做了搜索，发现嘉靖四十五年（1566）以前还有不少刻本收录了《大学问》。以下按年代先后依次述之。

（四）王杏编《新刊阳明先生文录续编》（嘉靖十四年）

刊刻于嘉靖十四年（1535）的三卷本《新刊阳明先生文录续编》，卷之一"文类"第二篇即《大学问》，紧接在《大学古本序》之后。

《新刊阳明先生文录续编》，又称黔版《阳明先生文录续编》，现藏于上海图书馆。此书，明清以来的公私书目皆未著录，亦不见阳明学者在著述中提起，上图本是迄今所知唯一传本。旧为藏书家黄裳所收，黄氏题记已言"世未有以之著录者"[①]，惜乎阳明学界无人注意，直到日本学者永富青地到中国调查阳明著作版本发现后撰文加以介绍[②]，这才进入阳明学研究者的视野。中国学者钱明在永富的基础上做了进一步研

[①] 据永富介绍，《新刊阳明先生文录续编》卷头有墨书"同治元年壬戌九月晦日，读于崇川寓舍，时患黄病，鹤寿主人记"二十五字；表纸、卷首与卷末皆记有当代著名报人、藏书家黄裳之识语，其中朱书于表纸的识语为："《新刊阳明先生文录续编》三卷，嘉靖黔中刊，黑口本，赵次候藏书，壬辰（1952）七月黄裳小燕"，说明此书曾为赵次候所藏。而墨书于卷首的识语是："此黑口本《阳明文录续编》三卷，佳书也。世未有以之著录者。通行之本，大抵皆重刊汇编本耳。余前得《居夷集》三卷，嘉靖甲申刊于黔中者，时先生尚存。此集则刊于弃世后七年，亦贵州刊本。刀法朴茂，别具古趣。大抵名人文集多传汇刻全书，而单刊者反易湮没，是更足增重也。匆匆题识，未暇取校，不知尚有逸出《全集》之外者否？壬辰二月二日黄裳。"书于卷末的识语为："壬辰二月初二日，上海所收，黄裳百嘉之一。"（参见永富青地：《王守仁著作の文献学的研究》，第158页）

[②] 《上海图书馆藏〈新刊阳明先生文录续编〉について》，《东洋の思想と宗教》第23号，早稻田大学，2006年。后收作氏著：《王守仁著作の文献学的研究》第二章第三节"王杏编《新刊阳明先生文录续编》について"，第156～202页。

究。①不过，永富与钱明对王杏的生平及其与《大学问》的关系都没有给予特别关注，因此，笔者做了一些查考。以下，我们先介绍《新刊阳明先生文录续编》的基本情况，再叙述查考到的王杏生平事迹，最后探究他与《大学问》的关系。

是书每卷之首都有"新刊阳明先生文录续编总目"字样，其下则各卷所收诗文之篇目；每卷卷首第一行为卷号，作"新刊阳明先生文录续编卷之一（二、三）"，然无编纂者姓名；每卷卷尾末行亦有卷号，作"新刊阳明先生文录续编卷之一（二、三）终"；卷三末尾分三行录有三位校刊者的姓名，分别是贵州都司经历赵昌龄、耀州知州门人陈文学、镇安县知县门人叶悟；最后是王杏撰于嘉靖十四年（1535）的《书文录续编后》，对刊刻原委交代甚悉。

> 贵州按察司提学道奉梓《阳明王先生文录》，旧皆珍藏，莫有睹者。予至，属所司颁给之。贵之人士，家诵而人习之，若以得见为晚。其闻而慕，慕而请观者，踵继焉。……予因贵人之怀仰而求之若此，嘉其知所向往也。并以《文录》所未载者出焉以遗之，俾得见先生垂教之全录，题曰"文录续编"。于乎！读是编者，能以其心求之，于道未必无小补。否则，是编也，犹夫文也，岂所望于贵士者哉？先生处贵有《居夷集》，门人答问有《传习录》，贵皆有刻，兹不赘云。时嘉靖乙未夏六月，后学王杏书于

---

① 参见钱明：《黔中王门论考》（《贵州文史丛刊》，2007年第2期）、《王阳明散逸诗文续补考——兼论黔版〈阳明文录续编〉的史料价值》（《中华传统文化与贵州地域文化研究论丛（二）》，成都：巴蜀书社，2008年）。

贵阳行台之虚受亭。（转引自永富青地：《王守仁著作の文献学的研究》，第158页）

考得王杏简历如下：王杏，字世文，号鲤湖，浙江奉化人，嘉靖八年（1529）进士[①]，除山西道监察御史。嘉靖十三年（1534），巡按贵阳。嘉靖十四年（1535），上言建议贵州开乡试。嘉靖十五年（1536），按山西。嘉靖十六年（1537），降为广德州判官。嘉靖十九年（1540），移判岳州，升扬州少府。嘉靖二十三年（1544），再补南康，告归。

上文所谓"鲤湖"，据清人李前泮修、张美翊等纂《奉化县志》卷二四"人物二"："王杏，字世文，号鲤湖。城内人。嘉靖八年进士，授山西道监察御史，出按贵州。时平浪贼阿向等，梗化为地方患二十余年，莫敢谁何。杏具疏请兵征剿，元凶就戮，捷闻，宠锡银币。初，贵州省无贡院，士子就试云南，途中苦瘴疠剽掠，杏特奏请设科各就省试，士人称便。十五年，按山西，风裁益峻，贪墨望风解绶，广采民瘼，所陈时政，如准赋税，省浮驿，慎编审，密边防，言皆凿凿可行。方拟大用，而后代者以私牾，文致，落判广德州，署太平郡及建平、望江二邑篆，刚毅正肃，所至称神明。十九年，移判岳州，升扬州少府。二十三年，再补南康，遂浩然解组归。性嗜古好学，尝与南野欧阳德、念庵罗洪先、荆州唐顺之、龙溪王畿讲求阳明致知之学，训迪诸士，多所成立。所著有

[①] [明]张朝瑞撰《皇明贡举考》（明万历刻本）卷六"己丑嘉靖八年会试"条下"第三甲二百二十五名赐同进士出身"，王杏（浙江奉化）名列其中。

《按贵录》《按晋录》等如干卷，藏于家。（康熙志）"（清光绪三十四年刻本，收入《中华丛书·四明方志丛刊》，台北中华丛书委员会，1957年，第1253～1254页）

上文所谓建议贵州开乡试，此事见载于诸书，如明人雷礼撰《皇明大政纪》卷二十二"乙未嘉靖十有四年"条："秋七月。初命贵州开乡举科。初，贵州诸生附试云南，跋涉艰阻，至是，巡按御史王杏上言，乞自开科。从之。定解额：云南四十人，贵州二十有五人。"（明万历刻本）亦见明人范守己撰《皇明肃皇外史》卷十五（清宣统津寄庐抄本）。此外，明人王圻撰《续文献通考》卷四十五"选举考"（明万历三十年松江府刻本），明人俞汝楫编《礼部志稿》卷七十二（文渊阁四库全书本）皆载其事。唯明人陆楫撰《蒹葭堂稿》将此事系于嘉靖十六年丁酉："本朝两畿十三省乡贡士俱有定额，云南贵州二省以夷方地僻，解额独少，二省乡试士俱合试于云南，共五十五名，云南三十四，贵州二十一。其后，贵州士苦于就试云南。嘉靖丁酉，巡按御史王杏提请乞分科，诏行之。是年，云南解额增至四十名，贵州解额增至二十五名，共增十名矣。"（卷六，明嘉靖四十五年陆郯刻本）按：王圻之说不确，王杏上书建言贵州分科，当在嘉靖十四年（1535），观明人夏言撰《夏桂州文集》卷十二《覆议贵州开科取士疏》可知，该文末云："嘉靖十四年八月题。奉圣旨是云南乡试解额准取四十名，贵州二十五名。"（明崇祯十一年吴一璘刻本）

从王杏《书文录续编后》来看，在嘉靖十三年（1534）他到来之前，贵州原本就刻有《阳明王先生文录》，还刻过单行本的《居夷集》《传习录》。遗憾的是，这些刻本的具体情况，现在我们已无从了解。王杏对阳明思想在贵州的传播出力甚多，甫一到任，就在贵阳兴建了阳明祠。又将原来被藏之秘阁的《阳明王先生文录》颁给士众传习，更编了《文录续编》，俾使人得见阳明"垂教之全录"。

耐人寻味的是，《阳明年谱》提到了王杏嘉靖十三年（1534）建阳明祠，但对次年刊刻阳明文录续编一事却付阙如。《年谱》"附录一"嘉靖十三年甲午条：五月，巡按贵州监察御史王杏建王公祠于贵阳。师昔居龙场，诲扰诸夷。久之，夷人皆式崇尊信，提学副使席书延至贵阳，主教书院。士类感德，翕然向风。是年，杏按贵阳，闻里巷歌声，蔼蔼如越音；又见士民岁时走龙场致奠，亦有遥拜而祀于家者，始知师教入人之深若此。门人汤哗、叶梧（引者按：据《新刊阳明先生文录续编》校刊者有"镇安县知县门人叶悟"云云，可知此处"叶梧"当为"叶悟"之误）、陈文学等数十人请建祠以慰士民之怀。乃为赎白云庵旧址立祠，置膳田以供祀事。杏立石作《碑记》。记略曰："诸君之请立祠，欲追崇先生也。立祠足以追崇先生乎？构堂以为宅，设位以为依，陈俎豆以为享，祀似矣。追崇之实，会是足以尽之乎？未也。夫尊其人，在行其道，想象于其外，不若佩教于其身。先生之道之教，诸君所亲承者也。德音訚訚，闻者饫矣；光范不不，炙者切矣；精蕴渊渊，领者深矣。诸君何必他求哉？以闻之昔日者而倾耳听之，有不以道，则曰：'非先生之法言也，吾何敢言？'以见之昔日者而凝目视之，有不以道，则曰'非先生之德行也，吾何敢行？'以领之昔日者而潜心会之，有不以道，则曰：'非先生之精思也，吾何敢思？'言先生之言，而德音以接也；行先生之行，而光范以睹也；思

先生之思，而精蕴以传也，其为追崇也何尚焉！"(《王阳明全集》卷三十五，第1330～1331页)

贵州按察司提学道奉梓的这个《阳明王先生文录》来自何处？从时间上看，不太可能得自黄绾嘉靖十二年（1533）编的《阳明先生存稿》（黄绾本），更不可能得自嘉靖十五年（1536）刊的《阳明先生文录》（姑苏板）。那么，最有可能的，是嘉靖六年（1527）邹守益刊刻的广德版。

黄绾本的存在还是一个谜。现被认为黄绾本者，如京都大学文学部图书馆所藏嘉靖十二年序刊本《阳明先生文录五卷》，主要依据卷首载黄绾嘉靖十二年癸巳序。然，细究之，不能无疑。详其目次：卷之一题作"书一（始正德己巳至庚辰）"，收录了44通书信，与姑苏本正录（文录）卷一大同小异；卷之二题作"书二（始正德辛巳至嘉靖乙酉）"，收录了33通书信，与姑苏本正录卷二大同小异；卷之三题作"书三（始嘉靖丙戌至于戊子）"，收录了34通书信，与姑苏本正录卷三大同小异；卷之四题作"书"，无编号，收录了33通书信，与姑苏本正录卷四所收"序记说"完全不同，但与姑苏本外集卷五大同小异；卷之五则无任何题注，收录了15篇序，与姑苏本正录卷五所收"杂著"完全不同，但与姑苏本外集卷六大同小异。基于此本前三卷与姑苏本前三卷大体相近而后两卷则与姑苏本外集两卷相近的现象，铃木隆一认为，此书当是单刻本，在体例上也许沿用了广德本的做法，即：前三卷为正录，以年月为次，后两卷为附录。(参见所著：《王文成公全书の合刻について》，《怀德》第三二号，1961年) 吴震则根据阳明《年谱》所云"先生许刻附录一卷，以遗守益，凡四册"(《王阳明全集》卷三十五,第1305页)推测,"很有可能卷五是黄绾独自收录的文字","前四卷正与年谱所云广德版的'凡四册'之数相合","或许正如铃木氏所推测的那样,黄本除其卷五,所剩四卷之体例,可能正是保存了邹东廓刊刻的广德版文录之原形"(所著:《王阳明逸文论考——就京都大学所藏王阳明著作而谈》,《学人》第一辑,江苏文艺出版社,1991年,第422页)。按:铃木隆一与吴震都没有注意到,广德版的正录,是不分别体类的,参见钱德洪《刻文录叙说》:"先生乃取近稿三之一,标揭年月,命德洪编次;复遗书曰:'所录以年月为次,不复分别体类者,盖专以讲学明道为事,不在文辞体制间也。'"(《王阳明全集》卷四十一,第1573~1574页。着重号为引者后加)而京大五卷本前四卷都是书,第五卷是序,明显分了体类。假定京大五卷本是黄绾本,那么,与其说黄绾本遵循了广德版的体例,不如说它与分别体类的姑苏本更接近。当然,也有可能,京大五卷本根本就不是什么黄绾本。那么,也就无从据之分析黄绾本与广德版之间的异同了。关于黄绾本,论者都会提到叶德辉经眼的一个本子,即:《阳明先生文录十四卷(明嘉靖癸巳门生黄绾序刻本)》,如果叶德辉所见的这个本子真是黄绾本的话,那么,京大五卷本就一定不是黄绾本,因为,叶氏所见本,"前五卷皆与人书,别无杂著"(叶德辉:《郋园读书志》卷九,上海古籍出版社,2010年,第454页),而京大本则是前四卷为书,后一卷为杂著,明显与之不合。不知何故,铃木隆一,还有后来的永富青地,都没有发现这一点,一致以为京大五卷本与叶德辉所见本前五卷相同。只不过,铃木隆一相信京大五卷本是单刻本（见前揭文），而永富青地在将京大五卷本与东京大学东方文化研究所藏《阳明先生文录十七卷》（嘉靖二十六年张良才重校刊本）比较后发现，十七卷本的前五卷与京大本的五卷完全相同，因而推测，京大五卷本应该不是一个全本。（参见所著：《王守仁著作の文献学的研究》，东京汲古书院，2007年，第130页）叶德辉所见十四卷本，今已不见，无论如何，今天被论者视为黄绾本的京大五卷本，与叶氏所见本的差异是不容忽视的事实。这个事实也提醒我们：卷首有黄绾写于嘉靖十二年的序，不能作为判断一个刻本是黄绾本的唯一依据。

王杏又是从哪里得到"《文录》所未载者"？从《续编》包含了《大学问》这一点来看，邹守益应当是一个可能的来源。而进一步的考察则使我们发现，王杏与邹守益的确有过交集。王杏在去贵阳之前，就已经跟邹守益认识。在他任山西御史时，曾为旌表祖母事来找过邹守益，东廓文集中的《旌节诗集序》即是应其要求所作。《旌节诗集序》云："旌节诗云何？懿德之好也，诸君子咏应节妇之节也。集之云何？孝思之寓也，其孙御史杏恐其弗传也。……（节妇）年七十有六，无疾而逝。……逾四年，孙杏登嘉靖癸未进士，寻为山西道监察御史。会天子有优诏，例应旌表，而身故者一体。奏闻，举行。事下宁波奉化，覆报，遂旌其门。"（《邹守益集》卷四，第209～210页）邹守益积极推广友人刊刻的附有《大学问》的《大学古本》，王杏得到其中一册，是完全可能的。

王杏与邹守益渊源甚深，除了上所述者，另有事迹。嘉靖十六年（1537），王杏从山西御史谪判广德，与当年邹守益从内翰被贬广德,何其相似乃尔。也许是惺惺相惜,当王杏看到广德州民为邹守益立的生祠犹存时,特撰文记之。在广德期间,王杏还曾奉当时的南畿督学冯天驭之命对邹守益当年兴建的复初书院做了清查。据说,王杏还在复初书院主持过水西会。

关于王杏谪判广德州的内情一事,说法不一。有说是被人罗织罪名陷害的,如前揭康熙《奉化县志》即云"后代者以私牾,文致"。有说是因为王杏建言廷杖而遭贬的,明人过庭训纂集《本朝分省人物考》卷四十七"浙江宁波府一":"王杏,字世文,奉化县人,进士,除山西道御史,巡按贵州,嘉靖十五年巡按山西,建言廷杖,谪闲散。"(明天启刻本)还有说他是被下属贪赃而连累到的,明人徐学聚撰《国朝典汇》卷五十四:"十六年,降御史王杏为广德州判官。杏先巡按贵州,其监生书吏受赃,接管御史杨春芳发其事。下巡抚查勘具实,第遇赦宜宥免,得旨:杏以宪臣关防不谨,致监生书吏受赇,殊为失职,既遇宥,姑降调之。"(明天启四年徐舆参刻本)未知孰是。

上文提及王杏为生祠撰文一事,据《广德州邹侯生祠记》:"嘉靖甲申,邹侯繇内翰出判广德。逾年丁亥,升南京礼部主客司郎中。帝命始下,州人相顾呼号,如失恃怙……拥辙而留,越境而送,益有不释然者,相与绘侯之貌,而家各崇奉之。犹恐不能垂之遐永,乃控于抚巡,立祠于学宫之右,以奉侯生相,月朔则拜,岁时则祀。……嘉靖丁酉,鲤湖王子被谪至州……每朔望,奉谒大圣庙,必请侯祠,州之人士守护登拜,亦无虚日。"(《澈源邹氏七修族谱》卷一二,转引自张卫

红:《邹东廓年谱》,第99页)

上文提及邹守益建复初书院事,详其《广德州新修复初书院记》:"嘉靖丙戌(引者按:嘉靖五年,1526)秋七月,新作复初书院成。先是,书院为老子宫。……经始于乙酉(引者按:嘉靖四年,1525)冬十月,越十月而功成。"(《邹守益集》卷六,第315~316页)

上文关于冯天驭檄王杏清查复初书院事,据邹守益《书广德复初诸友会约》一文亦可证之:"东廓子曰:广德,予谪宦试政地也;复初,予缔构造士所也。……予别复初,二十有四年矣。午山冯子檄鲤湖王子清查之,可泉蔡子增学田振作之,翠崖黄子选于诸生,遣张士仪督新进训之。士仪及予旧游施正夫、方德升、潘公甫,订聚涣振颓之约,予自紫阳历水西,广德张生槐,与会者十人,持会约以征训言,期以守于永久。"(《邹守益集》卷一五,第738~739页)邹守益于嘉靖六年离开广德,这里说他别复初二十有四年,则此文当写于嘉靖三十年,而与《广德州志》所记不合。邹守益记忆有误,因嘉靖三十年冯天驭(午山冯子)已转任都察院右佥都御史(参见[明]王世贞:《弇山堂别集》卷六十二,文渊阁四库全书本),而嘉靖二十年前后,冯任南畿督学御史,参见明天启刻本明人过庭训纂集《本朝分省人物考》卷七十八"湖广德安府":"冯天驭,字应房,蕲州人,登嘉靖乙未进士,授大理评事,改御史,巡视太仓;转南畿督学御史,杜私谒,先行谊,置学田,以赡贫乏,由是风教大振。庚子(引者按:嘉靖十九年),病归。癸卯(引者按:嘉靖二十二年),复补南畿督学。申令约束,其所拔识,多璆琇士。历中外显任,以绩焯奕,所至著声。陟大理寺丞少卿,都察院右佥都御史协赞院事,升刑部右侍郎,改吏部右侍郎,及左铨衡,进刑部尚书。旧例,冢宰缺,则大司寇恒代之。天驭佐天官久,谙习铨事,故物论允惬。久之,致政归,卒。天驭容止既佳,吐辞复雅,识者以为有大臣度。早从邹守益学,终身笃信。其平生孝友恭恪,虽天植自然,而造诣酝藉得之闻见为多。立朝服政二十余年,言论风采,鬱然有公辅之望。"另,邹守益与冯天驭亦相识,有往复,见《简冯午山》(《邹守益集》卷一三,第664页)。

上文关于王杏聚讲复初书院事,见万历四十年李得中纂修十卷《广德县志》:"嘉靖二十年,督学冯公天驭檄判官王杏核之,主水西会,尝聚讲其中。"(成文出版社,中国方志丛书,703册)此条材料亦见乾隆五十九年胡文铨修、周广业纂五十一卷《广德州志》(成文出版社,中国方志丛书,704册)、光绪七年胡有诚主修六十二卷《广德州志》(成文出版社,中国方志丛书,705册),不载于乾隆四年李国相纂修三十卷《广德州志》(《稀见中国地方志汇刊》第23册,中国书店,1992年)。

王杏于嘉靖十四年(1535)在贵阳刊刻的这个文录续编,同时收录了《大学古本序》和《大学问》,而薛侃于嘉靖十六年序刊本《阳明先生则言》亦然,连编排次序都一样。这是偶然的巧合吗?如果薛侃、王畿不是从王杏这里得到启发[①]乃至直接取材于王杏的文录续编,那么,至少我们也可以说,无论是王杏(以及在他之前的邹守益),还是薛侃、王畿,他们都认为《大学问》很重要,值得刊刻。

[①] 王畿与王杏曾通书论学,其《答王鲤湖》一书论及"独知"之说。(《王畿集》卷十,第264页)

（五）宋仪望编《阳明先生文萃》（嘉靖三十二年初刻，嘉靖三十六年再刻，隆庆六年三刻）

《阳明先生文萃十一卷》四册①，嘉靖三十二年（癸丑，1553）宋仪望（字望之，号阳山，晚号华阳，江西吉安永丰人，嘉靖二十六年进士，著有《华阳馆文集》，《明史》卷227有传）始刻于山西河东书院，嘉靖三十六年（丁巳，1557）再刻于大梁洛阳间，隆庆六年（壬申，1572）三刻于福建正学书院。

其嘉靖三十二年（1553）序云：

《阳明先生文萃》若干卷，始刻于河东书院。盖余企诸人士相与讲先生之学，故集而编之云。或曰："先生之文，灿如日星，流若江河。子既锓刻其集布之矣②，兹编之

---

① 此据嘉靖三十二年序刻本《阳明先生文萃十一卷》卷末姚良弼《跋》："刊《阳明先生文萃》者，我代巡宋公按历河东，百度惟新，雅造士类，相与讲明正学，虑诸士不能遍识也，刊先生文集。虑诸士不能知要也，择先生《序大学古本》《大学问》诸篇，及《传习录》、答诸君子论学诸篇，订为四本，名曰《文萃》。"（京都大学人文科学研究所东方部景照日本内阁文库本）

② 宋仪望于嘉靖三十二年（癸丑）曾据关中的东序刻本《阳明先生文录》而刻板，参见宋氏《河东重刻阳明先生文集序》："《阳明先生文集》始刻于姑苏，盖先生门人钱洪甫氏诠次之云。自后，刻于闽、于越、于关中，其书始渐播于四方学者。嘉靖癸丑春，予出按河东。河东为尧舜禹相授受故地，而先生之学则固由孔孟以沂尧舜。于是，间以窃闻先生绪言，语诸人士，而若有兴者。未几，得关中所寄先生全录，遂锓而刻之。"（宋仪望：《华阳馆文集十八卷续集二卷》，清道光二十二年宋氏中和堂刻本，四库存目丛书，集116~301，济南：齐鲁书社，1997年。按：万历三年魏学礼刻《华阳馆诗集十四卷文集十二卷附录一卷》，亦收入四库存目丛书集部116册，其文集与道光本悉同，惟诗集十四卷，道光本简作六卷。盖万历本诗集十四卷，为仪望诗集之初刻本，时名河东诗集，又名阳山诗集。道光本为宋氏后人合并诗集与文集而成，而统一名为《华阳馆文集》。本文用道光本，以下简称《华阳馆文集》，不再说明。）

选,则何居焉?"宋仪望曰:"道有体要,学有先后。先生之学以致良知为要,而其所谓文章功业云云,是特其绪余耳,非学者所汲汲也。故余推本先生之学,取其《序大学古本》《或问》等篇,他如门人所刻《传习录》,答诸君子论学等书,要皆直吐胸中所见,砭人膏肓、启人蔽锢,尽发千古圣贤不传之秘。窃以为,士而有志于学圣人者,则舍此何适矣?"……嘉靖癸丑孟秋,后学庐陵宋仪望谨叙。(日本内阁文库藏嘉靖三十二年序刊《阳明先生文萃十一卷》卷首,京都大学人文科学研究所东方部藏平成二年景照本)

隆庆六年(1572)刻本,此下复有宋氏之补记:

按:是编,往予手自校选,刻于河东,嗣后刻于大梁洛阳间。① 顾海内学士多以不得先生刻本为恨,今年春予视学闽中,乃重校刻之,期与八闽人士共勉焉。隆庆六载闰二月宋仪望续题于正学书院。(日本内阁文库藏隆庆六年刻《阳明先生文萃十一卷》卷首,京都大学人文科学研究所东方部景印本)

《文萃》十一卷目次如下:卷一,杂著十三篇;卷二,答书一首;卷三,答书四首;卷四,答书二首;卷五,答书十二首;

---

① 宋仪望这里没有说明具体时间,据永富青地所做的调查,台湾"中央图书馆"、天津市图书馆、青海民族学院图书馆藏有《阳明先生文萃》嘉靖三十六年刻本(参见所著:《王守仁著作の文献学的研究》,第202页),可推其年为嘉靖三十六年。

卷六，答书十一首；卷七，杂著三十八首；卷八，杂诗五十二首；卷九，《传习录一》；卷十，《传习录二》；卷十一，《传习录三》。从这个编排来看，整个文萃由文集（卷一至七）、诗集（卷八）、《传习录》（卷九至十一）三部分组成。《大学问》即收在文集之中（卷一第二篇，紧接《大学古本序》后）。

从阳明著作的出版历史来看，必须说，宋仪望的《阳明先生文萃》是一个突破，文录、诗集、语录（《传习录》）第一次被收在一起，这对读者是一个极大的便利。之前，嘉靖二十九年（1550）闾东在陕西刻《阳明先生文录》，虽将《传习录》《则言》附刻于后，但毕竟没有真正合并，且《则言》本身自成系统，出自语录、书、序、记、说的选文不分体类地编在一起。宋仪望如此编排，实与他对"文"的宽泛理解有关，关于语录性质的《传习录》何以也被收入《文萃》，宋仪望尝自为问答：

"若是，则《传习录》乃门弟子所撰记，故集不载，今子亦类而编之，何也？"曰："先生之学，着为文辞，吐为述答，实则一而已，而又焉往而非先生之文也？"（日本内阁文库藏嘉靖三十二年序刊《阳明先生文萃十一卷》卷首，京都大学人文科学研究所东方部藏平成二年景照本）

至于其选文是否有断章取义之嫌，又引薛侃、王畿编《则言》事自辩：

《阳明先生文集》海内虽多板行之，然书帙繁多，四方同志未易便得，兹所刻《文萃》十一卷，皆以切于学者日用工夫，故校而编之，其答问诸篇中，或不专于论学者，则不嫌于断章截取，亦薛、王二公所编《则言》之意也。惟同志者谅之。宋仪望识。（日本内阁文库藏隆庆六年刻《阳明先生文萃十一卷》卷七末，京都大学人文科学研究所东方部景印本）

宋仪望其人，《明史》本传、《明儒学案》皆言其师聂豹。《明儒学案》云："先生从学于聂贞襄，闻良知之旨。"（参见卷二十四"江右王门学案九"，中华书局标点本，第552页）《明史》本传云："仪望少师聂豹，私淑王守仁，又从邹守益、欧阳德、罗洪先游。守仁从祀，仪望有力焉。"（参见卷227，中华书局标点本，第5953页）按：仪望撰有《阳明先生从祀或问》一卷，收入《华阳馆文集续刻》卷一。万历三年（乙亥，1575），门人刘瑊为《华阳馆文集》作序，称其学宗阳明，而师事邹守益与欧阳德。略云："先生生平学问以阳明王公为宗，而东廓邹公、南野欧阳公，其于阳明，犹二程之于周元公也，先生皆尝师事之，故其学实宗阳明而溯周、程。"（参见宋仪望著：《华阳馆文集》卷首，四库存目丛书，集116，齐鲁书社，1997年，第284～285页）前揭《文萃》之序则云，其学于"吉之三君子"。略云："吾吉有三君子，皆先生门人，而予从而学焉。学而未能，是则先生之罪人也。""先生"指阳明。（参见日本内阁文库藏嘉靖三十二年序刊《阳明先生文萃十一卷》卷首，京都大学人文科学研究所东方部藏平成二年景照本）据王世贞《大理卿宋公传》，仪望从聂豹处得闻阳明致良知说而服膺，从聂豹、欧阳德、邹守益游。① 则"三君子"者，聂豹、欧阳德、邹守益也，盖豹为吉之永丰人，德为吉之泰和人，守益为吉之安福人。

检《华阳馆文集》，仪望于聂豹、邹守益、欧阳德皆称师，过从甚密。

仪望师聂豹，见《刻巡闽稿序》："予师宫保双江聂公，嘉靖初以御史出按闽中"，"窃伏自念，昔在弱冠，即从游门下，受公知爱"。（见《华阳馆文集》卷一，四库存目丛书，集116，第304～305页）《族谱序》："比余弱冠，往见大司马聂双江先生……余闻先生言，退而执弟子礼"（见《华阳馆文集》卷十，四库存目丛书，集116～392），《明荣禄大夫太子太保兵部尚书赠少保谥贞襄双江聂公行状》："仪望从先生游，垂三十年，盖尝屡聆其说"（见《华阳馆文集》卷十一，四库存目丛书，集116～406）。先是，仪望之兄宋龙（字霖望）已从双江游："岁庚寅，今大司马聂公以两千石过家，讲阳明先生致知之学，兄首与二三子往从之游，遂执弟子之礼。"（见《族谱序》，《华阳馆文集》卷十，四库存目丛书，集116～398）日后，仪望还与聂豹之子聂静（字子安，号泉厓）结为儿女亲家，见《明奉政大夫礼部仪制司郎中前刑科给事中泉厓聂君墓表》："盖余三人皆与大夫缔儿女姻"（《华阳馆文集》卷八，四库存目丛书，集116～378）。聂豹曾为宋仪

---

① 略谓："(宋公) 偶从乡先生聂贞襄公豹所，得闻东越良知之旨，而服膺焉。东越者，故王文成公守仁也。公遂游贞襄公门。已又游欧阳文庄公德、邹文庄公守益门。"（《弇州山人四部续稿》卷六十七文部，文渊阁四库全书本）

望父宋闻仪（号坦庵）铭墓（见《敕赠文林郎监察御史坦庵宋公墓志铭》，《聂豹集》卷六，第172页）。

仪望于东廓称师，见《寿大司成东廓邹公七十序》："予师东廓先生以今庚申二月寿七十"，"惟予不敏，获承先生之教已二十余年。"（《华阳馆文集》卷四，四库存目丛书，集116～326）《广德重修复初书院记》："嘉靖中，予师东廓邹先生官史局，以言事谪判广德。"（见《华阳馆文集》卷四，四库存目丛书，集116～351。）邹、宋两家可谓世交，邹守益父邹贤（号易斋）与宋仪望大父宋稳为乡试同年友："昔我易斋大夫与永丰宋公稳同鹿鸣之雅。"（见邹守益：《宋大母徐节妇传》，《邹守益集》卷一九，第903页）邹守益为宋仪望父宋闻仪（号坦庵）表墓（见《明故赠文林郎监察御史坦庵宋公墓表》，《邹守益集》卷二四，第1098页），日后，宋仪望为邹守益著《行状》（见《明故中顺大夫南京国子监祭酒前太常少卿兼翰林院侍读学士赠礼部侍郎谥文庄邹东廓先生行状》，《华阳馆文集》卷十一）。

仪望又从欧阳德游："予两师东廓邹公、南野欧阳公，则尤杰然者也"（见《校编邹东廓先生文选序》，《华阳馆文集》卷十），"予自弱冠获从二先生游，得闻致良知之教"（见《华阳馆文集》卷一，四库存目丛书，集116，第305页）。

按：三人之中，聂豹于宋仪望为乡之先贤，邹守益、欧阳德则为临邑，三人皆讲学，仪望闻其风而悦，诸生时即已参加邹守益、聂豹、罗洪先等人合主的青原山大会："甲午之岁（引者按：嘉靖十三年），诸君子讲学青原，仪望请行。公喜曰：儿往师圣贤，吾复何忧？是年，督学者拔之首廪。"（见《族谱序》，《华阳馆文集》卷十，四库存目丛书，集 116～396）宋仪望之兄宋龙亦预青原之会："及会于青原，其孙龙预切磋焉。"（见邹守益：《宋大母徐节妇传》，《邹守益集》卷一九，第 903 页）

此外，宋仪望还曾请王畿讲学[①]，与罗洪先相熟[②]，跟泰州王襞（东厓）有往来[③]。

（六）孟津刻《良知同然录》（嘉靖三十六年）

嘉靖三十六年（丁巳，1557），阳明门人孟津在湖北黄冈刻《良知同然录》。是书分上下两册[④]，上册杂收阳明诗文，序、说、记、书诸体皆备，凡 24 篇，首即《大学问》，次为《大学古本序》[⑤]，下册收阳明公文 11 篇。

[①] 句曲邑令丁宾（礼原）请于宋仪望（阳山宋子），迎王畿至，集诸生百数十人，大会于明伦堂，在宋的主持下，诸生、丁宾以及宋本人轮番向畿请益，问答录为《华阳明伦堂会语》，见《王畿集》卷七，第 158～159 页。此事，方祖猷系之于万历三年（1575）秋（见所著：《王畿评传》，第 72 页），未详何据。

[②] 集中有诗与念庵酬唱，如《天宁寺次念庵罗宫赞韵》（卷十七）、《登雪浪阁次念庵先生见怀韵》（卷十七）、《桐江奉别念庵宫赞》（卷十七）、《松原访念庵先生次韵》（卷十七）。念庵讣至，仪望为之泣下："先生天下士，蚤岁冠人群。有道归先觉，无媒近圣君。著书称博物，学道耻多闻。忽尔传星殒，凭阙涕泗纷。"（《得念庵宫赞讣》，《华阳馆文集》卷十五，四库存目丛书，集 116～443）

[③] 仪望曾为襞父王艮（心斋）年谱作序，对心斋之学评价甚高。略云："方阳明倡道东南，从游之徒半在缙绅，呶呶者犹张目相视。先生以布衣特起，为时所信。阳明公既殁，而良知之传赖以不坠，先生之力为多"，"其所著《勉仁》诸篇，虽圣人复起，不能易也。至其尊主庇民之心，时时见于问答论述间。自孟子殁，考其所至，未知后来儒者孰先后，而先生深远矣"（《心斋王先生年谱序》，《华阳馆文集》卷一，四库存目丛书，集 116，第 303～304 页）。另有诗三首寄东厓：《郊居次聂丈论学之作，因寄东厓王丈二首》《独坐郊园寄怀东厓王子兼简上海张子》（卷十八）。

[④] 台湾"中央图书馆"藏本作四卷，当后世所析。

[⑤] 卷首之上册篇目，首《大学问》，次《大学古本序》，而卷内次序却相反。

孟津，字伯通，号两峰，滁州人，嘉靖十年举于乡，历官温县令、黄冈县令、宝庆同知，著有《两峰集》。邹守益《阳明先生书院记》："阳明先生官滁阳，学者自远而至。时孟友源伯生，偕弟津伯通，预切磋焉。"（《邹守益集》卷七，第379页）又，万历四十二年修《滁阳志》载："孟津，字伯通。端方嗜学，少同伯兄源师事王阳明先生。辛卯（引者按：嘉靖十年，1531）举于乡，授温县（引者按：温县在河南，明代隶属怀庆府）令，寻调黄冈，并有声。升宝庆同知。《庆志》谓其'古貌古心、实德实政'。归，结咏归亭歌咏自适，绝不以牍于有司与同台诸名公。为真率会，阐明良知之学。矜式一时，著有《两峰集》。"（卷十二"列传"，第26页，《稀见中国地方志汇刊》第22册，中国书店，1992年，第164页）查光绪十年刊《黄州府志》卷之十一"文秩官表上"，孟津于嘉靖三十五年（丙辰，1556）任黄冈知县（第31页，《中国方志丛书》华中地方346册，台北成文出版社，1976年，第407页）。隆庆元年刻《宝庆府志》卷之四"人事考"，孟津名列宝庆府同知："孟津，字伯通，滁州举人，嘉靖四十年以黄冈知县升任。有操尚，自守廉正（引者按：'正'字前，原文衍一'整'字），缉盗贼，兴士类，甚得民和，时推循良，谓其古貌古心、实德实政焉。以黄冈事诬累，逮系赴京，寻得释。"（第41～42页，《稀见中国地方志汇刊》第39册，中国书店，1992年，第798～799页）孟津为温县令及黄冈知县事，亦可证之于《良知同然录》卷末麻瀛叙："壬子（引者按：嘉靖三十一年），官杞，予为中州外廉（引者按：外廉，明廷为防止科举舞弊,将考官分为相互隔离的内外廉,外廉在外提调、监试,内廉在内主考、同考。乡试的外廉一般由府县知推担任,内廉则由外廉推荐。廉之得名,则由于考官要求文学廉谨。参见《明史》卷七十"志第四十六 选举二",中华书局标点本,第1695页。有关明代科举考试内外廉制度的研究,可参看王凯旋:《明代科举制度研究》,吉林大学博士论文,2005,尤其第七章第二节"科举防弊措施试论"),取其志于良知者荐之,乃得李子向阳,温邑(引者按:即温县,明代隶属河南怀庆府)人也。询之,曰:予从学于两峰孟公之门。"(《良知同然录》卷末,《中国子学名著集成》第39册《王阳明选集》,第606页)

　　以上材料皆不详孟津生卒,此为略考。明人王同轨《耳谈类增》云:"滁阳孟两峰先生,理儒也……后八十二始卒"(卷十九"胜志年齿篇",明万历十一年刻本)。正德八年(1513)阳明官滁阳时,孟津由兄孟源偕至,其年固少,然亦不会太幼,根据古人束发(十五岁)受学的惯例推算,孟源当时至少有十五岁。嘉靖三十五年(1556)孟津始为黄冈令,其年当近六旬。五年后(嘉靖四十年,1561),由黄冈知县考满升宝庆府同知,根据明朝有关致仕年龄的规定"考满官员到部,但年六十五以上不得取选"(申时行等修:《大明会典》卷十三,中华书局,1989年,第231页。关于明代致仕制度,晚近的专题学位论文有聂智昊:《明代致仕制度研究》,吉林大学硕士论文,2012年,可参看),可知斯时其年已过六十,但未满六十五。姑设为六十四,则其生于弘治十年(丁巳,1497),正德八年(癸酉,1513)十六岁,合乎其兄偕至从阳明问学之情,嘉靖十年（1531）三十四岁，举于乡，亦无不妥。如此，则孟津约生于弘治十年（1497），卒于万历七年（己卯，1579），享年八十有二。

孟津究竟是从何处得到《大学问》的？从其生平形迹来看，他与邹守益、王畿、欧阳德等人皆有联系，而这些人都是《大学问》刻本的参与者，至少与闻其事。现将笔者钩稽的相关史实述之如下。

（1）与欧阳德的接触

嘉靖三十二年（癸丑，1553）底，孟津在京。① 适逢徐阶在灵济宫召集讲会，此会吸引了大批会试举子，包括众多王门同志，聂豹、欧阳德等人为主讲。② 作为王门旧同志，孟津必共襄

---

① 此据麻瀛后叙推知："癸丑，入觐，一接两峰，倾盖如故。"（《良知同然录》卷末，《中国子学名著集成》第39册《王阳明选集》，第606页。）按：明廷规定，无论远近，朝觐官员俱限十二月二十五日到京（参见《明太祖实录》"洪武十七年六月戊辰"条下，卷一六二，第3页，台湾"中央研究院"历史语言研究所校印本，第2516页。有关明代朝觐制度的研究论著甚多，晚近以此专题做学位论文的有杨万贺：《明代朝觐考察制度研究》，2011年辽宁师范大学硕士论文），麻瀛入觐邂逅孟津，则孟津是年底在京。

② 罗汝芳《盱坛直诠》记录了部分与会者姓名："癸丑，廷试中式。时内阁存斋徐公、部院双江聂公、南野欧阳公、俨山周公，皆以兴起斯学为己任者，乃定会所于灵济宫，师集同年桂岩顾公、近麓李公、洞阳柳公、望山向公、一吾李公，会试同年昆湖瞿公、泽峰吴公、浑庵戴公、少龙贺公、敬所王公，旧同志善山何公、西吾张公、吉阳何公、浮峰张公、芳麓王公，数十百人，连讲两月，人心翕然，称盛会也。"参见《盱坛直诠》下卷，明万历三十七年刊本，《中国子学名著集成》第44册，台北：中国子学名著集成编印基金会，1978年，第297～298页；另见《罗汝芳集》附录"罗近溪师行实（节录）"，第836页。按：新版《罗汝芳集》以文字互有雷同，将《盱坛直诠》割裂，下卷并入《罗近溪师行实（节录）》，附录于书后。正文中题为《盱坛直诠》者，仅为原书部分内容，殊不可取。

其盛。①讲会气氛自由，孟津与主讲欧阳德及其他参会者有所交流，当不可免。而此前一年，沈宠在福建刻《传习录》附录了《大学问》与《朱子晚年定论》，欧阳德知悉其事且去信嘉许。

（2）与邹守益的交往

《邹守益集》中有两条材料与孟津有关。一条是论者经常引到的《阳明先生书院记》（按：据明廷"以辰、戌、丑、未年为朝觐之期"的规定。参见申时行等修：《大明会典》卷十三"朝觐考察"，第1页，续修四库全书本，上海古籍出版社，第219页，孟津入觐之时当在嘉靖三十八年（己未）底，相应地，邹守益《阳明先生书院记》当作于嘉靖三十九年）；另一条是《简孟两峰》，由于此前论者不了解孟津就是孟两峰，鲜少利用。由前者可知，孟津在黄冈知县秩满入京觐见之际，通过邹善（字继甫，号颍泉，嘉靖三十五年进士，时任京官）请邹守益为阳明先生书院②撰记，并特别嘱咐，希望后者

---

① 麻瀠后叙云："两峰议论容与，汪溢无涯，予益为之心服。乃询诸灵济诸君子，咸曰：两峰子，阳明先生老友也，其熏灸更久，渐磨更深，领悟更切，其所得讵可量哉？"（《良知同然录》卷末，《中国子学名著集成》第39册《王阳明选集》，第606页）从其"询诸灵济诸君子"的行为来看，麻瀠自己必定参加了灵济讲会。这里他没有明言孟津是否与会，但从麻瀠所转述的"灵济诸君子"对孟的评价来看，这些人对孟津并不陌生，甚至不无敬意。孟津人在京师，不可能不知道这次盛会，看不出他有什么理由不去参加。

② 查光绪十年刊《黄州府志》，黄冈县有阳明书院，在安国寺左，即宋韩琦读书处，有明董其昌书韩魏公书院额，久废。（卷之九下"书院"，第4页，台北：成文出版社，1976年，第342页）其位置合于邹守益《阳明先生书院记》所云："乃市安国寺左隙地及僧房二重，廓而新之"（《邹守益集》卷七，第379页），而由来全异，疑府志失考，将韩魏公书院与阳明书院混淆。又，蕲州亦有阳明书院，在北门外，明嘉靖间冯天驭建。（光绪十年刊《黄州府志》卷九之下"书院"，第19页。台北：成文出版社，1976年，第350页）冯天驭，蕲州人，督学南畿时，曾广修书院，见前文王杏清查广德复初书院注，其在本贯建阳明书院一事，不见《明史》本传。

能发挥良知同然之义。①

《简孟两峰》一书略后于《阳明先生书院记》，其时，孟氏已通过考察而擢新职，即将赴任。书中云："闻荣徙戒行，若便道见过，以商归宿，尤为至望"（邹守益:《简孟两峰》，《邹守益集》卷一三，第668页），而孟津于嘉靖四十年由黄冈知县升任宝庆府同知（前揭隆庆刊《宝庆府志》，《稀见中国地方志汇刊》第39册，中国书店，1992年，第798页），故守益此书不会晚于嘉靖四十年。又，书中称"年来与同志温绎旧学，于'仁者人也'脉络悚然有省"（《简孟两峰》第668页），据耿定向《东廓邹先生传》，守益于嘉靖三十七年前后讲学，常申"仁者，人也"之说：嘉靖三十六年（丁巳，1557），聚讲安福香积寺，答学者问曾子为人谋旨，云：仁者，人也。立人之道，曰仁与义。以仁义存心而全归，是谓人道。贼仁贼义，无恻隐羞恶之良，则为禽兽而非人。发愤忘食忘忧，老至不知，孔子为人也；择中庸，得一善则服膺勿失，颜子为人也；仁以为己任，死而后已，是曾子为人谋而忠处。不能仁为己任，则一善自足，为弗弘；不能死后而已，则半途而废，为弗毅，非忠于自谋者。交而信，溥此学于友也；传而习，迪此学于师也。若以忠人之谋释之，是舍其田而艺人之田，非其守约之学矣。（转引自耿定向:《东廓邹先生传》，《邹守益集》卷二七，第1388～1389页。标点有改动）《邹守益集》整理者将"择中庸，得一善则服膺勿失，颜子为人也"误断为"择

---

① "孟君入觐于京，属予儿善以微言，且曰：愿阐师门同然之蕴，以波于江汉。"（邹守益:《阳明先生书院记》，《邹守益集》卷七，第379页）"愿阐师门同然之蕴，以波于江汉"这句话是指孟津希望邹守益撰文时能够阐发良知同然之义。

中庸，得一善则服膺勿失。颜子为人也"，造成破句。）嘉靖三十七年（戊午，1558），冬，复真书院成，示学者云："'仁者，人也'是圣人示做人正脉，须仁为己任，方可顶天履地，立三才之极。否则，无恻隐羞恶，便近于禽兽。然仁义之实，只从事亲从兄，自迩自卑做去，便可通神明，光四表。"（《东廓邹先生传》，《邹守益集》卷二七，第1389页）综此可断，守益《简孟两峰》书当写于嘉靖三十九年，与《阳明先生书院记》同年而稍晚。从书中有关文字来看，邹守益似乎收到了孟津刻于嘉靖三十六年（1577）的《良知同然录》。[①]

（3）与王畿的交往

万历元年（癸酉，1573）秋，王畿往滁州与同志相会。孟津于滁州阳明祠中向王畿请问两条，其一，阳明关于《大学》首三条之说为何，其二，阳明是否未尽朱子格物之义，王畿一一做了回答。其详如下：其一，孟津问："《大学》首三条，闻先师有圣人、贤人、学者之分，何如？"王畿答："《大学》是大人之学，对小人而言。大人以天地万物为一体，明德是立一体之体，亲民是达一体之用，止至善是体用一原，明德亲民之极则也。此是即本体为功夫，圣人之学也。因学者未悟至善之体，又提出知止一段工夫。人心无欲则止，有欲则迁。知止

[①] 读者不妨对照：邹书云："吾兄以所学发挥于身，而邕于楚、黄之间者，朋旧俊髦，禽然感奋，其在师门，真不背所闻矣"（《简孟两峰》第668页）；孟《序》曰："吾惧乎学之日远于良知也，乃为缉《同然录》，以授吾两序之来学，使禽然兴起之余，得斯录而各求诸心焉。以此而成身，以此而淑人，以此而施诸家国天下，庶几乎一体同然之义，而圣学之要因是以复明。否则，将吾亦不免焉以身谤师门，何以录为？"（《良知同然录》卷首，第321页）邹书很像是对孟《序》的回应。

即是致知格物；定、静、安即是诚意、正心、修身；虑是与万物相感应，即是齐家治国平天下；得者，得《大学》之道也。又因学者未悟知止之功，故复说出先后次第，以示学者用功之序。此学者之事也。本体功夫，浅深难易，虽有不同，及其成功一也。"(《王畿集》附录二《龙溪会语》卷五，第753页。《王畿集》卷七《南游会纪》无此条）其二，孟津问："文公格物之义有四，非止一草一木上去格，亦是身心感应切实功夫。"王畿答："先师格物亦未尝外此四者，但于其中提出主脑，功夫始有归着。圣人之学只是察诸念虑之微，凡文字、讲论、事为皆在事虑上察，以致其知，此便是学问主脑。若作四项用功，即为支离之学矣。"(《王畿集》附录二《龙溪会语》卷五，第754页。《王畿集》卷七《南游会纪》无此条）

在众人之中，王畿对孟津尤为亲切，称其为"同门老友孟子两峰"[①]。会上，他还特别对孟津发了一段议论，涉及如何理解阳明所说良知无待外求之义，王畿批评了见在良知说与后天用功说，强调"钻研有机，锻炼有窍"，最后，他饱含深情地说道，"不肖与兄同事夫子，亲承指授，非泛然私淑之比"，相约彼此"不以耄而自弃"，共证本来面目，以报师恩。王畿谓

---

① 参见《龙溪会语》卷五《南游会纪》(《王畿集》附录二，第751页)，《王畿集》卷七所收《南游会纪》无此语。按：丁宝万历四十三年刻《王龙溪先生全集》本所收《南游会纪》(陆光斋编辑，周汝登校阅)，较查铎万历四年刻《龙溪王先生会语》本（贡安国辑，蔡应阳、查铎校，胡来贡、李天植同校）远为简略，仅为后者的三分之一，且将山人问大丹之要误系于孟津（两峰孟子）名下（《王畿集》卷七，第151页），不考之甚。盖《会语》本为龙溪当日自记，《全集》本为日后门人转述删就，其版本价值不可同日而语。而今本《王畿集》整理者将《会语》本置于"附录"，正文采用丁宝《全集》本为底本，去取未为精审。

孟津曰:"自先师拈出良知教旨,学者皆知此事本来具足,无待外求。譬诸木中有火,矿中有金,无待于外烁也。然而火藏于木,非钻研则不出;金伏于矿,非锻炼则不精。良知之蔽于染习,犹夫金与火也。卑者溺于嗜欲,高者牿于意见,渐渍沦浃,无始以来之妄缘,非苟然而已也。夫钻研有窍,锻炼有机。不握其机,不入其窍,漫然以从事,虽使析木为尘,碎矿为粉,转展烦劳,只益虚妄,欲觅金火之兆征,不可得也。寂照虚明,本有天然之机窍,动于意欲,始昏始蔽。消意遣欲,存乎一念之微,得于罔象,非可以智索而形求也。苟徒恃见在为具足,不加钻研之力,知所用力矣,不达天然之义,皆非所以为善学也。不肖与兄同事夫子,亲承指授,非泛然私淑之比。相马者得于骊黄之外,斲轮者悟于疾徐之间。哲人虽逝,遗教犹存。数十年来所作何务?悠悠卒岁,思之惘然,所望彼此征迈,不以耄而自弃,启玄窍、窥神机,一洗妄缘,证取本来面目,毋使西河致疑于夫子,庶为报答师恩耳。"(《南游会纪》,《王畿集》附录二,第762页。万历刻《龙溪王先生全集》本将"不肖与兄同事夫子"以下数句尽删,见《王畿集》卷七,第153页)按:王畿与孟津齿相若,此时均已年过古稀。龙溪生于弘治十一年(1498),是年七十有五;两峰,按照笔者前面的考证,生于弘治十年(1497)或稍后,是年七十有六矣。盖善山、洛村、东廓、双江、明水等同门先后谢世,朋辈过半凋落,龙溪中心感慨,故有此言。几年后,王畿复有一书与之,追忆滁阳聚处之乐,再申知、识之辨,深致拳拳。

书云:"与兄相违,忽忽复逾岁月。追忆滁阳燕游聚处之乐,又在春云之外矣!念之惘然。老师良知之旨原是千古绝学，颜子一生功夫，只受用得此两字。自颜子没而圣学亡，世之学者以识为知，未免寻逐影响，昧其形声之本耳。夫知之与识，差若毫厘，缪实千里，不可不辨。无分别者，知也；有分别者，识也。知是本心之灵，是谓根本知，无知无不知。性是神解，不同妄识，托境作意而知，亦不同太虚廓落，断灭而无知也。弟与兄同事夫子，闻之已熟，于此勘得更何如？此事性命根原、生死关棙，其机只在一念入微处取证。不肖放不下，惟生死一念，眼前实境界于此，超得过，不为恐怖，方是世出世法，方是豪杰作用。幸兄留意焉。有新功，时得惠教，交警之望也。谅之，谅之！"（王畿：《与孟两峰》，《王畿集》卷九，第208页）按：方祖猷将此书系于万历三年（乙亥，1575）（参见所著：《王畿评传》，第77页），未知何据。王畿书中"世出世法"一语，承自万历元年滁阳之会话头，盖是会于儒佛异同再三致意，东道主之一的李世达（渐庵）首叩儒佛同异之旨，问者又先后四次以佛氏为问，龙溪还对另一东道主陆光祖（五台）语以儒佛生死观之异，"世出世法"即出自龙溪与问者之间如下一段对话：问者曰："佛氏上报父母之恩，下乐妻孥之养，未尝遗弃伦理，是世出世法。只缘众生父子恩重，夫妇情深，佛氏恐其牵缠相续不断，为下根众生说法，立此戒门，所谓权也。若上根人，无欲应世，一切平等，即淫、怒、痴为戒、定、慧，所谓实也。"龙溪曰："佛氏虽上报四恩，终是看得与众生平等，只如舜遇瞽瞍，号泣怨慕，引咎自责，至不可以为人，佛氏却便以为留情着相。天地氤氲，万物化生，此是常道。佛氏虽乐有妻子，终以断淫欲为教门。若尽如佛教，种类已绝，何人传法度生？所谓贤知者之过也。"

(《南游会纪》,《王畿集》附录二，第 752～753 页。此条问答不见于万历刻《龙溪王先生全集》本《南游会纪》)。

（4）与其他王门同志的交往

为《良知同然录》写后叙的麻瀛，即是王门同志，其师承可算到邹守益那里。① 孟津与其相识于嘉靖三十二年，之后联系不断，嘉靖三十六年（1557）麻瀛过黄冈，孟津出示所集《良知同然录》征其意见。嘉靖三十二年（1553），孟津在京，如果参加灵济宫讲会，那么，接触到的王门同志就更多了，只是其详今已不可得闻。嘉靖三十八年（1559），孟津入觐，与守益之子邹善当有面论。除此而外，值得一提的是，孟津曾与胡直（1517～1585，字正甫，号庐山，吉之泰和人，曾问学于欧阳德、罗洪先）通书论学，今《胡直集》中尚存《复孟两峰》一书。

《复孟两峰》全文如下：

> 远使复临，雅诲谅切，冗中读之，如在波漂中得指南车，公仁我厚矣！又荷佳贶稠迭，愧感无量。仆向所谓"本然天则"者，正即良知本然之觉照，无内外者是也，初未

---

① 麻叙落款"赐进士户部广东司主事后学宣城麻瀛"，首云"髫时获东廓邹先生为之楷范，备闻阳明良知之学"(《良知同然录》卷末,《中国子学名著集成》第 39 册《王阳明选集》，第 606 页)考麻瀛生平，从仕之前，正是邹守益在宣城（宛陵）一带频繁讲学之时：嘉靖十三年（甲午，1534），麻瀛贡于乡；嘉靖二十九年（庚戌，1550），麻瀛进士及第。参见［明］张朝瑞撰：《皇明贡举考》卷七（明万历刻本）。永富青地据《明清进士题名碑录索引》注为嘉靖二十九年进士，同时又言，嘉靖十五年序刊《宁国府志》(《天一阁藏明代方志选刊》第 23 册）卷八下称麻瀛为甲午（嘉靖十三年，1534）进士。(所著:《王守仁著作の文献学的研究》，第 278 页）按：永富理解有误，嘉靖刻《宁国府志》是言麻瀛乡贡于甲午科。甲午岁为乡试年（贡于乡），会试（中式者为进士）在次年乙未，参《皇明贡举考》卷七。

尝黜觉照而言良知，亦未能外良知而求天则。即如好恶是觉照，无有作好作恶是良知，亦即是本然天则者也。来教所谓"不以己私参之者"，固已得之，若专认能觉能照能感应无穷者即谓之良知，则凡人之作好作恶，淫知巧识，狂慧苛察，顷刻之间千变万幻者，孰非能觉照感应者为之也？亦皆谓之良知，可乎？以至恣情纵欲戕人病物者，亦孰非能觉照能感应者为之也？亦皆谓之良知，可乎？故谓"良知不外觉照"可也，其专认觉照为良知，则去良知何啻千里？此皆未见良知本然无内外之则，未悉阳明先生致知不离格物之旨，故堕于重内轻外之弊有如此者。盖恣情纵欲戕人病物，则正轻外之明症也。今公反以求本然之天则者为是内而非外，是又未悉言者之意，而似为认觉照者之地，以此为平日求尧舜孔子脉路之正，恐终北行而南辕也，讵可至乎？至谓"寂体透微，仁体谨节"，似又以仁体为不微者。盖仁无寂感，无显微，而亦未尝不寂不微也。今二氏之学，何尝不寂不微？而可以言仁乎？虽然，至于微，难言矣。非微不足以见本然天则，姑容再尽。盛仪附来使返上，伫俟修报，以尽款款。（《胡直集》卷十九，上海：上海古籍出版社，2015年，第364～365页）

从胡直的答书来看，孟津来书似乎比较强调良知与觉照的关联，对胡直关于良知为本然天则的说法有所批评，胡直在回复时为己说做了辩解，同时也对孟津专认觉照为良知的倾向提出异议。孟津来书还有"寂体透微，仁体谨节"之语，胡直对其中包含的仁体不微的观点不敢苟同。

总之，孟津蚤岁闻道于阳明，虽官不甚显，但阐扬师说亦不遗余力，在黄冈立讲会、兴书院、刻文集，可谓殷勤备至，又以耆寿，万历初依然参与同门讲会，与龙溪、庐山通书论学不倦。惜乎《阳明年谱》未录，《明儒学案》不收。

为便观览，现将以上所述《大学问》刻本情况制成下表：

序号	刊刻时间	刊刻地点	责任人	刻本名称	备注
1	嘉靖十二年	江西	刻者不详，邹守益作跋	《大学古本》	《大学问》以《古本大学问》之名附刻其后
2	嘉靖十四年	贵州	王杏	《新刊阳明先生文录续编》	卷之一"文类"第二篇为《大学问》，紧接《大学古本序》后
3	嘉靖十六年	不详	薛侃、王畿	《阳明先生则言》	《大学问》在下卷第四篇，紧接《大学古本序》后
4	嘉靖三十一年前后	福建	沈宠编刻（欧阳德写信给予肯定）	《传习录》	据说《大学问》(《或问》)与《朱子晚年定论》(《定论》)附录其后
5	嘉靖三十二年	山西	宋仪望	《阳明先生文萃》	《大学问》收在卷一第二篇，紧接《大学古本序》后

（续表）

序号	刊刻时间	刊刻地点	责任人	刻本名称	备注
6	嘉靖三十六年	湖北	孟津	《良知同然录》	《大学问》收在上册第二篇，紧接《大学古本序》后
7	嘉靖三十六年	河南	宋仪望	《阳明先生文萃》	《大学问》收在卷一第二篇，紧接《大学古本序》后
8	嘉靖四十三年以后	浙江	王文禄	《大学古本附旁释及问》	其《大学古本问》除了通行本《大学问》之外，还有一个"答格物问"，系阳明《答罗整庵少宰书》的节选

从上表可以清楚地看出，王门诸子（邹守益、王畿、薛侃以及欧阳德）与《大学问》刊刻的关联。这里再补充说明另一位重要的王门弟子聂豹与《大学问》的关联。

（七）聂豹与《大学古本》《大学问》的渊源

吴文曾提及聂豹《答王龙溪》书引过《大学问》。（第214～215页）按：聂豹此书为其《答王龙溪》第二书，系对王畿《致知议辩》的回应，而王畿《致知议辩》是对聂豹《致知议略》①的回应，后者即《双江聂先生文集》卷十一所收《答王龙溪》第一书。聂豹《答王龙溪》第一书有"首春，见兄所著《三山语录》"云云（《答王龙溪》，《聂豹集》卷十一，凤凰出版社，2007年，第378页），故知其为嘉靖三十七年（1558）作，盖王畿《三山丽泽录》成于嘉靖三十六年（1557）夏。《三山丽泽录》卷首引言有云："予与遵岩子相别且十余年矣，每书相招，期为武夷之会，时予羁于迹辞，未有以赴也。嘉靖丁巳（引者按：嘉靖三十六年，1557）夏杪，始得相会于三山石云馆第。"（《龙溪会语》卷二，《王畿集》附录二，第696页。需要注意的是，通行本《王龙溪先生全集》所收《三山丽泽录》，参见今本《王畿集》卷一，第9～15页，删去了卷首引言）如此，则王畿《致知议辩》至迟不会晚

---

① 聂豹《致知议略》乃是为批驳王畿同名著作（见今本《王畿集》卷六）而写，三十多年后，门人郭汝霖（1510～1580，字时望，号一崖，永丰人）序刊之。郭《序》道其原委甚悉："《致知议略》者，我师双翁答龙溪子论学之书，而题之云，从原文也。是年（引者按：嘉靖三十七年戊午）秋七月，汝霖奉命使琉球，道经桑梓，谒师而请益焉，师出示此书。庄诵屡日，作而叹曰：翁老矣，而独抱苦心如此，欲何为哉？盖欲以明良知之学也。良知之学，阳明先生得之天授，而格致之训实本于《大学》。师云：宰物为知，处物为格，充养乎虚灵之寂体，感而遂通天下之故是也。故致知如磨镜，格物如镜之照。龙溪子曰：格物是致知日可见之行，随在致此良知，周乎物而不过天然之则，是谓致知之功要在格物。而师云，格物无工夫，功在致知也。二说相反，若冰炭焉。于兹三十余年，纷纷未已。昔者，鹅湖之辩，使当时平心观之，明若观火。乃两家门人各护其师说以求胜，如对垒之敌然，至今为讼。谁执其咎？霖用是惧，敢以门墙之私，谬起争端，使后之议今，亦犹今之议昔，罪在霖也。姑托之梓传，以俟他时论定，且与同志者共商之。"（《致知议略序》，《石泉山房文集》卷八，第2～3页。《四库存目丛书》集129，第487～488页）

于嘉靖三十七年（1558）以前[1]，而聂豹《答王龙溪》第二书在嘉靖三十七年（1558）后无疑。实际上，聂豹与《大学古本》《大学问》的渊源可以追溯到更远。

早在嘉靖八年（己丑，1529），聂豹就重刻过《大学古本》。吴震将《大学古本》重刻系于嘉靖七年（参见所著：《聂豹罗洪先评传》附录一"聂豹略年谱"，第 300 页），失考也。盖聂豹《重刻〈大学古本〉序》云："呜呼！阳明逝矣，其有功于圣学，古本之复，其一也。予故重刻于闽，以存告朔之羊云。"（《双江聂先生文集》卷之三，《聂豹集》第 49 页）按：嘉靖七年戊子十一月乙卯（1529 年 1 月 9 日），王阳明病逝于南安。嘉靖八年己丑正月三日，成丧于广信，讣告同门。（参见《王阳明全集》卷三五"年谱三"，第 1325 页）时聂豹远在福建，其闻讣，必在八年正月间。又，罗洪先云："双江公在闽闻讣，为位哭，称门生。"（《与钱绪山论年谱》，《罗洪先集》卷六，第 206 页）则聂豹重刻《大学古本》不可能早于嘉靖八年。此时聂豹对《大学》的认知，既可以看出阳明戊寅本《大学古本序》的影响，即：强调诚意的地位，尚未突出致知的重要，如"《大学》之道，惟在于止至善也""知止之功，诚意而已矣"云云；同时，也已经可以看出聂豹自己的一些思想

---

[1] 方祖猷云："王畿此《辨》（引者按："辨"为"辩"字之误）当在三十五年或三十六年"（《王畿评传》第 45 页），失考。盖方氏为王阳明《年谱》附录一"嘉靖三十四年"条所误，以为是年江西提学副使王宗沐（敬所）遣生员徐应隆迎阳明像至杭州天真仰止祠，而徐应隆（时举）借此机会问学于龙溪，临别出示双江、东廓、念庵所书赠言卷，祈其一言，龙溪所书者即《致知议略》。（同上，第 44 页）实际上，《年谱》所记多误，方祖猷已指出，该条所云"是年，欧阳德改建天真仰止祠"非是，盖欧阳德已于上一年去世。（同上，第 44 页）而吴震则指出，王宗沐提学江西是在嘉靖三十六年。（《聂豹罗洪先评传》第 323 页）

倾向，即：试图折中程朱阳明（所谓"参诸程朱合一之训"），将诸家之说统一到精一执中的观念上来（所谓"是数言者真有以契夫精一执中之旨"）；强调本体之知，而反对求外在之知，如谓"知者意之体，意者知之所发""知之所发莫非物也"，这些思想后来在他的《致知议略》中有更系统的论述。①

嘉靖十三年（甲午，1534），聂豹参加了有邹守益等人参加的青原大会。② 时邹守益新跋《大学古本》（即附刻有《古

---

① 上引诸语皆出自聂豹《重刻大学古本序》："《大学》古本之传久矣，而世之学士乃复致疑于格物之说焉而不释，何也？予始受学于阳明先生，骇而疑之，犹夫人也。已而反求诸身心日用之间，参诸程朱合一之训，涣然若有所觉，而纷纷之疑亡矣。盖《大学》之道，惟在于止至善也。曾子曰：'君子有大道，必忠信以得之。'朱子释至善云：'盖有以尽夫天理之极，而无一毫人欲之私'，释忠信云'盖至此而天理存亡之几决矣'。是数言者，真有以契夫精一执中之旨，而古之欲明明德于天下者，舍是无以用其力也。是故，知止之功，诚意而已矣。知者意之体，意者知之所发也。知之所发，莫非物也。如曰好恶，曰忿懥恐惧、好乐忧惧，好乐忧患，曰亲爱、贱恶、畏敬、哀矜、傲惰，曰孝、弟、慈，曰老老、长长、恤孤，曰理财、用人、絜矩与不能絜矩之类，是皆所谓物也。圣人不过于物好恶之必自慊也。忿懥恐惧、好乐忧患之得其正也。亲爱、贱恶、畏敬、哀矜、傲惰之协于则也，孝弟慈之成教于国也。老老、长长、幼幼，推而至于理财用人，絜矩以通天下之情也。夫是之谓格物也。程子曰：'格，至也；物，事也。事皆有理，至其理，乃格物也。'又曰：'致知在格物，非有外烁我也，我固有之也。因物有迁，则天理灭矣，故圣人欲格之。'（引者按：'故圣人欲格之'，《聂豹集》整理者误断为引号之外，今据文意改正。）何其明白易简、以一贯之而无遗也哉！而世之论格物者，必谓博极乎事物之理。信如是，则孔门之求仁，孟子之集义，《中庸》之慎独，顾皆不及乎格物矣。而《大学》于入门之初，乃先驱人外性以求知，其于天理存亡之几，疑若无所与焉者也。无乃厌圣学之简易而欲率之以烦苦者之所为乎？"（《聂豹集》卷三，第48～49页）

② 参见聂豹《永宁重修儒学记》："永宁固有儒学，圮而不修，四十年矣。乃嘉靖癸巳（引者按：嘉靖十二年），熊侯得请于上，撤其弊而新之，新之而大备。……肇工于癸巳八月，越明年（引者按：嘉靖十三年甲午），四月十九日就绪也。……先是，甲午仲春，予与东廓邹子暨九邑诸友会讲于青原山，侯尝肃庠生刘某、尹某征记于山中，予未有以报也。"（《聂豹集》卷五，第112页）

本大学问》者），积极推广流布。① 聂豹之获赠此书，完全在情理之中。易言之，聂豹在嘉靖十三年（1534）前后，即已得观邹守益跋本《大学古本》（《古本大学问》）。

嘉靖十六年（丁酉，1537），聂豹以病移居翠微山数月，期间曾钻研《大学古本》。② 此一时期，聂豹继续以《中庸》未发已发义理统摄致知格物说，如云"致知"为"致中"，"功在致知""而于格物一听吾良知自然之妙用""而无用其知"。次年（嘉靖十七年戊戌，1538），语之邹守益，后者有所质疑。

聂豹自述："越明年，戊戌（引者按：嘉靖十七年），彭山季子即庐陵所立怀德祠以祀吾阳明先生者，卜是年三月十有八日举春祭，约同志会以相之。时予与东廓邹子暨伍南溪、郭松崖、甘莲坪、王两厓、曾华山诸君子，如期以至。祀事毕，因举以请正焉（引者按：此指上文所述前一年嘉靖丁酉聂豹与刘中山所论'不睹不闻者，其则也；戒惧者，其功也。不关道理，不属意念，无而神，有而化，其殆天地之心，位育由之以命焉者也'，'感而遂通者，神也，未之或知者也。知此者谓之助长，忘此者谓之无为。扩充云者，盖亦自其未发者充之，以极其量，是之为精义以致用也。发而后充，离道远矣'，'彼

---

① 参见邹守益《录青原再会语》："嘉靖甲午闰月己卯（引者按："己卯"为"乙卯"之误。张卫红已指出，参见所著：《邹东廓年谱》，第159页），同志再会于青原，二百余人。"（《邹守益集》卷八，第444页）又，《复李谷平宪长》："青原再会，同志四集，渴望长者一临以匡翼之，而贵恙所阻。……近跋《大学古本》，颇述此意，谨寓上求教，伫望药石，以起疢痼。"（《邹守益集》卷一〇，第505～506页）

② "嘉靖丁酉夏，予以病移居翠微山中者数月。"（聂豹：《括言》，《双江聂先生文集》卷一三，《聂豹集》，第534页）"豹病废山间，钻研是书（引者按：《大学古本》），历有岁时。"（聂豹：《大学古本臆说序》，《聂豹集》卷三，第53页）

（引者按：老佛）盖有见于不睹不闻，而忌言乎戒惧，谓戒惧为不睹不闻累也，于是宗忘，宗不知焉。夫以戒惧为累者，是戒惧而涉于睹闻，其为本体之累，固也。恶足以语不睹不闻之戒惧哉？'参见《聂豹集》第534页）。东廓子曰：'此《中庸》之学也。其于致知格物得无有异同乎？'予曰：'一而已矣。致知者，充极吾良知本体之量，而不使少有一毫阙蔽于其中，致中也；格物者，因物付物，感而遂通天下之故，利也。然功在致知，而于格物，一听吾良知自然之妙用，而无所用其知焉。彼以忘与不知为宗者，固有见于是也，而乃并戒惧而忘之，则失矣。'东廓子曰：'格物之说，子亦有异闻乎？'予曰：'言犹在耳，予何敢忘？予尝论，格物以致吾之知也，然道理意念相为倚伏，阴流密陷于义袭、助长之病，而犹自以为格致之实功也，于是求诸心而不得，而以意逆之。窃有见于知者意之体也、物者意之用也，致知乃所以格物，而非格物不足以言知之致也。致知者，犹之精吾之权度也；格物者，犹之絜矩以待天下之轻重长短，而天下之轻重长短皆于是乎取则。故二氏之学，权度精矣，而乃以轻重长短为障，一切断除而寂灭之，要其所为精者，亦未也。五伯之学，其于轻重长短，日緫緫焉称量之惟谨，而不知自吾之权度以求精，故其所谓轻重长短，适以贸乱乎古今天下之定则。是固儒释之辩、王伯之分，尧舜以来相传之意，几亦微矣。'东廓子曰：'学固如是也，乃谓物为自然之用，而无所用其功，终于言有未莹，子姑退而思之（引者按："子姑退而思之"，《聂豹集》整理者误断在引号之外，今改）。'适桂友公辅持卷索书，公辅有志于四方之游，录附所见，因以请正，公辅当有以翼我也。"(《括言》，《双江

聂先生文集》卷一三,《聂豹集》第 534～535 页)

嘉靖二十一年(壬寅,1542)冬,聂豹著成《大学古本臆说》。[①]"臆说"一名,让人很自然地想起王阳明《五经臆说》[②],聂豹或即从中受到启发。关于《臆说》的写作缘起及主要观点,聂豹于《大学古本臆说序》皆有提示。《序》的前半部,聂豹为王阳明恢复《大学》古本的做法提供了一个历史辩护。他指出,无论是宋儒,还是当世学人,不赞成朱子《大学章句》者居多数,就此而言,阳明绝非孤立的少数派。《序》的后半部,聂豹简述了自己有关《大学》的看法,总的来说,他支持阳明对朱子求之于事物之间的格物观的批判,但其视角与阳明有所不同,这种视角,或可称之为"归一观",系聂豹从孔子所言"吾道一以贯之",《尚书》所载尧舜禹相传以"中",以及《大学》的"止至善"等经典中概括而来。对于《大学》各条目,聂豹的具体解释如下:(1)以"中"解《大学》之"至善";(2)以"顺"解"诚",以"感于物而生于知者"解"意";(3)以"寂"解"致",以"化"解"格",又认为"寂以妙感,感以速化"。如此理解格物致知诚意,不能不说,与王阳明有很大的差异。聂豹大概也意识到这一点,但他对自己的理解却很有信心,云:"钻研是书,历有岁时,而

---

① 此据宋仪望《双江聂公行状》:"庚子(嘉靖十九年)辛丑(嘉靖二十年)岁,南北科道……会荐先生……乃起知平阳府……以其冬十一月如平阳"(宋仪望:《双江聂公行状》,《华阳馆文集》卷一一,第 7 页。《四库存目丛书》集 166～403),"是年冬,作《大学古本臆说》"(《华阳馆文集》卷一一,第 9 页。《四库存目丛书》集 116～404)。

② 其书早佚,阳明卒后,钱德洪将收集到的残篇以《五经臆说十三条》为题编入《文录续编》,参见今本《王阳明全集》,第 976～982 页。

于诸家之说，求诸心有未得，虽父师之言不敢苟从。"

聂豹云："《大学》载汉儒注疏中，《十三经》其一焉。谓有脱误，次其简篇而补辑之，则自伊川程子始也。至考亭朱子，又推本程子之意，着为定本，以诏后世。世顾以罔极之恩戴之，其来远矣。乃先师阳明子则谓'旧本拆（引者按：原文作"析"，参见《王阳明全集》卷七，第243页）而圣人之意亡，于是去（引者按："去"字，原文无，据阳明《大学古本序》补，参见《王阳明全集》卷七，第243页）分章而复旧本，傍为之释以引其义'，其《序》略云：'致知者，诚意之本也；格物者，致知之实也。物格则知致意诚，而有以复其本体，是之谓止至善'，'庶几复见圣人之心，而求之者有要焉'。夫因言以求其心要，欲共明圣学，岂乐为朱子操戈，以身犯不韪而重天下之呶呶哉？彼五经四书之训，汉儒姑未论也，宋之大儒，如明道、南轩、东莱、横渠、五峰诸子，训而释之，无虑数十家，然与考亭合者十三，而异者犹十之七，乃天下后世率以朱子为定论，外此如明道、南轩，亦不之信，不知果求诸心而实有得耶？抑亦汩没于文义，信耳目而自贱其心也耶？自后，甘泉湛子有《大学测》，泾野吕子有《因问》，柏斋何子有《管见》，后渠崔子有《全文》，虽言人人殊，要与《章句》之说未协处甚多。是数子者，儒之名者也，其于阳明子何所好而阿之？无亦各信其心，各申其说，共为此学，求是当，以效忠于考亭焉耳。豹病废山间，钻研是书，历有岁时，而于诸家之说，求诸心有未得，虽父师之言不敢苟从。窃以孔门之学，一以贯之，孔之一，即尧舜相传之中。中者，心之本体，非《大学》之至善乎？致知者，止至善之全功；格物者，止至善之妙用。意也者，感于物而生于知者也。诚言其顺，格言其化，致言其寂也。寂以妙感，感以速化，万而一者矣。乃若必谓格致为求之于事物之间，则曾子之随事精察、子贡之多学而识是也，夫子呼而告之，不亦赘乎？于是，著为《臆说》，盖将以质诸四方之君子，缘此为受教之地也。僭妄之罪，夫复何辞？"（《大学古本臆说序》，《聂豹集》卷三，第52～53页）

宋仪望《双江聂公行状》对《大学古本臆说》的内容有比较详细的介绍，可与聂《序》合观。按照宋仪望的转述，对于格物致知，聂豹有如下思想：（1）宰物为知，感物为意，处物为格。（2）心犹镜，知犹镜之明，致知犹磨镜，格犹镜之照，妍媸在彼，随物应之，故曰格，如云格于文祖、格于上下。（3）致知即致中也，寂然不动，先天而天弗违；格物者，致知之功用，感而遂通，后天而奉天时。（4）有未发之中，即有发而中节之和。圣人于咸卦言虚言寂，是究言感应之理，以破万有之障。[1] 从中可以看出这样一个特点，那就是，聂豹发挥《中庸》以及《易传》的感应论来解释《大学》的格物致知：致知是未发功夫，格物是已发功夫；致知相当于寂然不动、先天而天弗违，格物相当于感而遂通、后天而奉天时。很明显，这正是聂豹富有个人特色的"归寂"思想。

---

[1] 宋仪望云："戊戌（引者按：嘉靖十七年）以后，先生有悟于本体虚寂之旨，企守平阳，作《大学臆说》，其释'致知格物'云：宰物为知，感物为意，处物为格；心犹镜，知犹镜之明，致知犹磨镜；格犹镜之照，妍媸在彼，随物应之，故曰格，如云格于文祖、格于上下。又曰：致知即致中也，寂然不动，先天而天弗违；格物者，致知之功用，感而遂通，后天而奉天时。又曰：有未发之中，即有发而中节之和。圣人于咸卦言虚言寂，是究言感应之理，以破万有之障。"（《华阳馆文集》卷一一，第15页。《四库存目丛书》集116～407）

他对格物致知的解说,不过是其归寂论在经典诠释上的运用而已。宋仪望以"本体虚寂之旨"统贯聂豹戊戌之后的思想,洵为知言。

嘉靖二十六年(1547)十一月至嘉靖二十八年(1549)正月,聂豹以事下狱,狱中学思不废,有《被逮稿》[①],有《困辨录》[②],还有《幽居答述》等。《幽居答述》即今本《聂豹集》卷十所收《答戴伯常》。[③] 此文显示,斯时聂豹学问已成,对师门之教并非一味遵从,而是有着自己的独立之见。比如,对"四句教",聂豹就有自己的看法:"阳明先生云:'无善无恶

[①]《被逮稿》为在狱所作诗文,凡六卷,今已佚。《被逮稿引》:"余耷岁尝学为诗文,久之无所入,乃弃去,故平日应酬率漫意不留稿,留者,惟《巡闽》《知晋》及兹《被逮》三稿也,以其于余有所关涉,所经夷险,一时忧乐之情,困穷拂郁之状,备之以俟它日知我者有所考云。余自嘉靖丁未孟冬望日被逮,越明年腊月廿五日,赖天王圣明,廉余冤状,命释之。动心忍性,未尝无所增益。追惟讼端,然后知括囊之义。咎不可有,誉亦不可有,有之,皆足以召祸。故曰:无咎无誉,慎不害也。余于是知学《易》之足以补过也欤?"(《聂豹集》卷七,第231～232页)

[②]《困辨录》,今本《聂豹集》收为卷一四"杂著二",所辩之目有八:中、易、心、素、过、仁、神、诚。嘉靖二十九年庚戌(1550),罗洪先附以几见梓之,并引以序,参见《困辨录序》《困辨录后序》(《罗洪先集》卷一一)。其后,江懋恒取其契于心者抄之,刻于新宁,是为《读困辨录抄》,罗洪先复为之序,参见《〈读困辨录抄〉序》(《罗洪先集》卷一一)。

[③] 整理者注云:《幽居答述》。(第316页)又,今本《聂豹集》卷十于《答戴伯常》后又有《心经分注疑问》,与十一卷本《双江聂先生文集》卷十不同,后者目录中有《答董明建》一书,而卷中阙。今本《聂豹集》整理者将此书从目录中删去,而增《心经分注疑问》。实则,《心经分注疑问》仍为《答戴伯常》者,不当单列。如单列,亦当作《心经分注答问》,盖戴经(伯常)就聂豹所为《心经分注》有所质疑,聂豹逐一答之。从时间上看,《困辨录》先著,盖《答戴伯常》书中已讨论到《困辨录》内容。之所以称"答述",是因为此文为笔谈形式。《心经分注答问》末尾云:"闻命下,将送法司,囚榻相对,自后想无期矣,念之怆然。"(第374页)则聂豹行将结束囚禁矣。

者,心之体;有善有恶者,意之发;知善知恶者,知之良;为善去恶者,物之格。'盖恐学者堕于解悟闻见之末,故就地设法,令人合下有用力处。若愚意,窃谓:知,良知也,虚灵不昧,天命之性也;致者,充极其虚灵之本体,而不以一毫意欲自蔽,而明德在我也。格物者,感而遂通天下之故,而修齐治平,一以贯之,是谓明明德于天下也。正与'知止而后有定'一条脉络相应。知譬镜之明,致则磨镜,格则镜之照。妍媸在彼,随物应之而已,何与焉?是之谓格物。圣学本自简易,只求复性体,知善知恶,不知从性体上看,亦只随念头转。若从念头上看,何啻千里?今之以任情为率性者,类如此。"(《答戴伯常》,《聂豹集》卷十,第318~319页)按:聂豹在引"四句教"时,做了重新表述,与原文已不尽一致:"无善无恶是心之体,有善有恶是意之动,知善知恶是良知,为善去恶是格物。"(见《传习录下》,《王阳明全集》卷三,第117页;又见《年谱》,《王阳明全集》卷三五,第1307页)聂豹引到"四句教",认为这是阳明因地设法之语,意思是它并非究竟话头,这个讲法与《传习录》和《年谱》所记王阳明明确宣布"四句教"为其宗旨明显不符。又比如,关于致知格物,聂豹的理解也与阳明不同,其要点是:致知是指充极虚灵本体,格物是指感而遂通;知如镜之明,致则磨镜,格为镜之照。可以看到,在聂豹这里,"格物"无形之中被取消了功夫意义。聂豹特别重视"性体",他所说的"性体"是虚灵不昧,有时又称"寂体"。聂豹格物致知论的这种重体轻用倾向,戴经曾经做过正确的概括:"以知为虚灵之本体,以物为感通之妙用,致则充极其知,此德乃明;格则任其物来,各当于理。如此,致知格物合为一明,

《大学》一书,知之一字可以尽其体,物之一字可以该其用。"(《答戴伯常》,《聂豹集》卷十,第319页)戴经(字伯常)向聂豹请教时,曾两度引到《大学问》。其一云:

> 伏读阳明先生古本《大学》,仰见圣域重新,周文复睹,诚为旷千古之高见,定百世之久疑者也。但于格物致知之说,似若未安。谨陈所疑,伏冀请正。朱子曰:"致,推极也。知,犹识也。推极吾之知识,欲其所知无不尽也。格,至也;物,犹事也。穷至事物之理,欲其极处无不到也。"先生曰:"致者,至也,致吾心之良知焉尔。良知乃天命之性,吾心之本体,自然灵昭明觉者也。凡意念之发,吾心之良知无有不自知者。其善欤,自知之;其不善欤,亦自知之,无与于他人也。物者,事也。凡意之所发,必有其事。意所在之事,谓之物。格者,正也。正其不正,以归于正也。正其不正者,去恶之谓也。归于正者,为善之谓也。"夫格物致知,一也。自朱子所解,推广知识,穷极至善,已为详尽,夫何先生复解以为善去恶皆自知之?若夫自知其善之当为,与恶之当去,则意不必诚而自诚,心不必正而自正,则天下无学矣。舍穷理而务自知,其意本于率性,其流必至于任情也。(《聂豹集》卷十,第318页)

虽然戴经这里只说他读阳明古本《大学》如何如何,但他后面所引的那些话,其实出自《大学问》最后一条问答:

> 曰:"古之欲明明德于天下者,以至于先修其身,以吾子明德亲民之说通之,亦既可得而知矣。敢问欲修其

身，以至于致知在格物，其工夫次第又何如其用力欤？"曰："此正详言明德、亲民、止至善之功也。盖身、心、意、知、物者，是其工夫所用之条理，虽亦各有其所，而其实只是一物。格、致、诚、正、修者，是其条理所用之工夫，虽亦皆有其名，而其实只是一事。何谓身？心之形体，运用之谓也。何谓心？身之灵明，主宰之谓也。何谓修身？为善而去恶之谓也。吾身自能为善而去恶乎？必其灵明主宰者欲为善而去恶，然后其形体运用者始能为善而去恶也。故欲修其身者，必在于先正其心也。然心之本体则性也，性无不善，则心之本体本无不正也。何从而用其正之之功乎？盖心之本体本无不正，自其意念发动，而后有不正。故欲正其心者，必就其意念之所发而正之，凡其发一念而善也，好之真如好好色，发一念而恶也，恶之真如恶恶臭，则意无不诚，而心可正矣。然意之所发，有善有恶，不有以明其善恶之分，亦将真妄错杂，虽欲诚之，不可得而诚矣。故欲诚其意者，必在于致知焉。<u>致者，至也</u>，如云丧致乎哀之致。《易》言'知至至之'，'知至'者，知也，'至之'者，致也。'致知'云者，非若后儒所谓充扩其知识之谓也，<u>致吾心之良知焉耳</u>。良知者，孟子所谓'是非之心，人皆有之'者也。是非之心，不待虑而知，不待学而能，是故谓之<u>良知</u>。是<u>乃天命之性，吾心之本体，自然灵昭明觉者也</u>。凡意念之发，吾心之良知无有不自知者。<u>其善欤，惟吾心之良知自知之，其不善欤，亦惟吾心之良知自知之。是皆无所与于他人者也</u>。故虽小人之为不善，既已无所不至，然其见君子，则必厌然掩其不善而着其善者，是亦可以见其良知之有不容于自昧者也。今欲别善恶以诚其意，惟在致其良知之所知焉尔。何则？意念之发，吾心之良知既知其为善矣，使其不能诚有以好之，而复背而去之，则是以善为恶，而自昧其知善之良知矣。意念之所发，吾之良知既知其为不善矣，使其不能诚有以恶之，而复蹈而为之，则是以恶为善，而自昧其知恶之良知矣。若是，则虽曰知之，犹不知也，意其可得而诚乎？今于良知之善恶者，无不诚好而诚恶之，则不自欺其良知而意可诚也已。然欲致其良知，亦岂影响恍惚而悬空无实之谓乎？是必实有其事矣。故致知必在于格物。<u>物者，事也，凡意之所发必有其事，意所在之事谓之物。格者，正也，正其不正以归于正之谓也。正其不正者，去恶之谓也。归于正者，为善之谓也。</u>夫是之谓格。书言'格于上下''格于文祖''格其非心'，格物之格实兼其义也。良知所知之善，虽诚欲好之矣，苟不即其意之所在之物而实有以为之，则是物有未格，而好之之意犹为未诚也。良知所知之恶，虽诚欲恶之矣，苟不即其意之所在之物而实有以去之，则是物有未格，而恶之之意犹为未诚也。今焉于其良知所知之善者，即其意之所在之物而实为之，无有乎不尽。于其良知所知之恶者，即其意之所在之物而实去之，无有乎不尽。然后物无不格，吾良知之所知者，无有亏缺障蔽，而得以极其至矣。夫然后吾心快然无复余憾而自谦矣，夫然后意之所发者，始无自欺而可以谓之诚矣。故曰：'物格而后知至，知至而后意诚，意诚而后心正，心正而后身修。'盖其功夫条理虽有先后次序之可言，而其体之惟一，实无先后次序之可分。其条理功夫虽无先后次序之可分，而其用之惟精，固有纤毫不可得而缺焉者。此格致诚正之说，所以阐尧舜之正传，而为孔氏之心印也。"（《王阳明全集》卷三十六"续编一"，第971页。下划线为引者后加，以标示戴经所摘引者）

戴经认为，王阳明的格物致知说"似若未安"，他从《大学问》中摘录的那些话，正是王阳明格物致知说富有特色之处。比如，阳明将物解释为事，将格解释为正，从而格物就变成为善去恶；将知解释为良知，致解释为至，从而致知就变成致吾心之良知。对于良知，阳明又特别强调它的灵明昭觉，即：吾心之良知对于意念所发之善或恶皆能自知之。

其二云：

> 教谓：学要识得仁体。退思之，仁者以天地万物为一体，仁主于爱，所谓"亲亲而仁民，仁民而爱物"是也。识得此体，随处推广，皆此仁爱之流通，便是求仁。故《西铭》一篇及阳明先生《大学或问》发明此意甚备。不知所谓须要识得者，只如此便是识乎？抑别有求仁之功也？（《心经分注疑问》，《聂豹集》卷十，第372页）

这里没有具体引文，只是提到了《大学或问》的书名，不过，戴经说王阳明《大学或问》发明"仁者以天地万物为一体"之意甚备，这一点并不错。事实上，正如以前《考异》所指出的，《大学问》第一条问答讲"明明德"，第二条问答讲"亲民"，这两条中心意思都表达了"万物一体"的思想。（第142页）

从以上戴经引用《大学问》的情况来看，他所根据的本子应该是邹守益作跋的那个《大学古本》(《古本大学问》或《大学或问》附刻其后)。所以，他才一会儿说"阳明先生《古本大学》"，一会儿又说"阳明先生《大学或问》"。如果戴经看到的是薛侃嘉靖十六年(1537)序刊的《阳明先生则言》(其卷下收有《大学问》)，他就不会有这样的说法了。

戴经当时读到的阳明著作还不止《大学古本》(《大学或问》)，他应该也看到了姑苏版《阳明先生文录》。因为，他在向聂豹请教时，曾引到阳明的《见斋说》[①]、《别湛甘泉序》[②]，

---

① 戴经云："阳明先生《见斋说》'有而未尝有，是真有也；无而未尝无，是真无也；见而未尝见，是真见也。'深切有味，但牵于文义，谕道反迂。"(《答戴伯常》，《聂豹集》卷十，第339页) 按：《见斋说》是王阳明乙亥(正德十年，1515)为辰阳刘观时所作，姑苏版《阳明先生文录》已收，在卷四"序、记、说"中，今本《王阳明全集》收为卷七。戴经所引原文为："阳明子曰：'道不可言也，强为之言而益晦；道无可见也，妄为之见而益远。夫有而未尝有，是真有也；无而未尝无，是真无也；见而未尝见，是真见也。子未观于天乎？谓天为无可见，则苍苍耳，昭昭耳，日月之代明，四时之错行，未尝无也；谓天为可见，则即之而无所，指之而无定，执之而无得，未尝有也。夫天，道也；道，天也。风可捉也，影可拾也，道可见也。'"(《王阳明全集》第262页)

② 戴经云："阳明先生《送湛甘泉先生序》痛惩后儒之言太详、析之太精，盖恐人易知而多忽，恐致畏难而无成。乃以不虑而知者立言，欲无思无虑之久，自能灵昭明觉，即'民可使由之，不可使知之'之意也，知之又恐增其疑意，矫当时之宿弊，反上古之淳风者乎？"(《答戴伯常》，《聂豹集》卷十，第340页) 按：《送湛甘泉先生序》，原题为《别湛甘泉序》，作于壬申(正德七年，1512)，亦见姑苏版《阳明先生文录》卷四，今本《王阳明全集》收为卷七，阳明于此文颇发"自得"之旨，间亦批评世俗之学，阳明云："……而世之学者，章绘句琢以夸俗，诡心色取，相饰以伪，谓圣人之道劳苦无功，非复人之所可为，而徒取辩于言辞之间。古之人有终身不能究者，今吾皆能言其略，自以为若是，亦足矣，而圣人之学遂废。则今之所大患者，岂非记诵词章之习！而弊之所从来，无亦言之太详、析之太精之过欤！……"(《王阳明全集》第230～231页)

而这两篇文章均见于姑苏版《文录》卷四。

一个很自然的问题是：戴经所寓目的这些阳明著作究竟得之何时何地？我们的分析是：当得之于聂豹嘉靖二十六年（1547）十一月入狱之际。聂豹入狱时，应被允许随身携带了一些书籍，其中就包括阳明的这些著作。如果不是这样，从戴经的个人经历来看，此前他不太可能得到《古本大学问》《阳明文录》这些书。① 此点还可从以下事实得到印证：戴氏作于聂豹入狱前两年的读书札记（《日见》）所引阳明语，皆出自《传习录》，而不及其余。

戴经在自学过程中养成做读书札记的习惯："日付笔札，时加检阅。筐笥既久，多涉犹疑。"（《聂豹集》第350页）得知聂豹即将出狱，他将自己作于嘉靖二十五年（丙午）、

---

① 由聂豹为戴经所作《艮斋记》，可将其人简历勾勒如下：戴经，字伯常，始号楚望，后改艮斋，"家世以校籍隶锦衣卫，肤皇帝分封之国"，家承天（今湖北钟祥），辛巳（正德十六年，1521），嘉靖从封地进京，入继大统，戴经当时不满二十岁，没能跟随进京，不久生了一场大病，痊愈后，无意科举，而有志于古人身心之学，庚子（嘉靖十九年，1540），"召补抚军，从事督狱"，九年后，"叙劳绩，奉恩例试职户侯"（参见《聂豹集》卷五，第126～127页）。据聂豹说，戴经之学曾历"三变"，聂豹往时序其高节堂，备之。（同上，第127页）遗憾的是，此文已佚。无论如何，戴经在四十岁之前一直生活在承天，而嘉靖十九年之前的湖北，尤其是承天所在的荆州地区，阳明学者极少，王学书籍当亦难得一见。戴经主要靠自学，用他自己的话来说，"私淑诸人"（第351页），不但无师承，亦无学友："鄙人质本昏愚，习复庸陋，年至三十（引者按：嘉靖十年前后），赖天之灵，始有觉悟，而独学无朋"（《答戴伯常》，《聂豹集》卷十，第349页）。嘉靖十九年至嘉靖二十六年，戴经在京师做狱吏，接触王学书籍的机会应该也不多。从《答戴伯常》所载戴经语来看，他几次引到罗钦顺（整庵，1465～1547），如："整庵先生乃谓：'叔子尝言……'"（第343～344页），"整庵先生推原性学"（第349页），"整庵谓'惟其有聚有散，是乃所谓理也'"（第357页），又，其质问语中往往为朱子格物说辩护，这些情况反映出他对朱子学的了解以及同情似乎更多一些。

二十六年（丁未）的读书札记承上请教："幸被春风，与闻至道，粗获所论之绪余，莫非此生之厚遇。即今税驾将行，侍教渐远，有疑不质，诚为自失其时。谨将丙午、丁未年《日见》数条录为方册，冀高明之广大，开薄劣之隐疑。"（《聂豹集》第350页）戴氏《日见》两引阳明语录。

其一："尽心知性知天，朱子以为格物之谓。阳明以尽心知性为生知安行事，存心养性事天为学知利行事，夭寿不二修身以俟为困知勉行事。予私淑诸人，何敢议也？窃有疑焉。尽心知性知天，皆知也，何有行？存心养性事天，皆行也，安有知？盖尽心知性知天，乃知之尽也，至善之所止也。前贤发明道统，是虽一人之识，然其博学力求，未必无真见。"（第350～351页）按：戴氏所引，出自《传习录上》，原文如下：

爱问："昨闻先生'止至善'之教，已觉功夫有用力处。但与朱子格物之训思之，终不能合"。先生曰："格物是止至善之功，既知至善，即知格物矣。"爱曰："昨以先生之教，推之格物之说，似亦见得大略。但朱子之训，其于《书》之'精一'，《论语》之'博约'，《孟子》之'尽心知性'，皆有所证据，以是未能释然。"先生曰："子夏笃信圣人，曾子反求诸己。笃信固亦是，然不如反求之切。今既不得于心，安可狃于旧闻，不求是当？就如朱子亦尊信程子，至其不得于心处，亦何尝苟从？'精一''博约''尽心'，本自与吾说吻合，但未之思耳。朱子格物之训，未免牵合附会，非其本旨。精是一之功，博是约之功。曰仁既明知行合一之说，此可一言而喻。尽心知性知天，是生知安行事；存心养性事天，是学知利行事；'夭寿不贰，修身以俟'，是困知勉行事。朱子错训格物，只为倒看了此意，以尽心知性为物格知至，要初学便去做生知安行事,如何做得?"爱问:"尽心知性,何以为生知安行?"先生曰:"性是心之体,天是性之原,尽心即是尽性。'惟天下至诚为能尽其性,知天地之化育',存心者,心有未尽也。知天,如知州知县之知,是自己分上事,已与天为一。事天,如子之事父、臣之事君,须是恭敬奉承,然后能无失,尚与天为二,此便是圣贤之别。至于夭寿不贰其心,乃是教学者一心为善,不可以穷通夭寿之故,便把为善的心变动了。只去修身以俟命,见得穷通寿夭,有个命在,我亦不必以此动心。事天虽与天为二,已自见得个天在面前。俟命,便是未曾见面,在此等候相似,此便是初学立心之始,有个困勉的意在。今却倒做了,所以使学者无下手处。"(《王阳明全集》卷一,第5~6页)

其二:"'道心为主,人心听命',本于'志帅气'之意,终似二心也。诚不若阳明'道心即天理,人心即人欲'之为精准。"(《答戴伯常》,《聂豹集》卷十,第351页)按:"道心为主,人心听命"出自朱子《中庸章句序》:"必使道心常为一身之主,而人心每听命焉,则危者安、微者著,而动静云为自无过不及之差矣。""志帅气"典出《孟子》:"夫志,气之帅也;气,体之充也"(《公孙丑上》)。"道心即天理,人心即人欲"典出程颐:"'人心',私欲也;'道心',正心也。'危'言不安,'微'言精微。惟其如此,所以要精一。'惟精惟一'者,专要精一之也。精之一之,始能'允执厥中'。中是极至处。"(《二程遗书》卷一九,《二程集》第256页)王阳明对程颐此言有所发挥,《传习录上》载:爱问:"'道心常为一身之主,而人心每听命。'以先生'精一'之训推之,此语似有弊。"先生曰："然。心一也，未杂于人，谓之'道心'；杂以人伪，谓之人心。人心之得其正者即道心，道心之矢其正者即人心，初非有二心也。程子谓'人心即人欲，道心即天理'。语若分析，而意实得之。今曰'道心为生，而人心听命'，是二心也。天理人欲不并立，安有天理为主，人欲又从而听命者？"（《王阳明全集》卷一，第7页）戴经将王阳明所引程颐语误记为阳明之言，反映出其学不精，读《传习录》亦粗，聂豹在批注时做了指正："'道心即天理，人心即人欲'，程子尝言之，而阳明先生特发明之耳。《二程语录》中此一段甚精，不可不熟看。"（《答戴伯常》，《聂豹集》卷十，第351页）

总之，戴经于嘉靖二十五年至二十六年间所作《日见》，两引阳明语，皆出《传习录上》徐爱所录。较之于《大学问》与《文录》，《传习录》不仅刊刻得早，而且刻本众多，其流传广泛，良有以也。

嘉靖三十年（辛亥，1551）底，聂豹在京，时任兵部右侍郎。因福建养正书院重修事，福建巡按曾佩遣督学朱衡来找聂豹索记，聂豹遂撰《重修养正书院记》。① 养正书院修缮一新交付使用后，为启迪来学，沈宠乃重刻《传习录》（附以《大学问》与《朱子晚年定论》）。既然重修书院曾相烦聂豹撰记，那么，重修之后书院的进展，沈宠自然有义务向聂豹汇报，随信附上新刻之书，亦在情理之中。易言之，聂豹于嘉靖三十一年（1552）前后当收悉沈宠重刻之《传习录》（附刻了《大

---

① "始于辛亥八月，再越月，而书院一新，士亦翩翩来学也。曾君属督学戒书币，走数千里来京师，索予为记。"（聂豹：《重修养正书院记》，《聂豹集》卷五，第129页）九月书院始竣工，走数千里来京师，至少旬月以上，故推撰记之时为年底。

学问》)。

嘉靖三十二年（癸丑，1553），聂豹在京，时任兵部尚书。年底，主讲灵济宫大会，王门同志徐阶、欧阳德、程文德（松溪）咸与其事。是年，宋仪望在山西刻《阳明先生文萃》（其中包含了《大学问》）。而宋仪望视聂豹为师，自少即拜门下，出仕后依然保持密切联系。①宋仪望将所刻之书呈赠聂豹，自是理所当然。

嘉靖三十四年（乙卯，1555），聂豹致仕归，居家讲学、著述。嘉靖三十六年（丁巳，1557），因王畿《致知议略》出，而与其往返辩论，撰《致知议略》《良知辨》。②其中引到《大学问》，已如前揭，此不赘。

聂豹与王畿的辩论，是阳明后学思想史上的重大事件，其中观点可以代表双方最后的定见。意味深长的是，在与王畿

---

① 宋于聂称"吾师"，已见前揭，兹不重复。宋仪望还是聂豹《行状》作者。众所周知，《行状》作者一般都由状主生前友好担任。另一方面，聂豹应宋仪望之请，为其父铭墓，参见《敕赠文林郎监察御史坦庵宋公墓志铭》(《聂豹集》卷六)，宋父卒于嘉靖十四年乙未。又为其母铭墓，见《敕封宋母钟氏太孺人墓志铭》(《聂豹集》卷六)，时嘉靖四十年辛酉。聂、宋两家还成了姻亲，聂云："予于大理（引者按：宋仪望）有师友之谊，其子玥又为予从子仪部郎中婿，累世通家。"(《敕封宋母钟氏太孺人墓志铭》，《聂豹集》卷六，第203页)

② 宋仪望《双江聂公行状》云："再居京师，凡四五年（引者按：聂豹于嘉靖二十九年十二月抵京师，就任兵部右侍郎，嘉靖三十四年致仕，在京师的时间，前后五年），其与学者语，益发明所得，以为必如此而后谓之圣学，因刻《白沙绪言》以见意。而诸君子则反复论辩，恐其分知与物为二，不免堕于禅定云云。先生亦屡为书辩之。总括群言，各有指据，而诸公不复能难也。所刻有《致知议略》《良知辨》。其后，因谢子经从门下问《学》《庸》首章，先生发明其旨而说益详，今所刻有《质疑存稿》。"(《华阳馆文集》卷一一，第15页。《四库存目丛书》集116～405) 按：今本《聂豹集》整理者云："此《良知辨》或即《答王龙溪》第二书也未可知。"(《聂豹集》卷首"编校整理说明"，第7页)

辩论的结尾，聂豹特别提到自己的旧作《大学古本臆说》："烦以《大学》通篇参玩，亦自可见。附去《臆说》（引者按：《大学古本臆说》）一册，以资覆瓿。"（《答王龙溪》，《聂豹集》卷十一，第407页）就此而言，固然聂豹之学得之于《中庸》《易传》不浅，但《大学古本》对他的影响亦不可等闲视之。虽然聂豹没有亲自参与过《大学问》的刊刻，但聂豹对王阳明《大学古本》系列著作（包括《序》《旁释》以及《问》）无疑是熟悉的，同时也是高度重视的。考虑到聂豹入阳明之门甚晚且未几阳明即谢世，聂豹对阳明著作的学习和研究是有自己的选择的，他长期用力于《大学古本》，在与王畿的辩论中还向对方推荐自己的古本臆说，谓其于《大学古本》深造而有自得，当不为过也。

结　语

通过上文对嘉靖四十五年（1566）以前《大学问》各种刻本的考察，相信如下事实已经浮出水面：王门一众弟子，诸如王畿、邹守益、薛侃、欧阳德、聂豹，无论来自浙中还是江右抑或岭南，在嘉靖四十五年（1566）之前，都不同程度地参与了《（古本）大学问》的刊刻或在思想上有意识地取资过《（古本）大学问》。无论是在王学的中心区域——江右、浙中，还是在王学传播的偏远地带——楚、黔、闽、晋等地，都曾出现《大学问》（《古本大学问》）的刻本。

这一切，难道还不足以使钱德洪加之于《大学问》来历的说法破产吗？

总之,《大学问》绝非阳明起征思、南前才授予钱德洪笔录且事后又嘱其不可轻出者,因为,若如其说,将无法解释邹守益跋本以及诸多刻本从何而来的问题。钱德洪提供的说法,只不过为其没有及时收录《大学问》于阳明《文录》进行掩饰而已。①

---

① 何以钱德洪未能及时收录《大学问》于《文录》?文献不足,无法深究。之前,《考异》曾经从钱德洪主观上寻找原因:"钱德洪到后来才从无善无恶说转向至善无恶说这一事实正可以用来解释《大学问》晚出于嘉靖四十五年的真正原因。"(第145页)钱明的研究也许可以为钱德洪提供一个客观原因,那就是:自阳明殁后,由于种种原因,钱德洪在王门逐渐沦为边缘。参见钱明:《浙中王学研究》,北京:中国人民大学出版社,2009年,尤其第5章、第6章所述。由于边缘化,身负编辑阳明《年谱》《文集》重任的钱德洪未能很好地完成任务,换言之,未能及时将《大学问》收入《文录》,不是由于钱德洪主观故意,而是客观上力有不逮。

参考文献

一 古 籍

（一）

毛亨传、郑玄笺、孔颖达疏:《毛诗正义》,北京:北京大学出版社,1999年。

公羊寿传、徐彦疏:《春秋公羊传注疏》,北京:北京大学出版社,1999年。

郑玄注、孔颖达疏:《礼记正义》,北京:北京大学出版社,1999年。

王弼注、孔颖达疏:《周易正义》,北京:北京大学出版社,1999年。

何晏注、邢昺疏:《论语注疏》,北京:北京大学出版社,1999年。

何晏解、皇侃疏:《论语集解义疏》,文渊阁四库全书本。

皇侃:《论语义疏》,北京:中华书局,2013年。

赵岐注、孙奭疏:《孟子注疏》,北京:北京大学出版社,1999年。

阮元编:《十三经注疏附校勘记》,北京:中华书局,1980年。

刘宝楠:《论语正义》,北京:中华书局,1990年。

程树德:《论语集释》,北京:中华书局,1990年。

永瑢、纪昀编:《四库全书总目》,北京:中华书局,1965年。

（二）

司马迁撰、裴骃集解、司马贞索隐、张守节正义:《史记》,北京:中华书局,1959年。

班固:《汉书》,北京:中华书局,1962年。

陈寿:《三国志》,北京:中华书局,1959年。

令狐德棻等撰:《周书》,北京:中华书局,1971年。

萧子显:《南齐书》,北京:中华书局,1972年。

脱脱:《金史》,北京:中华书局,1975年。

张廷玉:《明史》,北京:中华书局,1974年。

台湾"中央研究院"历史语言研究所:《明太祖实录》,台北:"中央研究院"历史语言研究所,1965年。

台湾"中央研究院"历史语言研究所:《明世宗实录》,台北:"中央研究院"历史语言研究所,1965年。

过庭训纂集:《本朝分省人物考》,明天启刻本。

申时行、赵用贤等纂修:《大明会典》228卷,明万历十五年内府刻本,《续修四库全书》第790册,上海:上海古籍出版社,2002年;北京:中华书局,1989年据1936年商务印书馆《万有文库》排印万历重修《明会典》缩印本。

李清馥:《闽中理学渊源考九十二卷》,文渊阁四库全书本。

徐学聚:《国朝典汇》,明天启四年徐舆参刻本。

范守已:《皇明肃皇外史》,清宣统津寄庐抄本。

张朝瑞:《皇明贡举考》,明万历刻本。

雷礼:《皇明大政纪》,明万历刻本。

王圻:《续文献通考》,明万历三十年松江府刻本。

俞汝楫编:《礼部志稿》,文渊阁四库全书本。

李卫等修、傅王露等撰:《(雍正)浙江通志二百八十卷》,文渊阁四库全书本。

陆柬纂修:《宝庆府志五卷》,隆庆元年刻本,《稀见中国地方志汇刊》第39册,北京:中国书店,1992年。

戴瑞卿修:《滁阳志十三卷》,万历四十二年刻本,《稀见中国地方志汇刊》第22册,北京:中国书店,1992年。

李得中修:《广德县志十卷》,万历四十年刊本,《中国方志丛书》华中地方703册,台北:成文出版社,1985年。

李国相纂修:《广德州志三十卷》,乾隆四年刊本,《稀见中国地方志汇刊》第23册,北京:中国书店,1992年。

胡文铨修、周广业纂:《广德州志五十卷首一卷》,乾隆五十九年刻本,《中国方志丛书》华中地方704册,台北:成文出版社,1985年。

胡有诚主修:《广德州志六十二卷》,光绪七年刻本,《中国方志丛书》华中地方705册,台北:成文出版社,1985年。

英启辑、邓琛等纂:《黄州府志四十卷首一卷》,光绪十年刻本,《中国方志丛书》华中地方346册,台北:成文出版社,1976年。

李前泮创修、张美翊等纂:《奉化县志四十卷首一卷》,光绪三十四年刻本,收入《中华丛书·四明方志丛刊》,台北:中华丛书委员会,1957年。

(三)

王弼注、楼宇烈校释:《老子道德经注校释》,北京:中华书局,2008年。

郭象注、成玄英疏:《南华真经注疏》,北京:中华书局,1998年。

郭庆藩:《庄子集释》,北京:中华书局,1985年。

王先谦:《荀子集解》,北京:中华书局,1988年。

孔鲋:《孔丛子七卷附释文一卷》,《四部丛刊初编》57,上海:上海书店,1989年。

牟融:《牟子一卷》,平津馆丛书本,北京:中华书局,1991年。

刘向撰、赵善诒疏证:《说苑疏证》,上海:华东师范大学出版社,1985年。

韩愈:《论语笔解二卷》,文渊阁四库全书本。

何宁:《淮南子集释》,北京:中华书局,1998年。

刘文典:《淮南鸿烈集解》,北京:中华书局,1959年。

王利器校注:《盐铁论校注》,北京:中华书局,1992年。

王符撰、汪继培笺、彭铎校正:《潜夫论笺校正》,北京:中华书局,1985年。

黎翔凤撰、梁运华整理:《管子校注》,北京:中华书局,2004年。

(四)

萧统编、李善注:《文选》,上海:上海古籍出版社,1984年。

姚铉编:《唐文粹》,四部丛刊本。

嵇康:《嵇康集》,收入《鲁迅全集》第九卷,北京:人民文学出版社,1973年。

邵雍:《邵雍集》,北京:中华书局,2010年。

张载:《张载集》,北京:中华书局,1978年。

程颢、程颐:《二程集》,北京:中华书局,2004年。

朱熹:《四书章句集注》,北京:中华书局,1983年。

——《朱子语类》,北京:中华书局,1986年。

——《朱子全书》,上海:上海古籍出版社,合肥:安徽教育出版社,2002年。

陆九渊:《陆九渊集》,北京:中华书局,1980年。

刘因:《静修先生文集二十二卷》,四部丛刊初编,景印上海涵芬楼藏元刊小字本。

苏天爵:《滋溪文稿三十卷》,文渊阁四库全书本。

赵秉文:《滏水集二十卷》,文渊阁四库全书本。

元好问:《遗山集四十卷》,文渊阁四库全书本。

湛若水:《甘泉先生文集》,清康熙二十年刊本,《四库存目丛书》集部57册,济南:齐鲁书社,1997年。

王守仁:《阳明先生则言二卷》,安徽图书馆藏明嘉靖十六年薛侃刻本,《续修四库全书》937册,上海:上海古籍出版社,2002年;台湾"中央图书馆"藏明吴兴钱中选校刊本,《中国子学名著集成》第39册《王阳明选集》,台北:中国子学名著集成编印基金会,1978年;日本京都大学附属图书馆藏息野福夫写本。

——《王阳明先生文录钞十卷》,卷首有黄绾嘉靖十四年序邹守益嘉靖十五年序,和刻本,京都大学文学部藏。

——《良知同然录》,孟津编,嘉靖三十六年刻本,《中国子学名著集成》第39册《王阳明选集》,台北:中国子学名著集成编印基金会,1978年。

——《大学古本一卷》,王文禄辑《百陵学山》第1册,涵芬楼影印明刻本,上海:商务印书馆,1937年;李调元辑《函海》第19函第87册,清嘉庆十四年重刊道光五年补刊(万卷楼藏版)。

——《传习则言一卷》,曹溶辑《学海类编》第30册,清道光十一年排印本,上海涵芬楼民国九年影印;王文禄辑《百陵学山》第3册,涵芬楼影印明刻本,上海:商务印书馆,1937年。

——《阳明先生文录五卷》,嘉靖十二年黄绾序刊本,京都大学文学部藏。

——《阳明先生文萃十一卷》,日本内阁文库藏嘉靖三十二年序刻本,京都大学人文科学研究所东方部景照本。

——《阳明先生文萃十一卷》，日本内阁文库藏隆庆六年刻本，京都大学人文科学研究所东方部景照本。

——《阳明先生文录五卷外集九卷别录十四卷》，嘉靖二十九年间东序嘉靖三十四年孙昭跋刻本，京都大学文学部藏。

——《阳明先生道学钞八卷》，明万历三十七年武林继锦堂刻本，京都大学文学部藏；《续修四库全书》937册，上海：上海古籍出版社，2002年。

——《王文成公文选八卷》，王畿编，明崇祯刻本，京都大学文学部藏。

——《王门宗旨十四卷（存十一卷）》，明万历余懋孳刻本，《四库存目丛书》子部13册，济南：齐鲁书社，1997年。

——《阳明先生要书八卷附录五卷》，陈龙正辑，明崇祯八年陈龙正刻本，《四库存目丛书》集部49册，济南：齐鲁书社，1997年。

——《王阳明先生文钞二十卷》，张问达辑，清康熙二十八年致和堂刻本，《四库存目丛书》集部49～50册，济南：齐鲁书社，1997年。

——《王阳明先生全集二十卷年谱一卷》，俞嶙辑，清康熙十二年刻本，《四库存目丛书》集部50～51册，济南：齐鲁书社，1997年。

——《王文成公全书》，明隆庆六年刻本。

——《王阳明全集》，上海：上海古籍出版社，1992年。

——《王阳明全集（新编本）》，杭州：浙江古籍出版社，2010年。

邹守益：《东廓先生文集九卷》，明嘉靖十七年刻本。

——《东廓邹先生文集十二卷》，北京图书馆藏清刻本，《四库全书存目丛书》集部65～66册，济南：齐鲁书社，1997年。

——《邹守益集》，董平编校整理，南京：凤凰出版社，2007年。

薛侃：《薛侃集》，上海：上海古籍出版社，2014年。

欧阳德：《欧阳德集》，南京：凤凰出版社，2007年。

王畿：《龙溪会语六卷》，贡安国辑，明万历四年刻本，（韩国）京城：葛城末治，1932年。

——《龙溪王先生全集二十卷》，明万历四十三年张汝霖校刊本。

——《王龙溪先生全集二十卷》，清道光二年莫晋校刊本。

——《王畿集》，吴震编校整理，南京：凤凰出版社，2007年。

聂豹：《双江聂先生文集十四卷》，明嘉靖四十三年吴凤瑞刻隆庆六年印本，《四库存目丛书》集部72册，济南：齐鲁书社，1997年。

——《双江先生困辨录八卷》，罗洪先批注，明刻本，《四库存目丛书》子部第9册，济南：齐鲁书社，1995年。

——《聂豹集》，吴可为编校整理，南京：凤凰出版社，2007年。

罗洪先：《罗洪先集》，徐儒宗编校整理，南京：凤凰出版社，2007年。

——《罗洪先集补编》，钟彩钧主编，朱湘钰点校，台北：台湾"中央研究院"中国文哲研究所，2009年。

黄绾：《黄绾集》，张宏敏编校，上海：上海古籍出版社，2014年。

陈九川：《明水陈先生文集十四卷附录一卷》，清抄本，《四库存目丛书》集部72册，济南：齐鲁书社，1997年。

罗汝芳：《盱坛直诠二卷》，曹胤儒编，明万历三十七年刻本，《中国子学名著集成》第44册，台北：中国子学名著集成编印基金会，1978年。

——《罗汝芳集》，方祖猷编校整理，南京：凤凰出版社，2007年。

胡直：《胡直集》，上海：上海古籍出版社，2015年。

王时槐：《塘南王先生友庆堂合稿七卷补遗一卷》，清光绪三十三年重刻本，《四库存目丛书》集部114册，济南：齐鲁书社，1997年。

顾应祥：《静虚斋惜阴录十二卷附录一卷》，明刻本，《续修四库全书》1122册，上海：上海古籍出版社，2002年。

郭汝霖：《石泉山房文集十三卷》，明万历二十五年郭氏家刻本，《四库存目丛书》集部129册，济南：齐鲁书社，1997年。

宋仪望：《华阳馆文集十八卷续集二卷》，清道光二十二年宋氏中和堂刻本，《四库存目丛书》集部116册，济南：齐鲁书社，1997年。

——《华阳馆诗集十四卷文集十二卷附录一卷》，万历三年魏学礼刻本，《四库存目丛书》集部116册，济南：齐鲁书社，1997年。

毛宪：《古庵毛先生文集十卷》，明嘉靖四十一年毛诉刻本，《四库存目丛书》集部67册，济南：齐鲁书社，1997年。

胡松：《胡庄肃公文集八卷》，明万历十三年胡梗刻本，《四库存目丛书》集部91册，济南：齐鲁书社，1997年。

徐阶：《少湖先生文集七卷》，明嘉靖三十六年严州知府宿应麟刻本。

朱淛：《天马山房遗稿八卷》，文渊阁四库全书本。

冯柯：《求是编》，京都：中文出版社影印日本庆安三年（1650）和刻本，1977年。

王文禄：《大学石经古本》，涵芬楼影印明刻本，上海：商务印书馆，1937年。

刘斯原：《大学古今本通考十二卷》，明万历间刻本，《中国子学名著集成》第15册，台北：中国子学名著集成编印基金会，1978年。

王慎中：《遵岩集》，文渊阁四库全书本。

万士和：《万文恭公摘集》，《四库存目丛书》集部109册，济南：齐鲁书社，1997年。

王同轨：《耳谈类增十七卷》，明万历十一年刻本。

王世贞：《弇山堂别集》，文渊阁四库全书本。

——《弇州山人四部续稿》，文渊阁四库全书本。

陆楫：《蒹葭堂稿》，明嘉靖四十五年陆郯刻本。

夏言：《夏桂州文集》，明崇祯十一年吴一璘刻本。

黄宗羲：《宋元学案》，北京：中华书局，1986年。

——《明儒学案》，北京：中华书局，1985年。

——《黄宗羲全集》，杭州：浙江古籍出版社，1985年。

王夫之：《船山全书》，长沙：岳麓书社，2011年。

陈确：《陈确集》，北京：中华书局，1979年。

翟灏：《四书考异》，载《皇清经解》，上海书店1988年影印本。

全祖望：《全祖望集汇校集注》，上海：上海古籍出版社，2000年。

钱大昕：《嘉定钱大昕全集》，南京：江苏古籍出版社，1997年。

沈垚：《落帆楼文集二十四卷补遗一卷》，《丛书集成续编》195册，台北：新文丰出版公司，1989年。

二　研究论著

C

曹国庆:《试论明代的清军制度》,《史学集刊》,1994 年第 3 期。

陈来:《有无之境》,北京:人民出版社,1991 年。

——《宋明理学》,上海:华东师范大学出版社,2000 年。

——《朱子哲学研究》,上海:华东师范大学出版社,2000 年。

——《中国近世思想研究》,北京:商务印书馆,2000 年。

陈来、朱杰人主编:《人文与价值:朱子学国际学术研讨会暨朱子诞辰 880 周年纪念会论文集》,上海:华东师范大学出版社,2011 年。

陈荣捷:《中国哲学论集》,台北:"中央研究院"中国文哲研究所,1994 年。

——《王阳明传习录详注集评》,台北:学生书局,1998 年。

——《朱子新探索》,上海:华东师范大学出版社,2007 年。

——《朱学论集》,上海:华东师范大学出版社,2007 年。

Wing-tsit Chan, *A Source Book in Chinese Philosophy*, New Jersey.: Princeton University Press, 1969.

Antonio S. Cua ed., *Encyclopedia of Chinese* Philosophy, Routledge, 2012.

D

邓艾民:《朱熹王守仁哲学研究》,上海:华东师范大学出版社,1989 年。

邓国元:《王阳明〈大学古本旁释〉献疑与辨证——以"初本"与"定本"为中心的考察》,《中国哲学史》,2014 年第 1 期。

杜保瑞:《邵雍儒学建构之义理探究》,《华梵人文学报》,2004 年第 3 期。

E

〔德〕恩格斯:《路德维希·费尔巴哈和德国古典哲学的终结》,北京:人民出版社,1997 年。

F

方旭东:《〈大学问〉来历说考异》,《哲学门》,2000 年第 1 卷第 2 册。

——《通过诠释以建立哲学：内在机制与困难》，《南京大学学报》，2008年第2期。

——《事物间的差异究竟意味着什么？——试论朱熹的"各一其性"说》，《中国哲学史》，2011年第1期。

方祖猷：《王畿评传》，南京：南京大学出版社，2001年。

冯契：《人的自由与真善美》，《冯契文集》第3卷，上海：华东师范大学出版社，1996年。

——《中国古代哲学的逻辑发展》，上海：上海人民出版社，1985年。

冯友兰：《中国哲学史》（上下册），北京：中华书局，1992年。

——《贞元六书》，上海：华东师范大学出版社，1996年。

——《三松堂全集》，郑州：河南人民出版社，2000年。

Fung Yu-lan, *A History of Chinese Philosophy*, trans. by Derk Bodde, New Jersey: Princeton University Press, 1953.

傅伟勋：《从西方哲学到禅佛教》，北京：生活·读书·新知三联书店，1989年。

G

〔瑞士〕耿宁（Iso Kern）：《人生第一等事：王阳明及其后学论"致良知"》，倪梁康译，北京：商务印书馆，2014年。

郭丽萍：《"显学"的背后：沈垚西北史地学述论》，《中国边疆史地研究》，2005年第1期。

国立"中央图书馆"编印：《明人传记资料索引》，台北：文史哲出版社，1978年再版。

H

〔德〕海德格尔：《海德格尔选集》，上海：三联书店，1996年。

贺麟：《黑格尔哲学讲演集》，《贺麟全集》第5卷，上海：上海人民出版社，2011年。

〔德〕黑格尔：《法哲学原理》，北京：商务印书馆，1961年。

侯外庐：《中国思想通史》，北京：人民出版社，1959年。

——《宋明理学史》，北京：人民出版社，1992年。

胡发贵:《从"谋道"到"谋食"——论宋明之际儒家价值观念的迁移》，《中州学刊》，2003年第5期。

〔日〕荒木见悟、吉田公平、佐藤仁、福田殖:《阳明门下》(上、中、下)，《阳明学大系》第5、6、7卷，东京：明德出版社，1973年。

J

嵇文甫:《晚明思想史论》，北京：东方出版社，1996年。

金生杨:《邵雍学术渊源略论》，《中华文化论坛》，2007年第1期。

K

〔德〕康德:《纯粹理性批判》，北京：商务印书馆，1960年。

L

〔德〕郎宓榭:《郎宓榭汉学文集》，上海：复旦大学出版社，2013年。

Lackner, "War Zhu Xi ein Hegel avant la lettre? Verstaendnisproblem zwischen China unddem Westen in der Gegenwart", in *Internationales Asienforum*, 22. 1/2, 1990, pp.39～53.

—— "Les avatars de quelques termes philosophiques allemands et français dans les traductions chinoises", *Etudes Chinoises*, 12: 2, 1993, pp.135～160.

James Legge, *Chinese Classics*, London: Trübner & co., 1865.

李纪祥:《两宋以来大学改本之研究》，台北：学生书局，1988年。

李伏清、彭文桂:《韩愈经学思想探析——以〈论语笔解〉为中心》，《河南师范大学学报》，2013年第6期。

黎业明:《湛若水年谱》，上海：上海古籍出版社，2009年。

林庆彰:《丰坊与姚士粦》，东吴大学硕士论文，1978年。

林月惠:《非〈传习录〉：冯柯〈求是编〉析评》，《中国文哲研究集刊》第16辑，2000年。

——《良知学的转折——聂双江与罗念庵思想之研究》，台北：台湾大学出版中心，2005年。

刘笑敢：《反向格义与中国哲学研究的困境》，《南京大学学报》，2006年第2期。

刘勇：《王阳明〈大学古本〉的当代竞争者：湛若水与方献夫之例》，（香港）《中国文化研究所学报》第60期，2015年。

——《中晚明士人的讲学活动与学派建构：以李材（1529—1607）为中心的研究》，北京：商务印书馆，2015年。

刘永晋：《明代的清军制度》，华东师范大学硕士论文，2008年。

M

冒从虎：《朱熹与黑格尔理学之间同异浅析》，《中国哲学》，第13期。

牟宗三：《心体与性体》，上海：上海古籍出版社，1999年。

——《从陆象山到刘蕺山》，上海：上海古籍出版社，2001年。

N

聂智昊：《明代致仕制度研究》，吉林大学硕士论文，2012年。

P

彭国翔：《良知学的展开（增订本）》，北京：生活·读书·新知三联书店，2015年。

Q

钱明：《王阳明散佚诗汇编及考释》，《浙江学刊》，2002年第6期。

——《新搜集的十六篇王阳明佚诗文考释》，载张新民主编：《阳明学衡》，贵阳：贵州人民出版社，2006年。

——《儒学正脉——王守仁传》，杭州：浙江人民出版社，2006年。

——《黔中王门论考》，《贵州文史丛刊》，2007年第2期。

——《王阳明散逸诗文续补考——兼论黔版〈阳明文录续编〉的史料价值》，《中华传统文化与贵州地域文化研究论丛（二）》，成都：巴蜀书社，2008年。

——《浙中王学研究》，北京：中国人民大学出版社，2009年。

——《薛侃：阳明学后期发展的领军人物》,《贵州大学学报》,2014年第6期。

钱穆:《朱子新学案》,成都:巴蜀书社,1968年。

R

任继愈主编:《佛教大辞典》,南京:江苏古籍出版社,2002年。

任文利:《王阳明〈大学问〉来历考》,《湖南社会科学》,2007年第3期。

S

〔日〕山井湧:《明清思想史の研究》,东京:东京大学出版会,1980年。

商聚德:《刘因评传》,南京:南京大学出版社,1996年。

宋继杰编:《BEING与西方哲学传统》,保定:河北大学出版社,2002年。

孙占卿:《薛中离著作考》,《汕头大学学报》,2011年第5期。

束景南:《阳明佚文辑考编年》,上海:上海古籍出版社,2012年。

T

唐继添:《〈论语笔解〉解经特色研究》,《时代文学》,2010年第5期。

唐君毅:《中国哲学原论——原教篇》,北京:中国社会科学出版社,2006年。

唐明贵:《〈论语〉学的形成、发展与中衰——汉魏六朝隋唐〈论语〉学研究》,南开大学博士论文,2004年。

——《论韩愈、李翱之〈论语笔解〉》,《孔子研究》,2005年第6期。

W

王汎森:《晚明清初思想十论》,上海:复旦大学出版社,2004年。

王磊:《百陵学山本〈大学古本旁释〉的史料价值辨析》,《中国哲学史》,2013年第2期。

王凯旋:《明代科举制度研究》,吉林大学博士论文,2005年。

吴震:《王阳明逸文论考——就京都大学所藏王阳明著作而谈》,《学人》第一辑,南京:江苏文艺出版社,1991年。

——《天泉证道小考——以〈龙溪会语〉本为中心》,载《阳明学研究》,上海:上海古籍出版社,2000年。

——《驳大学问来历说考异》,《哲学门》,2001 年第 2 卷第 2 册。

——《聂豹罗洪先评传》,南京:南京大学出版社,2001 年。

——《中国理学(四)》,上海,东方出版中心,2002 年。

——《明代知识界讲学活动系年(1522～1602)》,上海:学林出版社,2003 年。

——《阳明后学研究》,上海:上海人民出版社,2003 年。

吴震、吾妻重二主编:《思想与文献——日本学者宋明儒学研究》,上海:华东师范大学出版社,2010 年。

X

萧启庆:《元代史新探》,台北:新文丰出版公司,1983 年。

Y

杨国荣:《心学之思》,北京:生活·读书·新知三联书店,1997 年。

杨柱才:《朱子〈太极解义〉研究》,《哲学门》,2011 年第 2 期。

杨祖汉:《儒家的心学传统》,台北:文津出版社,1992 年。

叶德辉:《郋园读书志》,上海:上海古籍出版社,2010 年。

〔日〕永富青地:《王守仁著作の文献学的研究》,东京:汲古书院,2007 年。

余英时:《中国思想传统的现代诠释》,南京:江苏人民出版社,1995 年。

——《现代儒学论》,上海:上海人民出版社,1998 年。

——《中国近世宗教伦理与商人精神》,合肥:安徽教育出版社,2001 年。

原瑞琴:《〈大明会典〉版本考述》,《中国社会科学院研究生院学报》,2011 年第 1 期。

岳天雷:《赵纪彬"权说"研究述评——为纪念赵先生逝世 30 周年而作》,《河南大学学报》,2012 年第 2 期。

Z

章炳麟:《訄书》,上海:上海人民出版社,1975 年。

张岱年:《张岱年全集》,石家庄:河北人民出版社,1996 年。

张宏敏:《黄绾生平学术编年》,杭州:浙江大学出版社,2013年。

张克伟:《明儒薛侃之宦履行历及著作研考》,《地方文化研究辑刊》第8辑,成都:四川大学出版社,2015年。

张卫红:《邹东廓年谱》,北京:北京大学出版社,2013年。

张显运:《邵雍研究:二十年学术史的回顾与展望》,《孔子研究》,2012年第3期。

赵纪彬:《困知二录》,北京:中华书局,1991年。

赵琦:《金元之际的儒士与汉文化》,北京,人民出版社,2004年。

周彦文:《日本九州大学文学部书库明版图录》,台北:文史哲出版社,1996年。

朱伯崑:《易学哲学史》,北京:华夏出版社,1995年。

朱义禄:《儒家理想人格与中国文化》,沈阳:辽宁教育出版社,1991年。

综合索引

A

安福……………………… 266，273

B

霸术……………………… 41，42
拔本塞源………………… 39，40，41，43
《百陵学山》…………… 5，216，217，218，219，220，222，239，240，308
宝庆……………………… 269，270，273，306
悲观主义………………… 41
本体……………………… 12，13，15，17，18，19，20，38，39，50，51，56，133，134，135，138，143，146，190，194，195，196，197，274，275，284，286，288，289，290，291，292，293
本体论…………………… 51，133，138，143，190，196，197
本原……………………… 38，39，40，49，50，143
本质……………………… 22，23，25，28，29，30，31，32，33，46，55，100
柏拉图…………………… 194，201，202，205
伯夷……………………… 27

C

才力……………………… 27，28，29，31，32，33
参两……………………… 144，145，147，148
曹操……………………… 172，173
禅观……………………… 105，115，118，123
禅宗……………………… 52，105，116，118
超验……………………… 204
陈矣……………………… 153，154

陈来…………………… 6, 11, 12, 13, 15, 17, 28, 29, 44, 105,
136, 139, 140, 142, 218, 219, 226, 227,
229, 230, 231, 233, 312

陈确…………………… 67, 68, 69, 72, 311

陈荣捷………………… 2, 66, 132, 133, 135, 139, 203, 205, 312

成化…………………… 25, 55

成色…………………… 27, 29, 32, 33

成圣…………………… 17, 22, 23, 24, 25, 26, 28, 33, 45, 46,
48, 55, 57, 66, 67, 68

程文德（松溪）……… 301

程颐（伊川）………… 103, 111, 114, 118, 126, 127, 128, 135,
138, 157, 187, 299, 300, 308

程朱…………………… 66, 100, 152, 156, 284, 320

滁阳…………………… 269, 270, 276, 277, 306

滁州…………………… 269, 274

《春秋》……………… 119, 120, 156

淳熙…………………… 139, 140

翠微山………………… 285

存在论………………… 50, 51, 196

存在主义……………… 55

D

大礼议………………… 236

大梁…………………… 262, 263

《大学》……………… 4, 5, 6, 10, 11, 14, 114, 116, 124,
125, 140, 210, 214, 216, 217, 218, 220,
222, 223, 224, 226, 236, 237, 274, 275,
282, 283, 284, 287, 288, 289, 292, 302

《大学古本》………… 4, 5, 12, 209, 213, 214, 216, 218, 219,
220, 222, 223, 227, 237, 238, 258, 280,
281, 283, 285, 296, 302

《大学或问》………… 9, 10, 11, 214, 215, 225, 226, 228,
232, 234, 295, 296

词条	页码
《大学问》	2, 3, 4, 5, 6, 9, 10, 12, 13, 14, 15, 16, 17, 18, 19, 20, 208, 209, 210, 211, 212, 213, 214, 215, 216, 218, 219, 221, 222, 223, 225, 226, 227, 228, 230, 231, 232, 233, 234, 235, 237, 238, 239, 240, 244, 245, 251, 252, 258, 261, 262, 264, 268, 271, 272, 280, 281, 283, 292, 295, 296, 300, 301, 302, 303, 305
大宰	36
戴经（戴伯常）	290, 291, 292, 295, 296, 297, 299, 300
道德	42, 43, 46, 47, 49, 50, 53, 55, 56, 57, 64, 75, 83, 93, 95, 96, 100, 178, 307
道德意识	47
道德情感	47
道德理想主义	42, 43, 50
道家	24, 48, 80, 102, 103, 105, 113, 119, 120, 122, 139
道教	90, 93, 94, 95, 96, 98, 102
道器	137, 138
道体	195, 196, 197, 201
道统	78, 79, 83, 94, 298
道问学	29
道学	69, 78, 79, 93, 94, 95, 98, 99, 100, 102, 103, 104, 105, 115, 133, 138, 309
德性	28, 29, 30, 31, 32, 33, 57, 93, 95, 96, 100
董沄（董萝石）	52, 53
顿悟	12, 13, 115, 116, 122, 123

E

词条	页码
二程	102, 104, 126, 127, 128, 138, 139, 144, 210, 265, 299, 300, 308
二元论	204

F

词条	页码
法相宗（唯识宗）	116, 117, 118
发生论	137
反经合道	152, 155, 156, 158, 159, 160, 178, 179

反智主义·················· 39
非神话化·················· 22, 44
分两····················· 27, 29, 32, 33
冯用之···················· 151, 160, 161, 162, 177, 178, 179, 183
冯友兰···················· 2, 32, 104, 191, 204, 313
佛教····················· 31, 92, 103, 104, 115, 116, 117, 118, 122, 169, 191, 277, 313, 316
佛老····················· 81, 85, 86, 87, 89, 90, 91, 92, 93, 95, 96, 97, 105
福建····················· 221, 242, 247, 248, 262, 272, 280, 283, 300

G

感应论···················· 289
皋······················ 42
高诱····················· 179, 184
个体····················· 17, 26, 46, 48, 56, 57
格物····················· 6, 12, 13, 15, 16, 25, 26, 29, 40, 99, 195, 217, 218, 223, 224, 226, 227, 237, 274, 275, 279, 281, 282, 284, 285, 286, 287, 288, 289, 290, 291, 292, 293, 294, 295, 297, 298, 299
格义····················· 194, 315
《公羊传》················· 156, 157, 158, 165, 166, 174, 176, 178
工夫论···················· 53, 102, 105
功利····················· 41, 43, 98
贡安国···················· 246, 275, 309
古公亶父·················· 165, 166
姑苏板（姑苏版）············ 9, 238, 240, 244, 256, 296, 297
顾东桥（顾华玉）············ 14, 34, 35, 39, 40, 41, 42, 43, 227
《古本大学》··············· 11, 215, 226, 296
《古本大学问》············· 4, 5, 10, 213, 214, 215, 216, 237, 280, 285, 296, 297, 302
卦画····················· 140

观物	102, 103, 104, 105, 106, 107, 108, 109, 110, 111, 112, 113, 114, 115, 116, 118, 119, 120, 121, 122, 123, 124, 127, 128, 129, 139, 141, 142
管仲（管子）	171, 172, 173, 176, 307
广德	235, 236, 240, 253, 256, 257, 258, 259, 260, 261, 267, 272, 306, 307
规范伦理学	56
归寂	289, 290
贵阳	8, 253, 255, 258, 261, 315
贵州	242, 244, 251, 252, 253, 254, 255, 256, 259, 280, 315, 316

H

海德格尔	43, 191, 313
韩愈	162, 163, 164, 307, 314, 316
汉平帝	30
汉学	44, 150, 160, 191, 193, 314
汉学家	191, 193
汉昭帝	180
汉族中心主义	78
合理性	30, 31, 33, 56, 165
何晏	125, 151, 154, 156, 305
河东书院	262
贺麟	192, 193, 194, 195, 196, 197, 198, 199, 201, 202, 203, 204, 205, 313
黑格尔	51, 52, 192, 193, 194, 195, 196, 197, 198, 199, 201, 204, 313, 315
弘治	25, 26, 270, 271, 276
侯外庐	30, 104, 105, 108, 115, 116, 118, 313
胡直	278, 279, 310
湖北	2, 247, 268, 281, 297
护教	100
桓宽	162, 180
黄裳	251
黄冈	268, 269, 270, 272, 273, 278, 279
皇侃	125, 156, 157, 163, 305

黄绾················ 7, 8, 9, 256, 257, 258, 308, 310, 318
黄直（黄以方）········ 15, 65, 66, 72
黄宗羲·············· 13, 19, 54, 247, 250, 311

J

稷··················· 42, 165, 166
基督教··············· 55
集合················· 33
集合论··············· 33
嘉靖················· 3, 4, 5, 6, 7, 8, 9, 10, 11, 12, 14,
　　　　　　　　　　15, 16, 18, 20, 44, 45, 209, 210, 211,
　　　　　　　　　　212, 217, 222, 225, 226, 229, 230, 231,
　　　　　　　　　　233, 234, 235, 236, 237, 238, 239, 240,
　　　　　　　　　　241, 242, 243, 244, 245, 246, 247, 248,
　　　　　　　　　　251, 252, 253, 254, 255, 256, 257, 258,
　　　　　　　　　　259, 260, 261, 262, 263, 264, 266, 267,
　　　　　　　　　　268, 269, 270, 271, 272, 273, 274, 278,
　　　　　　　　　　280, 281, 282, 283, 284, 285, 287, 289,
　　　　　　　　　　290, 296, 297, 298, 300, 301, 302, 303,
　　　　　　　　　　308, 309, 310, 311
江西················· 5, 11, 45, 233, 234, 236, 262, 280, 283
江右················· 233, 265, 302
校勘学··············· 183, 186
交往合理性··········· 56
桀··················· 24
金宣宗··············· 82
精金················· 27, 29, 32, 33
经学················· 143, 151, 164, 314
绝对精神············· 194, 204
绝对理念············· 192, 194, 195, 204
绝对论者············· 197

K

康德················· 23, 42, 46, 50, 56, 191, 314
可学而至············· 24, 25, 27, 31, 45, 46, 48
孔安国··············· 125, 163
孔融················· 32, 161, 171

孔子（仲尼）............ 22，23，27，30，31，32，34，36，37，38，
43，48，53，55，56，75，96，103，114，
115，119，120，121，124，151，152，155，
158，160，161，163，167，168，169，170，
172，173，174，177，178，179，180，181，
184，186，187，188，224，225，273，279，
287，316，318

狂禅..................... 55，57

夔....................... 42

L

郎宓榭.................. 193，314

老子..................... 85，111，112，113，114，118，119，120，
260，307

类推..................... 24，32

李纯甫（李屏山）...... 79，81，86

历史观.................. 41

理本论.................. 138，143

理校法.................. 186

理念..................... 190，192，194，195，201，202，204

理先气后............... 138

理想人格............... 23，30，36，318

理学..................... 22，23，25，27，28，29，50，56，62，78，
79，93，105，109，115，122，123，132，
133，160，191，193，194，195，196，201，
247，306，312，314，315，317，320

里雅格
（James Legge）...... 200，314

理在气先............... 139

理学家.................. 25，27，160，195

李翱..................... 98，162，163，164，316

李善..................... 154，162，175，176，177，307

李卓吾.................. 54

两广..................... 3，7，230，232

两宋..................... 79，93，314

良知……………………	16, 19, 20, 22, 38, 39, 43, 44, 45, 46, 47, 48, 49, 51, 52, 53, 54, 55, 56, 57, 210, 228, 235, 237, 245, 249, 250, 263, 265, 266, 267, 268, 269, 270, 271, 272, 273, 274, 275, 276, 277, 278, 279, 281, 282, 285, 286, 291, 292, 293, 294, 295, 301, 308, 313, 314, 315
梁章钜…………………	126
六经……………………	38, 82, 83, 94
刘祁……………………	80, 81, 85, 86, 90, 92, 93, 95
刘向……………………	162, 167, 168, 307
刘因……………………	109, 308, 316
刘珹……………………	265
刘子翚…………………	94
刘宗周…………………	16
六祖坛经………………	97
灵济宫…………………	271, 278, 301
龙场……………………	26, 255
龙场大悟………………	26
隆庆……………………	2, 4, 216, 217, 218, 222, 262, 263, 265, 269, 273, 306, 309, 310
娄谅……………………	25
陆九渊（陆象山）……	13, 28, 29, 75, 197, 201, 199, 202, 308, 315
伦理中心主义…………	29
《论语》………………	79, 80, 114, 116, 120, 124, 125, 126, 150, 151, 155, 157, 159, 160, 161, 163, 165, 166, 167, 168, 170, 171, 172, 173, 174, 175, 176, 177, 179, 180, 181, 182, 183, 187, 191, 216, 298
罗洪先（罗念庵）……	19, 247, 253, 265, 267, 268, 278, 283, 290, 310, 314, 317
逻各斯…………………	194
罗近溪（罗汝芳）……	54, 271
罗钦顺（罗整庵）……	223, 224, 227, 281, 297
洛阳……………………	262, 263
闾东……………………	244, 245, 264, 309
吕祖谦（东莱）………	140, 196

M

马丁·路德……………… 55
麻九畴………………… 93
麻瀛…………………… 269，271，272，278
孟津（孟两峰）………… 209，210，268，269，270，271，272，273，
　　　　　　　　　　　274，275，276，277，278，279，281，308
孟子…………………… 24，27，28，30，31，46，47，48，79，80，
　　　　　　　　　　　94，95，224，237，268，275，284，293，
　　　　　　　　　　　298，299，305
蒙昧主义……………… 30
毛亨…………………… 162，166，305
毛宪（毛古庵）………… 4，213，214，310
冒从虎………………… 193，194，315
米芾（米元章）………… 81，86，87
名教…………………… 86，122
牟子…………………… 160，161，162，169，170，183，185，307

N

南康…………………… 139，233，253
内圣…………………… 23，30，31
聂豹（双江）…………… 209，239，247，248，265，266，267，271，
　　　　　　　　　　　281，282，283，284，285，286，287，288，
　　　　　　　　　　　289，290，291，292，295，296，297，298，
　　　　　　　　　　　299，300，301，302，310，317

O

欧阳德（南野）………… 209，233，239，245，246，248，249，250，
　　　　　　　　　　　253，265，266，267，271，272，278，280，
　　　　　　　　　　　281，283，301，302，309
欧阳修………………… 94

P

裴松之………………… 162，170，171，172

Q

诠释学………………… 49，190

全祖望	69, 70, 72, 81, 86, 87, 94, 311
契	19, 23, 25, 30, 42, 109, 117, 150, 231, 284, 290, 313
钱大昕	70, 72, 311
钱德洪（钱绪山）	2, 3, 4, 5, 6, 7, 8, 9, 10, 11, 12, 13, 15, 16, 18, 19, 20, 53, 208, 209, 210, 211, 212, 213, 215, 225, 226, 227, 228, 229, 230, 231, 234, 238, 239, 257, 283, 287, 302, 303
钱明	210, 222, 242, 244, 251, 252, 303, 315
秦汉	24
秦孝公	175, 177
青原	16, 238, 267, 268, 284, 285
清戎	247, 248
清儒	70, 150, 160, 164, 184, 191
穷理	118, 120, 224, 292

R

饶宗颐	243, 244
人欲	27, 28, 29, 45, 46, 50, 91, 284, 299, 300
认识论	50, 102, 104, 105, 128, 129, 155
认识论转向	50
如如	104, 115, 116, 117, 118
儒佛之辨	92, 93, 100
儒家	22, 24, 25, 28, 29, 30, 31, 32, 34, 36, 41, 45, 46, 48, 50, 55, 62, 63, 64, 73, 74, 75, 80, 87, 90, 92, 93, 95, 96, 98, 100, 102, 104, 114, 116, 123, 124, 129, 143, 201, 314, 317, 318
儒家伦理	74, 75
阮元	161, 162, 184, 185, 305

S

萨特	55, 56
桑弘羊	180
沙门	169, 170

山井湧	132，133，144，316
陕西	230，232，233，244，264
商君（商鞅）	175，177，181
邵雍（康节）	102，103，104，105，106，107，108，109，110，111，112，113，114，115，116，117，118，119，120，121，122，123，124，127，128，129，139，141，142，143，148，307，312，314，318
生知	34，35，40，298，299
沈宠	209，239，245，246，247，248，249，250，272，280，300
沈垚	70，71，72，311，313
圣人	22，23，24，25，26，27，28，29，30，31，32，33，34，35，36，37，38，39，40，41，42，43，44，45，46，48，49，50，52，53，54，55，56，57，91，94，95，96，97，99，107，108，112，113，116，120，123，124，140，145，169，173，175，176，177，178，179，180，182，184，185，198，219，224，263，268，274，275，284，288，289，296，298
圣人观	22，23，26，29，30，32，33，34，35，41，45，49，52，53，54，55，56，57
圣贤	22，26，28，29，64，67，68，69，73，74，95，169，263，267，299
圣学	2，22，98，217，274，277，283，284，288，291，301
实践	24，25，26，32，33，46，90，128，129，250
实然	48，49，61
实在论	191，204
舜	23，24，25，27，30，31，33，38，48，97，127，128，180，220，262，277，279，286，287，288，295
《说卦》	144，145
思恩	3，232
私人化	56，57
私人语言	57
私欲	42，299

四端……………………… 46，95
四句教…………………… 16，17，18，20，290，291
《四书》…………………… 114，150
宋儒……………………… 25，31，40，45，46，70，71，94，179，
　　　　　　　　　　　　　185，186，187，197，216，287
宋学……………………… 150，160
宋仪望…………………… 209，262，263，264，265，267，268，280，
　　　　　　　　　　　　　281，287，289，290，301，310
苏天爵…………………… 109，308
苏辙（苏黄门）………… 97
苏格拉底………………… 37
苏轼……………………… 94

T

太极……………………… 97，132，133，134，135，136，137，138，
　　　　　　　　　　　　　139，140，141，142，143，144，145，146，
　　　　　　　　　　　　　147，148，150，190，193，194，195，196，
　　　　　　　　　　　　　197，198，199，200，201，202，203，204，
　　　　　　　　　　　　　205，317
泰州……………………… 54，268
泰州学派………………… 54
汤………………………… 27，31，97
汤啤……………………… 255
唐君毅…………………… 103，104，116，117，118，316
唐顺之…………………… 253
唐宋……………………… 36，83
唐玄宗…………………… 30
体用……………………… 134，135，136，138，274
体用一源………………… 135，136，138
天赋观念论……………… 34
天理……………………… 27，28，29，32，33，38，39，40，43，45，
　　　　　　　　　　　　　46，47，48，50，119，284，299，300
天泉证道………………… 13，15，16，17，18，229，316
天台宗…………………… 115，116
田州……………………… 3，232

W

万历	210, 216, 218, 222, 245, 246, 247, 253, 254, 261, 262, 265, 268, 269, 270, 271, 274, 275, 277, 278, 280, 306, 309, 310, 311
万人杰	113, 114, 119
王弼	140, 157, 305, 307
王襞	268
王道	41
王栋	54
王符	162, 182, 183, 307
王夫之	146, 147, 148, 311
王艮（王汝止）	44, 52, 53, 54, 55, 268
王畿（王龙溪）	5, 6, 13, 16, 18, 209, 217, 222, 223, 229, 230, 231, 232, 233, 239, 240, 246, 247, 250, 253, 261, 264, 268, 271, 274, 275, 276, 277, 278, 280, 281, 282, 283, 301, 302, 309, 310, 313
王门	3, 6, 19, 20, 44, 52, 234, 238, 244, 246, 247, 250, 252, 265, 271, 278, 281, 301, 302, 303, 309, 315
王门后学	44, 52
王融（王元长）	160, 161, 162, 175, 177, 183, 184
王世贞	260, 266, 311
王通	80, 94
王文禄	5, 6, 213, 216, 217, 218, 219, 220, 221, 222, 223, 224, 225, 239, 281, 308, 311
王杏（鲤湖）	209, 251, 252, 253, 254, 255, 258, 259, 260, 261, 272, 280
王学	13, 15, 32, 69, 70, 75, 297, 302, 303, 315

王阳明（王守仁）............	2, 3, 5, 6, 7, 8, 10, 11, 12, 13, 14, 15, 16, 17, 18, 19, 20, 22, 25, 26, 27, 28, 29, 30, 31, 32, 33, 34, 35, 37, 38, 39, 40, 41, 42, 43, 44, 45, 46, 47, 48, 49, 50, 51, 52, 53, 54, 55, 56, 60, 64, 65, 66, 67, 69, 70, 71, 72, 73, 74, 75, 77, 208, 209, 210, 211, 212, 213, 214, 216, 219, 221, 222, 223, 224, 225, 226, 227, 228, 229, 230, 231, 232, 233, 234, 235, 236, 237, 238, 241, 242, 245, 246, 251, 252, 253, 256, 257, 258, 263, 265, 269, 270, 271, 272, 278, 283, 287, 288, 291, 295, 296, 299, 300, 302, 308, 309, 312, 313, 315, 316, 317
外王............	30
唯实在论............	204
唯物论............	204
唯心论............	197, 204
未发............	40, 94, 97, 216, 250, 285, 289
文王............	27, 220, 272
武............	3, 27, 31, 43, 97, 151, 160, 161, 162, 170, 171, 172, 173, 176, 183, 271, 282, 309
物各付物............	110, 111, 114, 127, 128, 129
无极............	132, 134, 135, 139, 143, 201, 202
无善无恶............	16, 17, 18, 19, 20, 50, 290, 291, 303
无为............	88, 105, 115, 122, 123, 124, 199, 285
吴必大............	110, 111

X

郗虑............	170, 171
希圣之方............	23, 26, 33, 35
希渊............	27
系辞............	123, 132, 133, 140, 141, 143, 157, 200
先秦............	124
先验............	56
现观............	104, 115, 116, 117, 118

现实	37, 40, 49, 50, 51, 52, 53, 63, 69, 75, 78, 118, 228, 233
现象	15, 24, 25, 43, 49, 51, 53, 63, 143, 155, 193, 194, 228, 256
象数学	105, 115, 139
新理学	191
心体	17, 18, 19, 20, 38, 53, 65, 67, 73, 74, 103, 146, 249, 315
心学	17, 22, 23, 28, 29, 32, 45, 46, 49, 52, 54, 55, 57, 245, 317
心斋	119, 120, 268
邢昺	156, 305
形而上	23, 133, 137, 138, 143, 195, 196, 197
形而下	133, 137, 138
形而上学	23, 195, 196, 197
性善论	45, 46, 51
修养	102, 104, 109, 248, 300
许衡（许鲁斋）	60, 61, 62, 63, 64, 65, 66, 67, 68, 69, 70, 71, 72, 73, 76
许慎	157
徐爱	14, 40, 227, 300
徐阶	9, 271, 301, 311
玄学	122
学知	34, 35, 298
薛侃（薛中离）	209, 210, 223, 239, 240, 241, 242, 243, 244, 261, 264, 280, 281, 296, 302, 308, 309, 316, 318
荀子	24, 29, 108, 307

Y

亚里士多德	205
颜回（颜子）	119, 120, 246, 273, 274, 277
颜山农	54
严滩	12, 229, 230, 232

阳明…………………	2, 3, 4, 5, 6, 7, 8, 9, 10, 11, 12, 13, 14, 15, 16, 17, 18, 19, 20, 22, 25, 26, 27, 28, 29, 30, 31, 32, 33, 34, 35, 36, 37, 38, 39, 40, 41, 42, 43, 44, 45, 46, 47, 48, 49, 50, 51, 52, 53, 54, 55, 56, 60, 64, 65, 66, 67, 68, 69, 70, 71, 72, 73, 74, 75, 78, 208, 209, 210, 211, 212, 213, 214, 217, 219, 220, 221, 222, 223, 224, 225, 226, 227, 228, 229, 230, 231, 232, 233, 234, 235, 236, 237, 238, 239, 240, 241, 242, 243, 244, 245, 246, 247, 250, 251, 252, 254, 255, 256, 257, 258, 261, 262, 263, 264, 265, 266, 268, 269, 270, 271, 272, 273, 274, 275, 278, 279, 280, 281, 282, 283, 284, 285, 287, 288, 291, 292, 293, 295, 296, 297, 298, 299, 300, 301, 302, 303, 305, 308, 309, 312, 313, 314, 315, 316, 317
阳明祠………………	255, 274
杨复所………………	54
扬雄…………………	80, 94
杨云翼………………	80, 82, 85
养正书院……………	246, 247, 248, 300
尧……………………	23, 24, 25, 27, 30, 31, 32, 33, 38, 48, 97, 154, 168, 180, 216, 220, 262, 279, 286, 287, 288, 295
异化…………………	42
以物观物……………	102, 103, 104, 105, 106, 107, 108, 109, 110, 111, 112, 114, 115, 116, 118, 119, 124, 126, 127, 129
伊尹…………………	27, 173
一元论………………	204
已发…………………	133, 285, 289
易传…………………	97, 118, 120, 129, 134, 137, 140, 141, 143, 144, 157, 199, 200, 203, 289, 302
阴阳…………………	99, 108, 110, 133, 134, 135, 137, 138, 139, 140, 141, 142, 143, 144, 145, 146, 147
永富青地……………	44, 242, 245, 251, 253, 257, 258, 263, 278, 317

禹 ………………………… 23, 24, 27, 71, 158, 262, 287
虞溥 ………………………… 161, 162, 170
余英时 ……………………… 39, 61, 72, 73, 74, 75, 76, 317
宇文护 ……………………… 160, 161, 162, 173, 174, 183
宇文邕 ……………………… 173
宇文泰 ……………………… 173
元光 ………………………… 82
元好问 ……………………… 79, 80, 82, 83, 84, 85, 90, 92, 308
元气 ………………………… 143
越中 ………………………… 3, 11, 12, 14, 229, 230, 231, 232
岳天雷 ……………………… 150, 186, 317
云日之譬 …………………… 49, 50

Z

曾佩 ………………………… 248, 300
翟灏 ………………………… 160, 161, 162, 164, 171, 177, 180, 181, 183, 184, 185, 187, 311
翟理士（Giles） …………… 199, 201
章太炎 ……………………… 32, 153
章句之学 …………………… 159, 188
张九成 ……………………… 94, 99
张良 ………………………… 54, 113, 258
张载（张子） ……………… 24, 111, 135, 139, 143, 144, 145, 146, 147, 148, 268, 307
赵秉文 ……………………… 78, 79, 80, 81, 82, 83, 84, 85, 86, 87, 89, 90, 92, 93, 94, 95, 96, 97, 98, 99, 100, 308
赵纪彬 ……………………… 150, 151, 152, 155, 160, 162, 177, 185, 186, 187, 318
浙中 ………………………… 19, 302, 303, 315
真如 ………………………… 88, 117, 249, 293, 303
贞祐 ………………………… 79
正德 ………………………… 5, 14, 15, 26, 27, 65, 221, 222, 226, 237, 242, 256, 270, 296, 297
正统 ………………………… 64, 87, 100, 227
正学 ………………………… 148, 226, 227, 228, 242, 262, 263

正学书院·················· 262，263
止观······················ 115，116，118
致知······················ 15，29，99，195，224，253，266，275，
                          279，282，283，284，285，286，287，288，
                          289，290，291，292，293，294，295，301
致良知···················· 19，20，45，46，51，53，55，237，250，
                          263，266，267，313
跖························ 24，124
治生······················ 60，61，62，63，64，65，66，67，68，69，
                          70，71，72，73，74，75，76
治生论···················· 60，61，64，66，67，68，69，70，71，72，
                          73，74，76
知性······················ 28，29，32，223，298，299
至善······················ 6，14，17，19，20，50，55，56，217，
                          219，274，283，284，287，288，292，293，
                          298，303
《中庸》·················· 80，98，108，216，217，218，284，285，
                          286，289，302
周敦颐···················· 104，132，133，134，135，139，141，142，
                          143，144，148
周公······················ 23，31，38，271
周太王···················· 165，166
准知······················ 37
朱衡······················ 245，248，300
朱子（朱熹）············· 5，16，22，26，27，28，29，31，33，36，
                          46，73，74，75，78，79，102，103，104，
                          109，110，111，112，113，114，115，116，
                          117，118，119，124，125，126，127，128，
                          129，132，133，134，135，136，137，138，
                          139，140，141，142，143，144，147，148，
                          150，151，152，155，156，158，159，160，
                          179，184，185，187，188，190，191，192，
                          193，195，196，197，198，199，200，201，
                          202，203，204，205，208，210，214，215，
                          219，220，224，227，228，237，245，272，
                          274，280，284，287，288，292，297，298，
                          299，300，308，312，313，315，316，317，
                          337
《庄子》·················· 80，121，199

自然……………………	5，23，35，48，51，54，56，70，112，113，118，119，120，121，122，139，140，146，178，215，234，235，261，285，286，287，292，293，297，300
自由……………………	23，55，56，272，313
自由意志论……………	55
子贡……………………	28，30，36，119，120，289
邹善……………………	272，278
邹守益（邹谦之、邹东廓）	4，5，9，10，11，16，209，213，214，215，216，230，231，232，233，234，235，236，237，238，239，242，249，250，256，258，259，260，261，265，266，267，268，269，271，272，273，274，278，280，281，284，285，296，302，303，308，309，318
作圣之功………………	23，26，29，33，35

后 记

本书收录九篇论文，都与理学相关，故名之曰"理学九帖"。这里所说的"理学"，是广义的，不限于程朱理学。今天，回过头来看自己对理学的研究，如果说存在一个圆心的话，那么，它无疑就是朱子学。即便在处理那些朱子学之外的论题时，朱子学也是一个看不见的在场者。

感谢人求兄主持的这个"东亚朱子学的承传与创新研究"项目，我能忝列其中，并得出版此书。感谢学友张卫红、张宏敏惠赐大作供我参考，感谢邓志伟、杨小婷、可欣、卢一诸生帮忙扫描资料、录入文档。

最后，我还要把感谢送给京都，本书是我在京都大学人文科学研究所做为期一年（2015.9～2016.8）的访问学人时完成的。京都一年，与古书为伴，与造化为友，尘虑都泯，仿佛羲皇上人。